大有

抗日战争时期
中英借款交涉研究

王钊 著

社会科学文献出版社
SOCIAL SCIENCES ACADEMIC PRESS (CHINA)

序　言

吴景平

　　王钊博士的《抗日战争时期中英借款交涉研究》即将付梓，是国内学者撰写的第一部关于近代中英外债研究的专著。近代中国的外债直接涉及海关、盐务和其他财税领域，关系到外交乃至内政的诸多方面，英国则是最早向中国提供借款的西方国家，而且在近代长期是最大的债权国，中英之间的债权债务关系一直持续到 20 世纪 40 年代末。但长期以来，国内学界对中英外债史的研究，包括资料整理和专案研究，主要集中在晚清和北京政府时期，南京国民政府时期特别是抗日战争时期的研究基础颇为薄弱，尤其对于自 20 世纪 20 年代末以降中英之间围绕旧债整理和举借新债的交涉和结果，一些重要个案缺乏基本的叙事建构，遑论专门性的深入研究。王钊的这部专著对于时期的确定，体现了他对于中英外债关系变迁的时代性的理解，即抗战时期中国寻求英国的借款，是中国争取英国援助的主要内容之一，不仅是为获取经济援助，更有争取英国对华外交支持的战略意义，是抗战时期中英两国政府有关借款的交涉，充分体现了中英关系与英国对华政策的变化过程。以外债为切入口，可对抗战时期的中英关系与财政经济状况进行更加深入的研究。

　　研究外债，通常要梳理双方签署的借款协定各项条款内容，具体分析双方的权利与义务，在此基础上评价该债项的影响。本书对中英借款的研究，则关注的是双方围绕借款关系各阶段和各重要方面进行的交涉，如特定借款的缘起，包括草案在内的借款协定的各条款内容、借款达成后的实际动用和本息偿付、借款担保等条件的变动等，甚至设专章分析新四国银行团对抗战时期中英借款谈判进程的影响，从而使得中英借款关系的复杂性和丰富面向得以呈现，这是很有见地的。本书中关于全民族抗战前期中英关于出口信贷交涉和平准基金借款交涉，以及太平洋战争后期五千万英镑借款交涉案例，都有较充分的展示。试想一下，如果仅列出相关债项协定的文本，脱离对具体"交涉"过程和影响因素的梳理分析，可以说对抗战时期外债的研究只是停留在静态和协定文本的层面。

　　本书对于中英借款交涉的梳理，是从整理近代中国对英积欠旧债的交涉开始的，在第一章和第二章都有专门部分，包括北伐战争时期的中英整理债务、九一八事变爆发后中英旧债整理的停顿，以及全民族抗战爆发前中英债务整理的进展。这是以往外债史著作的框架体系中所没有的，体现了王钊博士对于抗战时期中英借款交涉研究中历史与逻辑统一的思考。在他看来，随着北伐战争的进展尤其是南京国民政府的成立，英国方面认为必须重新确认对华旧借款的债务承担方并与之达成整理方案，然后才能提供新的借款；而国民政府方面也意识到启动并确实推进整理旧债的交涉，是向英国举借新债的交涉获得成效的必要前提。由是，在书中这两方面的交涉构成了全民族抗战爆发前中英借款交涉的整体。而从实际运作层面看，全民族抗战爆发前达成整理案的旧债，嗣后其还本付息也是中英借款关系的组成部分。

以往外债史的研究，大多关注中外之间最终谈成的借款（即签署借款协定、发行债票或债款直接拨付、动支和还本付息），对未谈成或谈成未发行或未发放的借款案例，研究较少，但这些借款案例仍有研究的价值。本书则把中英之间最终未达成的借款交涉，也列入研究的视野。如1937年7、8月中英曾签署广梅铁路借款合同以及浦襄铁路借款合同，后因中日战事扩大而未能发行债票。在中国外债史的通贯性著作中，这两笔铁路借款均未被提及；在标示包括"1937—1949年债项"的《民国外债档案史料》第11卷中，虽然在附录三"未达成或成否未详债项"部分有"广梅铁路借款""浦襄铁路借款"，但都只有半页篇幅的简介。王钊的这本书则以专节"中英广梅浦襄铁路借款交涉"，重点梳理了借款背景以及中英双方为规避新四国银行团的阻碍、围绕中央银行改组和盐税担保等问题的博弈。又如书中以10多页的篇幅介绍了1937年中英关于金融借款的交涉，指出这笔借款是法币改革全部结束后，中国向英国提出的第一笔用于维持货币与缓解财政困难的借款，而且是1937年4月由国民政府行政院副院长、财政部部长兼中央银行总裁孔祥熙赴英参加英王加冕典礼期间向英方提出的，尔后中英之间就金融借款进行多次交涉，并达成过数个阶段性方案，直到1937年8月中日战事扩大后中英金融借款交涉才不得不搁浅。大体同一时段进行的广梅铁路借款、浦襄铁路借款和金融借款的交涉，较充分体现了这一时期中英外债关系的诸多特点，本书的相关内容填补了已有外债史著作的薄弱环节乃至空白。

本书对抗战时期英国对华借款特点的总结，反映了作者对抗战时期中英借款交涉所处时代特征的理解，指出与晚清和北京政府时期不同，抗战时期英国对华借款由其单独提供，借款条件完全由中英双方商定，借款方式上除了提供铁路借款外，还提供了出口信贷与平准基金两类借款，以及具有援助性质的财政协助借款，使得中方可以更直接地获取英国物资，对国民政府的货币金融政策产生影响；五千万英镑借款已有明显的财政援助性质。作者还认为，从外交因素看，七七事变爆发后，面对日本对英国在华利益的吞并，英国将借款作为其东亚战略的重要手段，即以对华借款与英日谈判、关闭滇缅路、海关协定、旧债谈判等诸多问题相结合，以某一方面的动作，配合其他领域的政策。这也使得中国在对英借款谈判时，处于相对被动的地位。而在 1941 年后，由于战争的特殊形势，英国援华的必要性大大加强，英国财政部直接作为对华借款的承借方，这在此前的英国对华借款中是很少见的。由此可见，这本书对于拓展抗战时期中英外交关系的研究领域，也有着积极意义。

本书对中英双方围绕借款交涉过程的表述，没有停留在笼统的"国家""政府"的层面，而是根据实际案例做具体分析，如参与完成沪杭甬铁路借款交涉的中英银公司、中国建设银公司和两家合组的银团、国民政府铁道部；参与中英第一次平准基金借款交涉的中国银行、交通银行和汇丰银行、麦加利银行以及中英两国的外交和财政当局。并且在建构叙事时，既"有事"也"见人"，如五千万英镑借款交涉直接相关的人物，中方就有蒋介石、财政部部长兼中央银行总裁孔祥熙、外交部部长宋子文、财政部次长郭秉文和驻英大使顾维钧等人，英方则有首相丘吉尔、外交大臣艾登（A. Eden）、财政大臣伍德（Kingsley Wood）、外交副大臣贾德干（Alexander Cadogan）、财政部顾问霍伯器（E. L. Hall-Patch）和驻华大使薛穆（Horace James Seymour）等人。作者对借款交涉的研究之所以能够达到很高的专业程度，是因为在较全面梳理国内外相关研究状况的基础上，确定进一步深化的方向：不限于单次借款，且贯通研究抗战时期中英外债的政策、条件、谈判的详细经过与前后逻辑关联；充分运用中英文史料，如台北"国史馆"藏关于整理旧债和各类借款的档案、英国外交部档案（FO）中有关对华借款的档案；深入研究借款条件、双方各自的意见、谈判拉锯经过、利息折扣、担保条件、合同文本等基本问题，还原中英外债的全部面貌；研究未谈成的重要债务，以考察其对中英关系的影响；从财政和外交的角度，考察中英外债对近代中国关盐税、货币体系的影响及对中英关系和英国对华对日关系的平衡等问题。正是通过这些深化方向的不懈努力，本书对中英外债史的研究起到了重要的推进作用。

就研究对象而言，广义的近代中英外债关系有着极为丰富的内容，除了本书重点研究的两国政府介入甚至直接参与的债项之外，还有在华英商企业和银行作为日常业务经营范围的对华投资和贷款的诸多案例。在这些案例中，中英双方围绕利益和风险的博弈更具普遍性和常态性，市场的反应更为直接，体现了近代中国经济社会变迁和对外关系演变的更多面向。希望王钊以本书的问世为新的起点，对中英借款及相关问题的研究继续不懈努力，拿出新的研究成果。

目　录

绪　论

一　多重视域下的近代中英外债史

（一）选题意义

抗日战争是中华民族伟大复兴的枢纽，也是中国近代史研究中的热门领域，一批批成果不断涌现，研究的深度与广度持续加深与拓展。本书拟以中英关于借款的交涉为切入口，研究抗日战争时期的中国外债史与中英关系史。

1. 为什么研究外债史

中国向英国寻求的借款，属于中国的外债。债务即债务人对债权人依照法律法规与双方商定的条件所承担的义务，国外公债（简称外债）是一国对国外的负债，既是一种以国家信用为主体的特殊财政分配方式，也是国际资本流动的一种形式。根据国际货币基金组织和世界银行等机构的定义，外债是指在任意一个时点上，一国居民对非居民的已经拨付，但尚未清偿的具有契约性偿还义务的全部债务。① 具体而言，外债包括国家在国外市场上发行自由认购的公债和来自外国政府、国际金融组织、其他经济组织及私人的借款等等。债务方既可以

---

① 　何盛明主编《财经大辞典》，中国财政经济出版社，1990，第 293 页。

是政府，也可以是企业或个人，而政府委托外商银行在国外市场发行公债及直接向国外借款是外债的主要形式。[1]

在具体研究中，学界对外债的定义进行了广泛讨论。在经济学视域下，隆武华将外债定义分为"最狭义、狭义、最广义、广义"，前两者分别为中央政府的外债与一国居民所欠非本国居民的债务，后两者则包括了一个国家的贸易逆差及一个国家的直接投资及本国银行在海外营业所吸收的存款。[2] 中国史学界在讨论中国近代的外债时，大多采用最狭义的定义，例如金普森认为，"外债，是指一国政府采用信用形式对外筹集到的和通过其他途径转化而来的债务，是指中央政府举借的或事后承认的各种欠款、借款、赔款转化甚至于以地方政府或个人名义借的外债的总和"；[3] 吴景平认为，近代中国的外债"通常是指近代中国中央政府所举借的，或者是经中央政府认可的由地方政府举借的"。[4] 本书的研究对象是以中央政府为债务方所借的外债。

研究外债史的原因在于外债在经济发展与国际秩序中有重要作用。

外债与经济发展密切相关。借用外债是国家（特别是经济相对落后的国家）发展经济的重要手段。例如，17世纪荷

---

[1] 世界银行、国际货币基金组织、国际清算银行、经济合作与发展组织外债统计工作组报告《外债：定义、统计范围与方法》，赵天朗等译，毛晓威校，中国金融出版社，1991，第9页。

[2] 隆武华：《外债的两重性——引擎？桎梏？》，中国财政经济出版社，2001，第2—3页。

[3] 金普森：《清代外债研究中的几个问题》，许毅、金普森、隆武华等：《清代外债史论》，中国财政经济出版社，1996，第40页。

[4] 吴景平：《关于近代中国外债史研究对象的若干思考》，《历史研究》1997年第4期，第54页。

兰大量吸收西班牙与葡萄牙的过剩资本，用以发展本国的产业与国际贸易，成为"海上马车夫"；18世纪，英国又通过向荷兰借债为其工业革命打下了资金基础；19世纪时，美国向英国借来的资金为其工业化提供了很大的助力；第二次世界大战结束后，新加坡、韩国等"新兴经济体"则通过举债加速完成产业升级，实现了经济快速发展。① 向别国提供借款也是经济发达国家发展对外贸易、扩大再生产的重要手段。例如，18—19世纪的英国向各殖民地大量提供贷款，使英国的过剩资本找到出路，并扩大其商品与资本市场；二战结束时，美国通过"马歇尔计划"，向西欧、日本等国家和地区大量提供借贷，为战后美国经济与金融的进一步发展提供了有力支持。同时，经济发达国家也会通过借债继续刺激经济发展，典型的案例是20世纪80年代以后的美国。1985年后美国逐步由世界最大的债权国变为最大债务国，但也有助于美国居民提高住房购买能力、促进社会保障与居民福利建设并提高大企业效率。② 外债对经济也有两面性，若外债规模超过了本国的偿付能力则可能会产生债务危机，对经济发展产生阻碍，甚至危及国家主权。例如，19世纪希腊由于无力偿还英国的借款，不仅经济萎靡，也被迫接受英、法等国创办的国际金融委员会对其财政金融活动的监督；20世纪80年代拉美各国爆发债务危机，对其经济造成巨大创伤。

外债也是构建国际关系与国际秩序的纽带之一。债务问题往往会受到债权国与债务国两国的重视，进而由财政问题扩展

① 王国华：《外债与社会经济发展》，经济科学出版社，2003，第29—30页。
② 肖波编著《货币战争批判》，中国经济出版社，2009，第208页。

为影响两国关系的全局性问题。例如，十月革命后苏俄政府宣布废除战前外债，成为引发多国武装干涉的原因之一，面临不利局势，苏俄以灵活的手段应对，同意偿付部分旧债利息，并与英、美等国谈判，后虽恢复与英、美等国的外交关系，但旧债仍未完全解决，对苏联争取国际资本产生阻碍，直到 20 世纪末，俄罗斯才与美、法等国达成清偿方案，并回到国际资本市场。① 同时，债权国向债务国借债，也借机加强其对债务国政治、经济等领域的影响与控制，因而债务国在向债权国寻求借债时，有时不得不接受债权国附加的其他条件。例如，英国向各殖民地提供借贷，成为维持其"日不落帝国"体系的重要手段；20 世纪初美国塔夫脱（W. H. Taft）总统推行"金元外交"，以大量的资本输出换取美国在拉美、亚太等地区影响力的上升。也有学者认为，1917—1945 年美国推行"债权政治"，以战争债务寻求货币主导权，并以债务偿还机制维持美国对欧洲的政治影响力，最终完成了英国到美国的"霸权转移"。② 二战结束后，美国向资本主义世界国家大量提供借款，强化了其在资本主义世界秩序中的领导地位。

研究外债史有助于考察经济发展变迁的动力与具体过程，也为研究国际关系的建构与变迁提供了视角。

2. 为什么研究近代中国的外债史

近代中国的外债起源于 19 世纪 50 年代，由于资料保存与统计方法的限制，目前学界尚未形成外债总数的一致意见，但

---

① 周旭东、车致远：《债务问题与大国关系（1917—1940）》，《浙江师范大学学报》（社会科学版）2019 年第 4 期，第 119 页。

② 康欣：《国家债权与霸权转移——美国对英国的债权政治研究（1917—1945）》，博士学位论文，复旦大学，2014。

借款次数与总体数额无疑是巨大的。据许毅等的统计，根据现有资料，近代中国历届政府共举借外债 961 笔，其中清政府 208 笔，总额超过 13 亿两（库平银），北京政府 645 笔，总额 17 亿多银元，国民政府 108 笔，总额约 45 亿银元。[①] 在近代中国的历史中，外债不仅有其经济上的作用，还与国家主权、对外交往等相联系，具有延展性。

从经济角度看，举借外债是近代中国历届政府缓解财政困难的重要途径。近代中国因西方入侵、内政混乱等原因，政府财政时有入不敷出的情况，需要举借外债以缓解财政困难。晚清时期政府即通过借外债以筹措军政费用，偿还赔款。中日《马关条约》签订之前，清政府的外债中，44% 用于镇压太平天国、捻军等起义，32% 用于中法战争、甲午战争等。[②] 甲午战后，清政府面临对日赔款的巨大压力，向俄、法、英三国先后借款 4782 万英镑以偿还赔款。1913 年北京政府全年财政收入 6.46 亿元，其中借外债所得的收入为 1.99 亿元，占 30.8%，也是所有收入项目中数额最大的一项。[③] 抗日战争时期，国民政府向美、英、苏、法等国大量借款，共实际动用外债合法币 903.6 亿元，为抗日战争的胜利提供了一定的支持。此外，国民政府法币改革后，英、美向中国提供的多笔平准基金借款也有助于维持法币汇率。而外债也一定程度上有助于实业的发展，例如晚清时期的多笔铁路外债，为中国铁路网建设提供了

[①] 许毅、金普森、隆武华等：《清代外债史论》，第 5—7 页。另有学者提出了不同的数据，如宓汝成认为，总数为 659 笔，共计约 62.91 亿银元，孙健编《中国经济史论文集》，中国人民大学出版社，1987，第 442 页。

[②] 徐义生：《甲午中日战争前清政府的外债》，《经济研究》1957 年第 5 期。

[③] 财政部编《1913 年度国家预算总册》，财政科学研究所、中国第二历史档案馆编《民国外债档案史料》第 1 卷，档案出版社，1990，第 38 页。

初始资金。不过，外债的过度举借也加大了政府财政负担，北京政府成立之初，因继承了清政府的巨额外债，加上内债筹集困难，举借了善后大借款、中法实业外债等，随后又与日本秘密签订了"西原借款"，债务费占政府财政支出的很大部分。至1924年债务经费为1.54亿元，占全部财政支出5.08亿元的30.3%，[①]且1919年后上述借款大多不能按时还本付息，政府丧失债信，借债渠道锐减，只能借短期外债，以新债还旧债，但杯水车薪，反使财政失衡，成为北京政府覆灭的诱因之一。

从外交角度看，外债是近代中国与别国关系的纽带。魏格尔（S. R. Wagel）认为"中国历史对外关系之主要部份，为外债历史"。[②]此话虽略有夸大之嫌，但举借外债无疑是近代中国与其他国家关系的重要组成部分。债权国向中国提供借款，以扩大经济、政治等领域的在华影响力，围绕外债的交涉也往往影响中国与其他国家的关系。例如，日本通过1917—1918年秘密向北京政府提供"西原借款"，以加强其对中国经济与政治的影响，并换取对山东及东北地区铁路、矿产等资源的控制，而围绕如何偿还"西原借款"的中日交涉直到1941年12月中国正式对日宣战才结束。南京国民政府成立之初，在整理旧债时，就明确表示优先整理美国的外债，意在争取美国更多的借款，而美国确也在1933年提供了棉麦借款；在全民族抗战时期，国民政府向美国举借了多笔外债，总额超过10亿美元。民国时期，表面上号称协调英法美日银行团对华借款的新

---

① 《国家岁入岁出预算表》（1924年9月），《民国外债档案史料》第1卷，第58页。

② 李立侠：《中国外债之检讨》，《东方杂志》第34卷第14号，1937年，第17页。

四国银行团，实际是各列强平衡在华权益、巩固其"势力范围"的重要手段。

外债也与近代中国的国内政治息息相关，围绕外债是否借、如何借、如何使用等问题在政府内部展开激烈的讨论，有时甚至引发政治斗争。清末地方政府大量向外国借债，共计41笔，总额超过4000万两，虽然中央政府一开始明令禁止，但后来面临财政压力，也不得不在实际操作中部分地默许此举，成为中央政府集权瓦解在财政领域的表现。[①] 北京政府时期，围绕借债赎回胶济铁路的问题，爆发了梁士诒与颜惠庆的政争，成为1922年1月梁内阁倒台的重要因素。[②]

3. 为什么研究近代中国与英国的外债史

英国是最早向近代中国政府提供借债的国家，也是近代历史上向中国借债最多的国家之一。由于近代中国国力较弱，中英外债[③]关系中，中国均为债务方，英国为债权方。近代中英外债有两种方式，其一是英国政府或英商向中国政府提供借款或在英国市场为中国政府发行借款公债，其二是英国人（不限地点和借款方）购买中国政府发行的公债。本书研究的对

---

① 马金华：《外债与晚清政局》，社会科学文献出版社，2011，第189—190页。

② 关于此事件详细经过，参见陈雁《外交、外债和派系——从"梁颜政争"看20世纪20年代初期北京政府的外交运作》，《近代史研究》2005年第1期，第188—211页。

③ 本书中的"中英外债"指的是中国的外债中与英国相关的部分。具体而言，指近代中国政府及近代官方机构作为债务方，向英国政府、金融机构（如汇丰银行）、财团或个人等债权方举借的债务。鉴于近代的中英债务关系中，中国始终处于债务国地位，故"中英外债"在本书中即指英国对华贷款或借款。对于此术语的使用意在界定债权方为英国的近代中国对外债务。许毅在《国民政府与官僚资本》中提到抗战时期英国对华借款时即使用"中英外债"一词。

象主要是第一种。

近代英国对华借款具有数额大、时间早、涉及领域广的特点。被很多学者认为是近代中国第一笔外债的1853年的上海洋商借款中即有英商提供的借款。[①] 近代中国政府总共向英国借款（包括英国单独提供借款或与他国联合对华借款）91笔。其中，晚清中央政府与地方政府借款46笔，总额约为库平银6.2亿两；北京政府（包括南京临时政府及独立各省）借款31笔，总额约为银元1.939亿元；国民政府借款14笔（不包括通过中英庚款提供的借款），总额约为7759万英镑（这一时期英国对华借款大多以英镑计价）。[②] 据雷麦统计，1914年时英国是中国政府最大的债权国，中英外债总数约为2.75亿美元，占中国全部外债的40%，随后中国政府向日本借债大幅上升。但1931年时，英国持有的中国政府债款仍居第二位，总数为2.11亿美元，占全部外债的36.1%。[③] 除了给历届政府用作军政费用外，1887年，怡和洋行向清政府提供了津沽铁路借款，这是近代中国第一笔铁路借款，随后中英又签订了京奉铁路、津浦铁路、沪宁铁路、广九铁路、湖广铁路（与美法联合借款）等借款，为铁路建设提供了初始资金，同时英国也借此侵占了沿线经济权益及铁路运营的控制权。此外，英商马可尼、费克斯公司还向中国提供借款，用于购买无线电设备。全民族抗战时期英国向中国提供两笔平准基金借款，国

① 徐义生编《中国近代外债史统计资料（1853—1927）》，中华书局，1962，第4—6页。

② 根据《中国近代外债史统计资料（1853—1927）》、《民国外债档案史料》（第10—12卷）统计。

③ 〔美〕雷麦（C. F. Remer）：《外人在华投资》，蒋学楷、赵康节译，商务印书馆，1959，第100页。

民政府以此稳定法币汇率，维护货币金融体系；另提供两笔出口信贷，中国政府以此购买战争所需物资。

若从宏观的中英关系角度而言，英国是最早以武力打开中国大门、与中国建立不平等条约体系的国家，也是与近代中国关系最为密切而复杂的国家之一。而相较于领土野心，英国对中国的目标主要在于经济利益，垂涎中国广大市场，有的学者将英国对华侵略的方式称为"非正式帝国主义"。① 英国通过安插英籍海关总税务司、在华设立银行等手段加强对中国经济的控制。中华民国建立后，虽英国在华地位逐步受到日本、美国等国的冲击，但在华仍有广泛的经济利益。外债是英国扩展对华经济利益的重要手段，例如，通过提供铁路借款，英国得以加强对沿线经济的渗透，特别是津浦铁路、湖广铁路、广九铁路等借款，扩展了其在长江流域和华南地区的"势力范围"。

4. 为什么研究抗战时期的英国对华借款

本书聚焦于抗日战争时期的英国对华借款。抗战时期，中国在奋力抵抗日本侵略的同时，也努力寻求外援，其中，英国是重要的求援国。战时中国寻求英国的借款，不仅是为获取经济援助，更有争取英国对华外交支持的战略意义，是中英两国政府的各项交涉中较为重要的问题。

南京国民政府成立之初，由于尚未完成旧债的整理，实际获得的外债较少，故多依靠发行内债来解决财政问题。但南京国民政府也明白进行大规模经济建设离不开外国资本的支持，故一方面推进旧债整理，另一方面积极与西方列强展开借款谈

---

① 即以最小的代价，控制中国对外经贸相关的部分，以获取对华贸易最大利益，而又避免殖民统治的负担。参见《中华民国史外交志（初稿）》，台北，"国史馆"编印，2002，第645页。

判，英国是重要的争取对象。

英国是最早向国民政府提供借款的国家之一，1928年12月中英签订沪宁铁路购车借款合同。在初步完成旧债整理后，国民政府出现"借债高潮"，① 其中有5笔中英借款（包括谈成但未发行的借款债券）。全民族抗战时期英国向中国提供借款9笔，实际发放6笔，总额为6800万英镑，约占此时期中国外债总额的28%，在苏联、美国之后排在各国第三位。② 目前学界对中英外债的研究大多关注晚清及民初时期，以外债为切入口，可对抗战时期的中英关系与财政经济状况进行更加深入的研究。

从财政角度讲，1927—1937年的十年间，中英外债较少用于军政开支（仅有2笔，总额550万银元），而大多用于实业，不过，英国利用对华借款，要求中国政府以关余代替被废除的厘金作为还债的担保，恢复盐务稽核所中的英籍雇员。法币改革后，英国向中国提供借款的很大部分被存在中央银行以做外汇储备，借此加强对中国货币体系的影响，全民族抗战爆发后，英国直接提供平准基金借款，进一步加深英镑和法币的关系。

从外交角度讲，国民政府重视与英国的关系，由于此前英国在华占有庞大的利益，对"旧"问题的处理影响到抗战时期中英关系的走向，晚清与北京政府时期所欠的外债则是中英

---

① 有学者认为，1935—1937年的多笔借债是继1895—1911年后，近代历史上第二次借债高潮。参见吴景平《评南京国民政府的整理外债政策》，吴景平：《政商博弈视野下的近代中国金融》，上海远东出版社，2016，第178页。

② 根据《民国外债档案史料》第11卷统计。

关系的"包袱"之一。九一八事变后，面对日本的步步紧逼，国民政府 1935—1937 年向英国所借的多笔外债担保等条件大多对英方有利，此举意在加深中英经济上的联系，以争取英国在抗日战争中对中国的支持。围绕新四国银行团存废问题的交涉及英在中国全民族抗战前期对华借款上的纠结亦反映了此时错综复杂的东亚国际关系，以及美、英、日对华政策的各自诉求。太平洋战争爆发前，英国以对华借款与其他领域的政策相配合，尽力在中日间寻求平衡，以图实现其利益最大化。太平洋战争爆发后，中英结为战时同盟，中英借款交涉展现了同盟国内部协商的多重面向。

抗战时期借款是中国争取英国援助的主要内容之一，围绕借款的交涉充分体现了中英关系与英国对华政策的变化过程。本书以中英关于借款的交涉为切入口，探究抗战时期中英关系的更多面向，丰富对战时英国对华政策的认识。

（二）研究对象

本书的研究对象是抗战时期的英国对华借款，包括整理原有的对英旧债与英国向国民政府提供的新借款。中国方面，以中央政府出面谈判或由政府背书的公司与英国进行的借款谈判为研究对象，民间私人借款不在本书研究范围之内。英国方面，本书研究的对象是由英国银行单独或联合提供的借款，以及由英国政府提供担保的借款，这部分借款的条件主要由中英两方谈判决定。此外，国民政府整理的旧债中，有的是由各国联合提供给中国的，如津浦铁路、湖广铁路旧债等，本书以英国政府和英国债权人委员会所提出的各项条件及中方的应对为研究对象，实际上，在 1935—1936 年的旧债整理中，英国债权人委员会的态度与活动对推动各项旧债整理起到了主要作用。

本书研究时间段是 1931 年至 1945 年的抗日战争时期。为论述的完整性，在第一章会回溯南京国民政府成立前后到九一八事变前的中英外债交涉。另需说明的是，国民政府也通过英国退还的庚子赔款获得了一些借款，但此不属于英国新提供的借款，且庚子赔款的退还、组织、运用等问题有国际性，不全由中英双方决定，故本书暂不考察国民政府通过英国退还庚子赔款获得的借款。

本书拟考察如下问题：国民政府整理中英旧债时与英国进行了怎样的交涉？全民族抗战前中英几笔重要新借款的具体谈判经过如何？对中英关系产生了怎样的作用？围绕中英外债及新四国银行团问题的多国（中、美、英、日）交涉对东亚国际秩序产生了怎样的影响？全民族抗战时期中英借款谈判双方各自有何考虑？中方高层人物及各部门对中英外债的态度如何？产生了怎样的分歧？抗战时期英国对华借款对中国的经济与外交起到了怎样的作用？

二　学术史梳理

（一）研究现状

1. 民国时期的研究

民国时期是中英外债研究的起步阶段，这一时期已有学者对中英外债展开专题研究。代表性成果有杨志章的《英国庚款与其用途》①、魏友果的《中英信用借款成立及其关联》②、

---

① 杨志章：《英国庚款与其用途》，《银行月刊》第 6 卷第 6 号，1926 年 6 月。
② 魏友果：《中英信用借款成立及其关联》，《国闻周报》第 13 卷第 43 期，1936 年。

朱宇苍的《论中英信用借款》①、章乃器的《英国对华借款的观察》②、千家驹的《论英美对华信用借款》③、贾文林的《英美借款的透视》④，此时的研究尚处于起步阶段，囿于资料（特别是外文资料），研究大多是框架性的，仅对借款的最终合同及用途进行介绍，表现出较强的现实关怀，研究借款对近代中国贸易与财政体系的影响，大多认可借款对中国经济有一定积极作用，但也表达了对可能造成中国经济依附于英国、通货膨胀、损害对外贸易等问题的担忧。同时，由于许多研究者曾参与国民政府外债整理工作（如贾文林），在研究中以亲历者视角提出针对中英外债谈判或外债运用的意见，因而这些研究亦有史料价值。

同时，民国时期的外债通论性著作中，对中英外债也有涉及。贾士毅的《国债与金融》⑤第三编外债中，分债目讲述了中英历次外债（包括已偿还的及当下政府尚欠的外债）的谈判经过及基本条件。该书作者贾士毅曾任北京政府财政部会计司长、国民政府财政部赋税司长，参与过关税谈判及设立财政制度的讨论，在写作时搜集了大量相关资料，对了解中英外债完整的线索脉络有重要价值，但该书重叙述和统计，轻分析。刘大钧的《外人在华投资统计》⑥则从宏观层面对1930年前的英国对华借款进行了统计。万籁鸣的《整理中国外债

①　朱宇苍：《论中英信用借款》，《钱业月报》第16卷第11期，1936年。
②　章乃器：《英国对华借款的观察》，西安《大路周刊》第27期，1936年。
③　千家驹：《论英美对华信用借款》，《十日文萃》第6期，1939年。
④　贾文林：《英美借款的透视》，《中央银行月报》第1卷第2期，1946年。
⑤　贾士毅：《国债与金融》，商务印书馆，1930。
⑥　刘大钧：《外人在华投资统计》，中国太平洋国际学会，1932。

问题》① 在介绍中英各项债务之后，提出了整理积欠债务的建议，认为中英之间积欠借款以铁路借款为主，需要提高运营效率，并增加关税附加税作为整理基金。张嘉璈的《中国铁道建设》② 介绍了南京国民政府时期中英铁路旧债的整理及新铁路借款的谈判过程与合同基本内容，张嘉璈曾任国民政府铁道部、交通部部长，是上述问题的主要参与者之一，因而论述较为详细与系统，但因该书出版较早，且当时张嘉璈仍在国民政府任职，出于政治方面考虑，对谈判过程的叙述与实际情况有一定的出入。陈宪章的《中国有铁路之外债问题》③ 对中英铁路借款的谈判经过、借款总额、合同内容、伦敦市场债票价格波动等方面进行了叙述，并提出今后铁路借款应保证中国对铁路的自主运营权、预定还本付息预算等建议。民国时期，西方学者也在研究中外债务问题时谈到了中英债务，较有代表性的成果是雷麦（C. F. Remer）的《外人在华投资论》，④ 其中第八章谈到了中国政府的外债、第十六章谈到了英国在华投资，对 1840 年起到 1931 年前的英国对华借款进行了介绍与统计，该书是受纽约社会科学研究会和中国太平洋国际学会的委托而调查研究的成果，数据较为详细，对外债与中英经济关系（如中英贸易、外商银行等）的分析较为具体，但有美化西方对华经济侵略的一面。

---

① 万籁鸣：《整理中国外债问题》，光华书局，1927。

② 张嘉璈：《中国铁道建设》，杨湘年译，商务印书馆，1946。

③ 陈宪章：《中国有铁路之外债问题》，文英印务局，1937。

④ 〔美〕雷麦：《外人在华投资论》，蒋学楷、赵康节译，商务印书馆，1937。按，该书 1959 年由商务印书馆以《外人在华投资》为名再版，本书对该书的引用均出自 1959 年版本。

2. 新中国成立后 20 世纪 50—70 年代的研究

新中国成立之初，对外债的研究大多重在揭露帝国主义经济领域侵华行径，指出其以攫取经济利益为目的。中英外债专题研究的代表性成果有洪葭管的《从汇丰银行看帝国主义对旧中国的金融统治》①，提出英国将对华借款视作获取经济与金融利益的手段。而这一时期中国台湾学者对中英外债问题也有关注，陈仲秀的《英国银行界从中英借款中所获的利润》② 认为英国金融界通过代理中英借款，加大折扣，获取了巨额利润。全汉昇的《清季英国在华势力范围与铁路建设的关系》③ 与李恩涵的《中英广九铁路路权交涉》④ 均考察了中英铁路借款对英国在华经济利益的影响，认为铁路外债不仅让英国获得了中国铁路行政与收入分配的控制权，也让英国进一步攫取了资源开发、扩大商品销售市场等经济权益。同时，一些西方学者也对中英外债进行了研究，受到当时西方流行的"起飞理论"⑤ 的影响，这些研究大多强调借款对中国经济发展与工业铁路近代化的作用。孙任以都（Sun E-tu Zen）的

---

① 洪葭管：《从汇丰银行看帝国主义对旧中国的金融统治》，《学术月刊》1964 年第 4 期。

② 陈仲秀：《英国银行界从中英借款中所获的利润》，台北《清华学报》第5 卷第 1 期，1965 年。

③ 全汉昇：《清季英国在华势力范围与铁路建设的关系》，《社会科学论丛》1954 年第 5 期。

④ 李恩涵：《中英广九铁路路权交涉》，《台湾师范大学历史学报》第 1 期，1972 年。

⑤ 美国经济学家罗斯托（Walt Whitman Rostow）在 1958 年提出，认为发展中国家必须先吸引发达国家的外资，以完成社会资本积累，才能实现经济的快速发展。

《1908 年沪杭甬借款谈判》一文①和《中国铁路与英国利益（1898—1911）》一书②均关注英国借款在晚清修筑铁路中的作用，陈刘洁贞（K.C.Chan）的《英国在善后借款中的对华政策（1912—1913）》③和《中英借款谈判：太平洋战争时期中英关系的一项研究（1941—1944）》④ 二文则利用英国外交档案，梳理英国在善后借款及财政协助借款中的对华外交政策。此外，曾任国民政府财政顾问的杨格（Arthur N. Young）在《1927 至 1937 年中国财政经济情况》⑤ 一书中的第三章专门探讨了国民政府的债务问题，并对中英庚款交涉、清偿津浦铁路借款与湖广铁路借款等问题进行了研究。由于作者曾亲身经历债务处理问题，参考资料也大多是一手的政府档案，故该书对了解中英外债谈判细节有较大的价值。他的另一本书《抗战外援：1937—1945 年的外国援助与中日货币战》⑥ 介绍了他了解到的中国全民族抗战时期英国对华借款的交涉经过与作用。

---

① Sun E-tu Zen, "The Shanghai-Hangchow-Ningpo Railway Loan of 1908", *Far Eastern Quarterly*, Vol. 10, No. 2, 1950.

② Sun E-tu Zen, *Chinese Railways and British Interests 1898 - 1911*, New York: King's Crown Press, Columbia University, 1954.

③ K. C. Chan, "British Policy in the Reorganization Loan to China 1912 - 1913", *Modern Asian Studies*, Vol. 5, No. 4. 1971.

④ K. C. Chan, "The Anglo-Chinese Loan Negotiation, 1941 - 1944: A Study of Britain's Relations with China during the Pacific War", *Paper on Far Eastern History*, No. 9, 1974.

⑤ Arthur N. Young, *China's Nation-Building Effort, 1927 - 1937: The Financial and Economic Record*, Hoover Institution Press Stanford University, 1971; 〔美〕杨格《1927 至 1937 年中国财政经济情况》，陈泽宪等译，中国社会科学出版社，1981。

⑥ Arthur N. Young, *China and the Helping Hand, 1937 - 1945*, Harvard University Press, 2014; 〔美〕阿瑟·N. 杨格：《抗战外援：1937—1945 年的外国援助与中日货币战》，李雯雯译，于杰校译，四川人民出版社，2019。

同时，此时期也有研究成果在对旧政权的对外经济关系进行总结与反思中，考察英国对华借款对中国的影响。吴承明《帝国主义在旧中国的投资》[①] 的第二章谈到了英国对华借款问题，该书将外债视为帝国主义在华投资与经济侵略体系的一环，认为英国通过对华借款，获取了经济上的特权，有助于进一步加大其在其他经济领域的对华投资。刘秉麟的《近代中国外债史稿》[②] 也持相同观点，认为对英借债是旧政权出卖国家利益的表现，该书沿时间线对近代中国的外债进行梳理和介绍，但分析较为简略。徐义生编的《中国近代外债史统计资料（1853—1927）》，对近代中国外债的数额、债权债务方、条件、用途、是否借成等进行详细的梳理和统计，是中英外债史研究的重要参考资料。

3. 改革开放后的研究

改革开放后，随着吸引外资的时代潮流，对外债的认识又发生了变化。在强调经济侵略的"恶债"性质的同时，也有学者关注外债对于当时社会经济的客观作用，加之一批外债相关资料的出版，[③] 对外债本身的研究也不断细化。陈争平的《1895—1936 年中国国际收支与近代化中的资金供给》[④] 在延续此前观点的同时，对西方国家通过外债控制中国经济进行了进一步细化研究，认为存在着结合国际与国内、政治与经济等

[①]　吴承明：《帝国主义在旧中国的投资》，人民出版社，1955。

[②]　刘秉麟编著《近代中国外债史稿》，三联书店，1962。

[③]　如《民国外债档案史料》、《中国外债档案史料汇编》（上海市档案馆、财政部财政科学研究所编印，1988—1989）、《中国清代外债史资料》（中国人民银行总参事室编，中国金融出版社，1991）。

[④]　陈争平：《1895—1936 年中国国际收支与近代化中的资金供给》，《中国经济史研究》1995 年第 4 期。

因素的另一种恶性循环，认为西方入侵导致中国主权丧失、财富外流，不得不借债渡过难关，西方此时通过向中国借债，进一步侵吞中国主权并加深贫困。金普森在《清代外债研究中的几个问题》① 中提出，在充分认识外债"恶债"的性质之同时，也要认识到，外债作为资本主义生产方式的组成，对当时的中国资本原始积累、技术与生产力的进步发挥了一定的作用。吴景平的《关于近代中国外债史研究对象的若干思考》② 则提出对外债研究深化与细化的路径，认为需要认清外债研究的对象和体系，包括债务债权方、借债数额与债项数、债款形态、折扣、利息率、期限、抵押和担保、用途等等，要仔细研究借债的谈判交涉文件和达成的借款合同，也要弄清与外债相关的货币、关盐税等问题。同时，既要对典型的借债案例进行研究，也不应忽视未谈成但对中国外交产生重要影响的案例，并要重视旧债整理问题。张侃的《中国近代外债制度的本土化与国际化》③ 一书对近代中国外债制度建设的过程（包括政策、组织、债权债务、利息等要素）进行了较为详细的研究，阐述外债制度在"诱致性"和"强制性"交互作用下被移植、调整的过程，通过各时期债务情况的实证分析，认为近代外债存在举债主体单一化、债务来源多元化、债务管理法规化、债务活动自主化的特征。

---

① 金普森：《清代外债研究中的几个问题》，许毅、金普森、隆武华等：《清代外债史论》，第 52 页。
② 吴景平：《关于近代中国外债史研究对象的若干思考》，《历史研究》1997 年第 4 期。
③ 张侃：《中国近代外债制度的本土化与国际化》，厦门大学出版社，2017。

　　在上述研究思路的基础上，学界涌现了一批关于中英外债史的专题研究。

　　庚子赔款是近代数额最大的赔款，中华民国建立后，英国将部分庚款退还中国，并与中国共同组建中英庚款董事会，通过此组织向中国的铁路、文化、教育等领域提供借款，涉及的交涉受到学界关注。孟凡明的硕士学位论文《中英庚款用途争议研究（1923—1931）》① 对英国决定退还庚款后围绕用途、管理方式等的中英交涉及中国朝野的争议进行了研究，认为英国退还庚款实际上是为扩大在华工商业投资做铺垫，庚款用途的决定与政局变动、各方势力消长有关，是各利益集团之间互相博弈、角逐的结果。陈淑荣的《英中两国对退还庚款余额的争论》② 认为，因中国政府的坚持和英国面临国内国外复杂的形势，在对庚款余额的管理与使用问题上，英国实际上做了让步。田兴荣的《略论中国朝野关于英庚款退赔的争议》③ 认为兴学与筑路的用途之争是中国朝野争论的起点，后转为力争庚款主权，确定英庚款用于发展交通实业的原则为 20 世纪 30 年代英庚款的管理提供了借鉴和参考。田兴荣的硕士学位论文《英庚款退赔与粤汉铁路建设》④ 以中英庚款董事会报告与会议记录等为主要资料，对围绕庚款完成的粤汉铁路交涉进行了

①　孟凡明：《中英庚款用途争议研究（1923—1931）》，硕士学位论文，华中师范大学，2009。

②　陈淑荣：《英中两国对退还庚款余额的争论》，《社会科学战线》2012 年第 12 期。

③　田兴荣：《略论中国朝野关于英庚款退赔的争议》，《安徽师范大学学报》（人文社会科学版）2004 年第 5 期。

④　田兴荣：《英庚款退赔与粤汉铁路建设》，硕士学位论文，安徽师范大学，2005。

研究。沿此路径，其《国民政府六厘英金庚款公债述论》① 一文对为该借款而发行六厘英金公债的历史过程进行了考察，但英文档案利用不足。刘立振的《中英庚款董事会与抗战前国民政府的铁路建设》② 介绍了全民族抗战爆发前以退还庚款为铁路提供的多笔借款。陈淑荣的《英国退还庚款与中英两国文化交流》③ 与林华、周励恒的《中英庚款董事会对民国时期西北教育之影响：以甘肃、青海为考察中心》④ 二文均关注庚款对文化、教育的积极作用的一面，但论述较为简略。康兆庆的博士学位论文《抗战时期管理中英庚款董事会科研资助研究》⑤ 对战时中英庚款董事会科研方面的组织架构、运行机制与实际成果进行了梳理和分析，认为战时中英庚款董事会通过明确目标、过程管理、有效监督、双向沟通等方法，建立了完善的科研资助机制，具有历史借鉴意义。

英国最早介入 1935 年的国民政府法币改革。改革后法币实行外汇本位，与英镑挂钩。吴景平的《英国与 1935 年的中国币制改革》⑥ 利用英国外交政策文件集（*Documents on British For-*

---

① 田兴荣：《国民政府六厘英金庚款公债述论》，《史学月刊》2007 年第 6 期。

② 刘立振：《中英庚款董事会与抗战前国民政府的铁路建设》，《求索》2007 年第 8 期。

③ 陈淑荣：《英国退还庚款与中英两国文化交流》，《兰台世界》2013 年第 19 期。

④ 林华、周励恒：《中英庚款董事会对民国时期西北教育之影响：以甘肃、青海为考察中心》，《北京联合大学学报》（人文社会科学版）2012 年第 4 期。

⑤ 康兆庆：《抗战时期管理中英庚款董事会科研资助研究》，博士学位论文，山东大学，2016。

⑥ 吴景平：《英国与 1935 年的中国币制改革》，《历史研究》1988 年第 6 期。

eign Policy）考察了 1935 年法币改革前中英关于英国向中国提供借款以介入中国货币改革的交涉，认为在日本的强烈反对和美国的插手之下，英国在对华贷款问题上一再拖延，最终把中国币制拉入英镑集团的企图破灭。英国为维持法币提供的平准基金借款也受到学界关注。吴景平的《英国与中国的法币平准基金》[①] 对中英平准基金借款的谈判经过及借款的运用情况进行了考察。杨雨青的《中美英平准基金的运作与中国战时外汇管理》[②] 分析通过中英与中美平准基金借款而设立的平准基金委员会对外汇管理的作用，认为委员会通过冻结不合理外汇资金、打击黑市、研究制定官方汇率、满足市场合法需求等手段，对维持法币汇率产生一定的作用，但出于中英美三国的矛盾、政策时效性的不足、控制区域的有限以及无法与其他经济手段相配合等原因，平准基金委员会未能遏制战时严重的通货膨胀。宋佩玉博士论文《抗战前期上海外汇市场研究（1937.7—1941.12）》中的第四章与第五章考察了中英、中英美平准基金借款及委员会的交涉与运作过程。[③] 王丽的《抗战时期中英平准基金述略——以美籍财政顾问阿瑟·恩·杨格为中心的考察》[④] 利用斯坦福大学胡佛研究所藏杨格档案辨析杨格对中英平准基金借款的作用，认为杨格做了政策分析和技术支持方面的工作，并在中英平准基金借款受到质疑

---

① 吴景平：《英国与中国的法币平准基金》，《历史研究》2000 年第 1 期。

② 杨雨青：《中美英平准基金的运作与中国战时外汇管理》，《南京大学学报》（哲学人文科学社会科学版）2010 年第 3 期。

③ 宋佩玉：《抗战前期上海外汇市场研究（1937.7—1941.12）》，博士学位论文，复旦大学，2004。

④ 王丽：《抗战时期中英平准基金述略——以美籍财政顾问阿瑟·恩·杨格为中心的考察》，《抗日战争研究》2013 年第 3 期。

后，协助国民政府制定了若干管制措施，并两度赴美寻求货币借款，旨在维持和延续平准基金，由此认为杨格在财经领域的相关活动符合太平洋战争前国民政府力图获得英美政府公开支持这一首要外交目标，同时也符合中英美三方的战略利益。

与中英外债相关的重要人物也被学界关注。李培德的《蔡增基：中英借款谈判的推手——李滋罗斯与招商局贷款往来书信解读（1936—1937）》[①] 利用英国国家档案馆藏英国财政部档案，对 1936—1937 年任财政部顾问的李滋罗斯（Frederick Leith-Ross）与英国政府不同部门负责人讨论有关招商局贷款问题的来往书信进行解读，蔡增基主持招商局时对扭转财政危机及与英方谈判有较大贡献。马忠文的《张荫桓与英德续借款》[②] 一文认为，在英德续借款谈判中，清廷官员在决策层面不能达成一致，张荫桓与李鸿章围绕借款主导权的争斗贯穿始终，反映出甲午战后清廷的多重面相。张志勇的《赫德与英德续借款》[③] 考察了时任海关总税务司赫德（Robert Hart）在英德续借款中的作用，在清廷围绕借款内争严重、日本拒绝赔款展期的情况下，总理衙门不得不仍将借款事宜交给赫德办理，赫德推动借款协议达成，也协助清政府利用英德续借款偿清了对日赔款。陈兆峰的硕士论文《贾德干与一九三五年中国的币制改革》[④] 认为，驻华大使贾德干在国民政府币制改革的酝酿中，参与了中外银行家对援助中国的贷款

---

① 李培德：《蔡增基：中英借款谈判的推手——李滋罗斯与招商局贷款往来书信解读（1936—1937）》，《近代史学刊》2021 年第 2 期。

② 马忠文：《张荫桓与英德续借款》，《近代史研究》2015 年第 3 期。

③ 张志勇：《赫德与英德续借款》，《江苏社会科学》2014 年第 4 期。

④ 陈兆峰：《贾德干与一九三五年中国的币制改革》，硕士学位论文，北京师范大学，2008。

问题所进行的磋商，并努力使英国同意贷款以稳定中国形势，显然，贾德干此举是为了避免英国的利益因中国的经济动荡而遭受巨大损失，最大限度地维持英国的在华利益，从客观上而言，其对国民政府币制改革的实施起到了一定的作用。苏骁潇的《愈挫弥坚：全面抗战初期中英借款交涉中的郭泰祺》[①]重点关注了 1937 年至 1939 年中国驻英大使郭泰祺在中英借款中的作用。

此外，也有研究关注到中英外债相关的其他个案。平田康治的《英国对华政策与中国政治的互动善后大借款、英国驻华现场人员、袁世凯政府（1911—1914）》[②]利用英国外交档案，对围绕善后大借款的英国对华交涉进行了评述，认为英国外交部与驻华外交官的主张并不一致，对形势的认知也有错位，而这影响到了英国与袁世凯政府的交涉。彭欣雨的《1939 年中英围绕停付关税担保外债的交涉》[③]聚焦于战时围绕停付关税担保外债的中英交涉，认为国民政府停付关税担保外债后，大致达成对己方较为有利的结果，未引发英国的激烈反应，也未影响英美对华借款，在对英交涉中，现实考量是国民政府外交决策的出发点，美国是影响国民政府决策的重要因素。

与此同时，一批研究近代中国外债史的专著中也涉及中英

---

① 苏骁潇：《愈挫弥坚：全面抗战初期中英借款交涉中的郭泰祺》，《日本侵华南京大屠杀研究》2024 年第 3 期。

② 平田康治：《英国对华政策与中国政治的互动善后大借款、英国驻华现场人员、袁世凯政府（1911—1914）》，《2009 年两岸三地历史学研究生研讨会论文集》。

③ 彭欣雨：《1939 年中英围绕停付关税担保外债的交涉》，《抗日战争研究》2020 年第 4 期。

外债。许毅主编的《从百年屈辱到民族复兴》① 分 3 卷对清政府、北京政府与国民政府的外债进行考察，涉及晚清时期的中英铁路借款、英德借款，至民初的善后借款和抗战时期中英四次借款等内容。马金华的《中国外债史》② 与陈争平的《外债史话》③ 对近代中国各时期的中英外债进行了介绍。马陵合的《晚清外债史研究》④ 与马金华的《外债与晚清政局》⑤ 均谈到了晚清时期中英历次外债的交涉情况。马陵合的《外债与民国时期经济变迁》⑥ 关注民国时期善后借款、新四国银行团、中英铁路借款等与中英借款相关的内容，认为外资未能帮助近代中国产业经济"起飞"，国内资本形成了一定的对外债效应制约的能力。宓汝成的《抗战时期的中国外债》⑦ 与吴景平的《抗战时期中国的外债问题》⑧ 对战时中英外债的谈判经过进行了介绍，并对数额和项数进行统计。此外，关于铁路外债的研究中也对中英外债有所涉及，宓汝成的《帝国主义与中国铁路（1847—1949）》⑨，对近代历次中英铁路交涉均有

① 许毅主编《从百年屈辱到民族复兴》第 1 卷《清代外债与洋务运动》，经济科学出版社，2002；许毅主编《从百年屈辱到民族复兴》第 2 卷《北洋外债与辛亥革命的成败》，经济科学出版社，2003；许毅主编、潘国旗副主编《从百年屈辱到民族复兴》第 3 卷《国民政府外债与官僚资本》，经济科学出版社，2004。
② 马金华：《中国外债史》，中国财政经济出版社，2005。
③ 陈争平：《外债史话》，社会科学文献出版社，2000。
④ 马陵合：《晚清外债史研究》，复旦大学出版社，2005。
⑤ 马金华：《外债与晚清政局》，社会科学文献出版社，2011。
⑥ 马陵合：《外债与民国时期经济变迁》，安徽师范大学出版社，2013。
⑦ 宓汝成：《抗战时期的中国外债》，《中国经济史研究》1998 年第 2 期。
⑧ 吴景平：《抗战时期中国的外债问题》，《抗日战争研究》1997 年第 1 期。
⑨ 宓汝成：《帝国主义与中国铁路（1847—1949）》，上海人民出版社，1980。

涉及，并介绍围绕铁路展开的国内政争。王致中的《中国铁路外债研究（1887—1911）》①对晚清时期中国铁路外债全部主要债项进行研究，对于涉及中英外债的国家政策、举债动因、成债内外环境、债项谈判等进行分析。马陵合的《清末民初铁路外债观研究》②则对晚清与民国初年中国社会各界对铁路外债的反应及中英铁路外债个案进行考察，认为铁路外债观存在多重指向。

也有学者将外债放置在中英关系的大背景下，在中英关系史的相关论著中研究英国对华政策与中英外债的关系。徐蓝的《英国与中日战争（1931—1941）》③是近代中英关系史领域经典著作，其第四章对英国与中国币制改革中的借款问题进行了探析，第十一章对战时的中英信贷与平准基金进行了研究。该书主要利用英国外交政策文件集和英国内阁文件，在英中日关系视野下考察英国对华借款，认为1934—1935年英国拒绝对华贷款是其对日绥靖的表现，战时随着日本与英国在华利益冲突加剧，并受到美国对日强硬态度的影响，英国对华提供了一些借款。萨本仁、潘兴明的《20世纪的中英关系》④第三章对英国与善后大借款进行了梳理，第五章对李滋罗斯访华期间为促成贷款的努力进行了研究，唯该书偏重于中英交涉，对借款谈判本身关注较少，且对中英外交档案利用不足。张北根《1919年至1922年间英国与北京政府的关系》⑤考察了英国对

---

① 王致中：《中国铁路外债研究（1887—1911）》，经济科学出版社，2003。
② 马陵合：《清末民初铁路外债观研究》，复旦大学出版社，2004。
③ 徐蓝：《英国与中日战争（1931—1941）》，北京师范学院出版社，1991。
④ 萨本仁、潘兴明：《20世纪的中英关系》，上海人民出版社，1996。
⑤ 张北根：《1919年至1922年间英国与北京政府的关系》，文津出版社，2005。

北京政府的贷款问题及英国对于是否加入新四国银行团的考量，认为英国通过借款维护其在华利益，在新四国银行团问题上的对日政策是又打又拉，有交锋也有妥协。胡波的《辛亥革命前后的中英经济关系（1895—1915 年）》① 则以经济关系为关注点，在考察这一时期中英投资关系与金融关系时对中英借款的数量与条件进行了统计。李世安的《战时英国对华政策》② 与《太平洋战争时期的中英关系》③ 二书中均运用英国外交档案讨论了五千万英镑借款的过程与陷入僵局的原因，但对借款的详细经过及双方提出不同方案之间的前因后果等尚需进一步考察。王建朗的《中国抗日战争史》第 5 卷《战时外交》④ 的第四章介绍了全民族抗战时期英国援华的基本情况，其中讲到了英国对华借款问题，侧重于英美援华决策经过。

（二）本书的深化方向

此前的成果为近代中英外债史的研究打下了基础，本书拟从如下几点进一步深化研究。

第一，着重贯通研究。目前对近代英国对华借款的研究大多集中在借款个案，缺乏对某一时期或多个时期的贯通研究，但中国寻求英国借债的举措与英国对华借款政策都有循序渐进的变化发展逻辑，也随着东亚国际关系的变化而发生变化，单以某一次借款并不能完全解释其中的借款条件如何达成，如为规避英国财政部的只能给英镑区国家政府借款的规定，1936

---

① 胡波：《辛亥革命前后的中英经济关系（1895—1915 年）》，广东人民出版社，2012。
② 李世安：《战时英国对华政策》，武汉大学出版社，2010。
③ 李世安：《太平洋战争时期的中英关系》，中国社会科学出版社，1994。
④ 步平、王建朗主编《中国抗日战争史》（八卷本），社会科学文献出版社，2019。

年完成沪杭甬铁路借款确立了该借款用于外汇准备与在英购料的原则，为之后的铁路与金融借款沿用。本书以抗战时期为时间段，研究此时期中英外债的政策、条件、谈判的详细变化经过与前后逻辑关联。

第二，充分发掘和利用相关档案。目前的研究对中英文史料运用仍不足。中文史料方面，中国第二历史档案馆所藏财政部档案，台北"国史馆"所藏《铁道部档案》中整理旧债的有关内容、《外交部档案》中各类借款的文件等都未被有效利用。英文史料方面，目前研究大多使用英国外交政策文件集（*DBFP*），少数研究使用了英国外交部档案（Foreign Office，FO）和英国内阁文件（CAB），*DBFP* 是从 FO 中选取重要文件并出版的，仅对比较重要的问题有所涉及，内容远不如 FO完整。例如，据笔者初步统计，1937 年广梅铁路借款有关文件在 *DBFP* 中仅有 5 条相关内容，而在 FO 中则有 12 卷内容与之相关。就英国外交部档案本身而言，其数量与内容相当丰富，仅与抗战时期中英五千万英镑借款相关的就有 25 卷以上，且包含英国外交部官员对借款问题的个人看法（并未收录在电文中），有助于了解英国政府决策过程。

第三，进一步深入研究借款本身。目前的研究勾勒了借款谈判的大致经过，但对借款条件、中英双方各自的意见、谈判拉锯经过、利息折扣、担保条件、合同文本等关注尚显不足，无法还原中英外债的全部面貌，本书拟对上述问题加以深入研究。

第四，关注对未成债务的考察。目前的研究大多关注谈成的借款（即借款协议签字、债券发行或借款发放），对未谈成或谈成未发行或未发放的借款研究较少，但这些借款仍有研究的价值。例如，虽 1934 年英国对华借款未能谈成，但推动了英国打破新四国银行团的协约，进而为 1936—1937 年英国一系列对华借款打下基础。而 1937 年广梅铁路借款谈成后虽因抗战全面爆发而未能发行债券，但让英国第一次跳出了新四国银行团的规约限制，围绕盐余担保的交涉也反映了国民政府内部的矛盾。本书拟对未达成的重要债务加以研究，以考察其对中英关系的影响，以及其中反映出的国内政治面向。

第五，注意考察借款对财政、外交等方面的影响。目前对中英借款的研究大多"就事论事"，对借款相关的财政问题及外交关系未能充分考察，而中外关系史或财政史的著作中，对中英外债提到的大多比较简略，无法完整说明问题。本书拟对中英外债对近代中国关盐税、货币体系的影响及对中英关系和英国对华对日关系的平衡等问题进行考察。

三　主要资料

1. 未刊档案

中文档案

中国第二历史档案馆所藏财政部、经济部与交通部档案及中央银行、中国银行专题档案中包含有中英外债的相关内容，包括财政部对借款的讨论、旧债整理、战时信贷借款谈判专题文件，以及中央政府与中国银行在借款中的作用（全民族抗战时期为主）等，反映了国民政府对中英外债的决策过程与具体实施情况。

台北"国史馆"藏《蒋中正"总统"档案文物》中包含蒋介石对中英外债的态度及指示，《外交部档案》中包括部分借款全宗（如币制借款、广梅铁路借款、广九铁路借款），《财政部档案》则包含了抗战时期中英外债的全宗（如信贷借款）及借款合同原文，有助于考察中英谈判的具体过程。《铁道部档案》中整理部分铁路旧债的内容对还原旧债整理亦有帮助。

斯坦福大学胡佛研究所藏蒋介石日记，反映了蒋介石对借款及与之相关的中英关系的态度。

外文档案

英国国家档案馆藏英国外交部档案中有大量与中英外债相关的内容，包括外交部与驻华公使、大使的往来函电、外交部与财政部的函电、外交部与重要英商（如汇丰银行）的函电，英国在华外债情况统计等文件，对中英外债的谈判经过、英国对华借款的政策及其与中英关系的关联等均有反映，是本研究重要的史料来源。

英国国家档案馆藏英国内阁文件记录了英国内阁会议对中英外债的讨论，虽较为简略，但体现了英国高层的态度，有助于更完整地还原谈判经过。

英国议会议事录［又被称为汉萨（Hansard）文件］记录了英国议会针对中英外债问题对外交大臣或财政大臣的质询，亦有助于了解英国政府对中英外债的态度。

斯坦福大学胡佛档案馆藏杨格档案包含了杨格关于整理中英旧债的建议及与宋子文、孔祥熙等人的往来函电、中英平准基金借款与五千万英镑借款的相关文件。

斯坦福大学胡佛档案馆藏张嘉璈档案（Chiang Kia-ngau Papers）涉及整理旧债及广梅铁路与中英出口信贷的借款谈判经过。

斯坦福大学胡佛研究所藏孔祥熙档案（H. H. Kung Papers），包含全民族抗战时期孔祥熙与郭泰祺等人关于争取对英借款的往来函电。

哥伦比亚大学手稿与珍本图书馆藏顾维钧档案（Wellington Koo Papers）包含战时中英信贷及五千万英镑借款的内容，顾维钧1941—1946年任中国驻英大使，是战时中英外债谈判的主要参与人之一。该部分档案有顾维钧与蒋介石、孔祥熙、宋子文的往来函电，其中反映了顾维钧对借款的看法。中国历史研究院图书档案馆与复旦大学图书馆现均藏有顾维钧档案电子副本，便于笔者研究。

2. 出版文献

中文

《民国外债档案史料》，全10卷，是根据中国第二历史档案馆所藏档案，整理出版的外债专题档案汇编，包含整理旧债中国民政府决策与讨论过程、重要的中英借款谈判经过的相关文件，是本研究重要的参考资料。

《中国外债档案史料汇编》共3卷，第1卷为外国人所写中国外债的专题文章，第2卷为新四国银行团建立、存废等相关问题的文件，以及津浦湖广两路债权人会的会议记录，第3卷为重要铁路借款的谈判经过，对中英外债研究有重要的史料价值。

《民国历届政府整理外债资料汇编》① 的第2卷包含了财政部与铁道部下各项债务的整理情况，对中英外债的谈判进程、整理结果等内容有较为系统的反映。

《中华民国重要史料初编——对日抗战时期》② 第3编《战时外交》中收入中英战时几笔借款交涉的文件，史料来源主要

---

① 财政科学研究所、中国第二历史档案馆编印《民国历届政府整理外债资料汇编》，1990。

② 秦孝仪主编《中华民国重要史料初编——对日抗战时期》第3编《战时外交》，台北，中国国民党中央委员会党史委员会，1988。

是台北"国史馆"藏《蒋中正"总统"档案文物》中的相关文件，对战时中英交涉及借款相关的中英关系研究很有帮助。

《中华民国史档案资料汇编》[①] 第 5 辑第 1 编《财政经济》与第 2 编《外交》，均有中英外债相关的资料，包括英国对整理旧债的意见，战时借款的中英往来文件等。

《中华民国货币史资料》[②] 第 2 辑包含法币改革前后中英借款谈判的相关内容。

《中央银行史料（1928.11—1949.5）》[③] 包含法币改革时对英借款交涉、战时信贷、五千万英镑借款交涉、平准基金借款交涉等内容。

《中国银行行史资料汇编》[④] 则包含了中国银行与战时信贷借款的有关内容。

此外，其他已出版的民国名人的日记、回忆录、年谱亦有大量有关中英外债的内容，例如《蒋中正"总统"年谱长编》《民国孔庸之（祥熙）先生年谱》《张公权先生年谱初稿》《陈光甫日记》等。[⑤]《申报》《大公报》《中央日报》《银行周

---

① 中国第二历史档案馆编《中华民国史档案资料汇编》第 5 辑第 1 编《财政经济》(4)，江苏古籍出版社，1994；《中华民国史档案资料汇编》第 5 辑第 2 编《外交》，江苏古籍出版社，1997。

② 中国人民银行总行参事室编《中华民国货币史资料》第 2 辑（1924—1949），上海人民出版社，1991。

③ 洪葭管主编《中央银行史料（1928.11—1949.5）》，中国金融出版社，2005。

④ 中国银行总行、中国第二历史档案馆合编《中国银行行史资料汇编》，中国档案出版社，1991。

⑤ 吕芳上主编《蒋中正"总统"年谱长编》，台北"国史馆"，2015；郭荣年编著《民国孔庸之先生祥熙年谱》，台湾商务印书馆，1981；姚崧龄编著《张公权先生年谱初稿》，社会科学文献出版社，2014；陈光甫著，邢建榕、李培德编注，上海市档案馆编《陈光甫日记》，上海书店出版社，2002。

报》《银行月刊》等报刊中亦有相关内容。

外文

《英国外交政策文件集》包含了英国政府各部门针对中国问题的往来函电，与本书研究内容相关的主要是法币改革前后的借款与全民族抗战时期的信贷与平准基金借款，同时也收入了部分与之相关的英国内阁文件。

《美国外交文件》（*Foreign Relations of United Stated*）的南京国民政府时期的远东卷与中国卷涉及美国对中英外债的观察、态度，以及对新四国银行团的政策。

四　章节结构

本书以抗日战争为研究时限，为内容逻辑的完整性，将以时间线为轴，论述此时期的中英借款交涉。中英借款交涉的进度具有较为明确的时段性，不同阶段的内容与特点既有前后联系与演进关系，也有其独特性。本书中每章的时间分割以中英借款交涉的不同阶段为根据。

1931 年抗日战争爆发之初，中英主要就整理旧债进行交涉。一直到 1934 年 6 月以前交涉进展缓慢，也没有进行大额的新债谈判。此部分内容为本书第一章。

1934 年下半年，中英借款谈判有了进展。此处所说的"进展"并非单指中英就借款达成了具体的协议，而是中国因白银风潮而产生财政危机，开始积极向英国提出大额借款请求。英国拒绝单独借款给中国，希望以英、美、日、法四国联合借款的形式，缓和东亚地区局势，推动英、日在其他领域达成协议。英国的想法未得到各国响应，后派出李滋罗斯访华商讨币制与借款事宜，中英围绕借款条件进行交涉。法币改革后，英国惧于日本的威胁，对华借款一事一再拖延，到 1936 年 6 月，李滋罗斯回国，英国对华借款未果。此部分为本书第二章。

1936 年下半年起，英国逐步转变了对华借款的态度，中国进一步提出向英借款方案。英国开始打破新四国银行团的规约，对华借款的进展速度大大加快。到全民族抗战爆发前，双方陆续达成完成沪杭甬借款、广梅铁路借款、浦襄铁路借款等协议，并就金融借款进行了深入沟通。此部分为本书第三章。

1937 年全民族抗战爆发后，英国是中国的重点求援对象。在战争之初，英国并未立即同意中国的借款请求，但随着时局进展，面对日本对英国在东亚地区所涉利益的步步紧逼，全民族抗战前期英国对华提供了信贷与平准基金两类借款，借款的担保条件、用途等与此前不同，体现了英国为维护自身在华利益转而对中国抗战表示支持。此部分为本书第四章。

太平洋战争时期，中英结为战时同盟，中国也向英国提出大额借款计划。与此前的借款不同，此借款带有财政援助的性质，担保条件较此前对中方宽松了一些，但围绕借款用途的交涉持续一年半，最后双方达成妥协，长时间的谈判也对中英关系产生不良影响。此部分为本书第五章。

此外，新四国银行团问题是英国对华借款时考虑的主要问题，贯穿于中英交涉始终，本书的最后一章专门论述抗战时期英国对新四国银行团的态度与英国政策变迁的关系，重在分析与之相关的对华政策。

结语部分对抗战时期英国对华借款的整体情况进行考察，包括借款的数目、偿还情况，并分析其特点及对中国及英国的影响。

第一章　停滞不前：抗战初期中英整理旧债交涉（1931—1934）

　　抗日战争时期中英的借款交涉延续自此前。绪论中已述，晚清时期英商银行已向中国政府提供借款，因中央政府财政状况不佳，英国向中国政府提供的借款出现了违约，这一现象在北京政府时期就产生，南京国民政府建立后，诸多中英旧债（特别是铁路借款）仍在持续欠息。南京国民政府在与英国交涉有关债务问题时，首先要面临的即是整理中英积欠旧债。整理旧债既是英国对华提供新借款的前提，也与中国政府的财政收支体系（例如关盐税收入的分配）密切相关。由于中英旧债整理进展缓慢，一直到九一八事变爆发前，中英未能达成协议。抗战爆发之初，中国与英国在外债方面的交涉仍聚焦于如何整理中英旧债。

　　学界对南京国民政府时期的整体旧债整理情况及中美旧债整理多有关注，但对这一时期中英旧债的整理情况关注较少。①

---

　　①　代表性成果有：吴景平《评南京国民政府的整理外债政策》，《近代史研究》1993 年第 6 期，第 215—234 页；仇华飞：《南京政府与整理中美债务》，《中国经济史研究》2000 年第 2 期，第 66—78 页；《国民政府初期的外债整理》，许毅主编《从百年耻辱到民族复兴》第 3 卷《国民政府外债与官僚资本》，第 148—172 页；张侃《中国近代外债制度的本土化与国际化》，第 8 章，第 364—444 页。

本章考察抗战初期中英就整理旧债进行的交涉，如双方各自的诉求是什么，对哪些具体的问题提出了条件，具体交涉过程如何，对中英关系及之后的新借款有何影响。为了论述完整，本章也会回溯南京国民政府成立到九一八事变之间中英关于外债问题的交涉。

第一节　北伐战争时期的中英整理债务交涉

抗战爆发之前，近代中国政府的外债已出现违约问题。中华民国建立之初即有整理外债的议案，1913 年春财政部会议商定了先整理短期外债、后整理长短期内债的方案，并提交政治会议，后因各省财政未能统一，加之第一次世界大战爆发而导致汇兑不通与金融机关停滞，此案被搁置。[①] 1920 年，北京政府开始筹划整体性的外债整理，并于 1923 年 8 月成立财政整理会，以调查"无确实担保"之内外债[②]本息实数并研究整理办法。因政局动荡、财力不足等原因，北京政府的旧外债整理进展有限，再加上新借外债的积欠，到 1925 年底，据北京政府财政整理会统计，中国政府积欠英国外债 1.9159 亿元，其中交通部经管各项债款 1.5091 亿元，财政部经管无确实担保债款 4068 万元。[③]

---

① 贾士毅：《国债与金融》，第 474 页。
② "无确实担保"即不以关税、盐税做担保的债务，因财政短缺，1916 年至 1927 年北京政府借了多笔"无确实担保"外债，其中向英国借款 11 笔，总额约为 34984000 元。参见《整理内外债问题议案》（1925 年），《民国外债档案史料》第 1 卷，第 373 页。
③ 财政整理会编《整理债务案进行概要》，《民国外债档案史料》第 1 卷，第 413 页。

1925 年 11 月 24 日至 1926 年 3 月 31 日，中国与各国债权代表共举行 13 次关税特别会议，讨论中国关税体制与债务整理问题，但会上各国未能达成一致。

1926 年，中国局势发生巨变。当年 7 月，北伐战争爆发，10 月，在广州召开的国民党第二次中央执委及各省区联席会议上通过《最近外交政策决议案》，决定执行带有"革命外交"色彩的外交政策。[1] 因万县惨案等事件的发生使中英关系恶化，此时英国驻华公使蓝浦生（M. W. Lampson）认为"英国正处在中国战争边缘，中国及其外国顾问中的某些分子正在尽最大努力激怒我们"。[2]

面对北伐军的节节胜利，英国深惧其在华权益被破坏，英国最早比较强硬，但发现北伐军势不可挡，而又与美国等国合作不顺利后，英国政府开始采取更加"灵活"的"两手"政策。一方面英国继续维护其在华利益，甚至向上海派遣军队。[3] 另一方面，1926 年 12 月 8—17 日，刚上任驻华公使的蓝浦生赴汉口与国民政府外交部部长陈友仁进行多次会谈，1926 年 12 月 18 日英国代表在北京外交使团会议上宣读了英国在华政策声明，在表示应同意中国征收二五附加税，支持中国关税自主之余，更进一步称"一旦中国成立有权力、有能力与各国谈判之政府，愿意就条约修订和所有其他悬而未决的

---

①　《最近外交政策决议案》（1926 年 10 月 26 日中央各省区联席会议通过），荣孟源主编《中国国民党历次代表大会及中央全会资料》上册，光明日报出版社，1985，第 294—295 页。

②　Sir M. Lampson to Sir J. Simon, August 24, 1933, Foreign Office Files （FO） 371/17064, p. 149, The National Archives, Kew （Hereafter similar）.

③　具体情况可见吕芳上《北伐时期英国增兵上海与对华外交的演变》，《"中央研究院"近代史研究所集刊》第 27 期，1997 年，第 185—229 页。

问题进行谈判"，并表示英国会"避免对交战派系或敌对政府之间的任何干涉，尽管内战造成混乱，巨大的中外商业利益遭受严重损失，但英国政府拒绝与任何特定派别结盟，也拒绝以任何方式干预中国内战"。就债务而言，英国认为，在当时情况下，"债务整顿只能使碰巧在北京掌权的派系求助于新的破坏性和徒劳无益的借款"，因此反对将合并无担保债务作为关税会议要达到的目标之一。① 在国民革命军节节胜利，北京政府财政困难、战事吃紧之时，英国的态度无疑对国民政府一方是更为有利的。

对于中英债务问题，英国政府采取了谨慎缓和的态度。1926 年 12 月的声明也成为英国对华整理旧债政策的基础。北伐战争首先影响的是英国对华的铁路债务。1927 年 3 月"南京事件"爆发后，5 月 11 日英国政府向在华英军总司令下令，若英国在华的财产或英侨的生命安全受到损失或侵害，则可立即予以报复。② 5 月 24 日，与中国政府签订多笔铁路借款合同、在华有较多铁路债务的中英银公司③（British and Chinese Corporation，Ltd.）代表蒲素白（T. B. Boothby）与蓝浦生进行

---

① Statement Regarding British Policy in China Communicated by His Majesty's Charge d' Affaires in Peking on December 18 to his Eleven Colleagues Representing the Washington Treaty Powers other than China, December 18, 1926, FO 371/11664, p. 10.

② Foreign Office Memorandum, April 5, 1928, *Documents on British Foreign Policy 1919-1939*, hereafter, *DBFP*, Ser. 1A, Vol. 4, Reference: W 3961/2193/50 (London: Her Majesty's Stationary Office, 1984), pp. 647-668.

③ 该公司是 1898 年由汇丰银行与怡和洋行等出资开办的有限公司，旨在经营对华铁路贷款及建设，以及实业借款，先后与清政府签订京奉、沪宁、湖广、沪杭甬、广九等铁路借款合同。

会谈，表示因江浙一带的战事，沪宁铁路借款①本应于当年5月18日支付的利息发生违约。由于借款时规定以铁路产业（指为营造铁路购买之地基、物料、车辆、房屋等）为抵押，以铁路运营收入为还本付息基金，蒲素白提出希望英国政府出动驻华军队，扣押用作抵押的铁路产业，必要时可占领铁路，以保证铁路的正常运行。5月26日，蓝浦生回复表示不支持通过武力扣押抵押品的行动，但希望得到有关沪宁铁路因战时而损失的收入与铁路机车的情况。② 当日，蒲素白向蓝浦生描述了沪宁铁路的情况，表示铁路因军队占领而丧失了大部分运力，部分机车被占用于军事运输，铁路仓库也被军队占领，不过随着北伐军向长江北岸开进，形势有所好转，派英军队接管该铁路与其说是为了迅速恢复偿还贷款，不如说是为了使该路日后不会再被军事滥用。他表示，这并不是干预或协助某一政党，铁路仍将以各种方式协助"事实上"政府的公共服务、军队和补给的运输，但要在铁路局的规章制度下进行。③ 不过，5月30日，蓝浦生回复时表示，英国政府不会同意以军队占领沪宁铁路来维护债务利益与铁路运行的方案，因为目前的损失尚不足以构成英方发起军事行动的理由，且各国在爆发内战时，铁路行政与管理被破坏的情况并不罕见。④ 中英银公司就驻华英军占领沪宁铁路的请求没有获准，只能转而通过铁

---

① 南京到上海的铁路，1903年清政府与中英银公司签订沪宁铁路借款合同，借款数额为325万英镑。参见《民国外债档案史料》第3卷，第164—165页。

② Sir M. Lampson to T. Boothby, May 26, 1927, FO 371/12445, p. 9.

③ Mr. T. Boothby to Sir M. Lampson, May 26, 1927, FO 371/12445, pp. 10-12.

④ Sir M. Lampson to Mr. T. Boothby, May 30, 1927, FO 371/12445, pp. 14-15.

路管理委员会的人事任命等方式加强对沪宁铁路的控制权。①

不过，中英银公司并未停止意图保障其铁路债务权益的举动。1927年7月11日，该公司致电英国外交部，详述截至1927年6月30日英国中英银公司、华中铁路公司②（Chinese Central Railways Limited）和汇丰银行（Hongkong and Shanghai Bank Corporation Limited）向中国政府提供的借款和垫款的拖欠情况：共有15笔欠款，总额为1492818英镑，银506365两和国币150万元，其中，1034346英镑属于公开发行的贷款，458472英镑连同全部的银两与国币垫款属于非公开发行的贷款。③二公司向英外交部表示，单靠公司向中国政府抗议的方式已难获成效，拖欠短期垫款的利息"正危及中英银公司和华中铁路公司的继续存在"。④

在收到此电后，英国外交部指示蓝浦生，向北京政府外交部提出严正交涉，并由英国驻上海、汉口、南京的总领事向有关地区当局提出交涉，要求履行控制范围内铁路的义务。不过，英国外交部也明确表示，不得提出英国政府可能直接对铁路进行干预的威胁，"以武力保护英国在中国铁路的利益将会严重偏离英国政府的现行政策"。⑤显然，此时仅依靠外交手

---

① Mr. T. Boothby to Engineer-in-Chief and General Manager, June 1, 1927, FO 371/12445, pp. 16-17.

② 1904年中英银公司与英商福公司（Peking Syndicate Limited）共同成立的公司，旨在经营对华铁路借款。

③ Debt Consolidation, March 11, 1929, FO 371/13921, p. 248.

④ British and Chinese Corporation（Limited）to Foreign Office, July 11, 1927, FO 371/12445, p. 25.

⑤ Foreign Office to Sir M. Lampson（Peking）, July 26, 1927, FO 371/12445, p. 30.

段难以彻底解决铁路债务问题，因为无论是北方还是南方，目前精力与财力都专注于战事，且很多纵贯南北的铁路线，分别被南北两方控制，任何一方都不可能单独与英国协商处理欠债事宜。若英国武力干预，只能暂时获取铁路控制权，从长远看会适得其反，不仅可能给中国政府放弃偿还某条铁路债务提供机会，而且此举若引发中国的反感，则不利于英国在北伐战争结束后重新与中国建立关系，从而维护其在华利益。因而，当中英银公司因沪宁铁路即将在 11 月 7 日面临第二次违约（5月为第一次）而再向蓝浦生寻求帮助时，蓝浦生表示除了抗议没有别的办法，债券投资本身就有风险性，现在中国的南北两方均无条件与英国协商债务问题。① 而此后中英银公司也不得不承认，武力占领铁路不符合英国当下的政策（即便英国在九江工人收回英租界事件和"南京事件"与国民政府发生冲突时，亦未出动军队进行占领），占领上海终点站以向国民政府施压从军事上而言可行，但鉴于国民政府没有表现出拒绝履行债务义务的意向，此行动亦没有必要。在书面抗议之余，应保持耐心，待局势稳定后，借款违约问题自然解决。②

而中国方面也确如中英银公司所讲的那样，北南两方政权都表态尊重外债义务。1927 年 10 月 1 日北京政府外交部向英国公使递交备忘录，表示非常重视利息的支付和借款的偿还，只是受到政局影响，财政状况欠佳，未能如期提供资金，一旦

---

① Interview between Lampson and Boothby（British and Chinese Corporation），Austin（Jardine Matheson and Company），October 17, 1927, FO 371/12445, pp. 198–203.

② Mr. Lampson to Foreign Office, November 5, 1927, FO 371/13188, pp. 118–121.

交通恢复就立即还本付息。① 蒋介石曾在 1927 年 5 月下达过禁止占用机车、损毁铁路的命令。② 南京国民政府也向英国表示承认管辖区内铁路外债的偿还义务，但必须等战事结束后再全面处理。③

不过，在具体交涉中，南北双方都拒绝偿还不属于其管辖范围的铁路债务。1927 年 11 月北京政府不愿意以京奉铁路收入为南京国民政府控制下的沪杭铁路偿还利息。④ 而当 1927 年 12 月 19 日英国向南京国民政府要求偿还津浦铁路欠息时，南京国民政府也在 1928 年 1 月 4 日回复表示，当前借款相关资料都在天津，应待国民革命军攻下天津、控制全部铁路后再商讨还款事宜。⑤ 此外，南京国民政府也表示广九铁路暂时没有还债基金，因而无法立即偿还。⑥ 在这种情况下，1928 年 4 月 27 日，英国驻上海领事巴顿（S. Barton）认为南京国民政府对铁路已经有了一定的保护措施，因而向英国外交部建议不再向中方交涉或抗议。

总之，北伐战争爆发后，英国对中国积欠债务问题的态度比较缓和，中国方面的表态也比较积极，南京国民政府承认此

---

①　Memorandum from the Wai-chiao Pu to His Majesty's Minister, October 1, 1927, FO 371/12445, p. 188.

②　Mr. T. Boothby to Sir M. Lampson, May 26, 1927, FO 371/12445, p. 10.

③　From C. F. A. Nanking to H. M. Consul-General, Nanking, January 9, 1928, FO 371/13188, p. 185.

④　From H. M. Consul-General, Shanghai to H. M. Minister, Peking, December 12, 1927, FO 371/13188, pp. 103—104.

⑤　《交通部公函》（1928 年 1 月 4 日），台北"国史馆"藏《外交部档案》，档案号：020-041106-0009，第 11—13 页。按，为便于行文，藏所下略。

⑥　From British and Chinese Corporation, Limited to Foreign Office, January 9, 1928, FO 371/13188, p. 64.

前英国与清政府、北京政府所签的铁路借款合同的还款义务，北伐战争期间并未因债务问题而引发中英直接冲突。

第二节 英国提出旧债整理要求与中国的应对

1928 年 6 月 15 日，国民政府宣布二次北伐胜利结束，同日发表对内、对外宣言，虽强调希望重订新约，但也表示承认外国以合法手续订立之旧约。[①] 1928 年财政部所提的《整理财政大纲》中的经济政策部分，第一项便是整理国债，"我国外债向极紊乱，应遵国民党政纲偿还，并保证以中国所借之外债在政治上、实业上不受损失之范围者为断，召集各团体会议，筹备偿还外债办法"。[②] 1928 年 7 月全国财政会议上议决《整理内外债案》，对有、无确实担保的外债处理办法进行详细规定，同在此次会议上议决的 1928 年度财政部施政大纲也明确提出有确实担保内外债照原案进行、无确实担保者应设立委员会审查整理。[③] 这表明南京国民政府承认对清政府、北京政府所借外债的偿还义务。

英国对中英旧债的态度很明确，那就是必须整理旧债以恢复债信，才能为中国提供新的借款。1928 年 7 月，英国外交

---

① 《国民政府废除旧约宣言》（1928 年 6 月 15 日），中国第二历史档案馆编《中华民国史档案资料汇编》第 5 辑第 1 编《外交》（1），江苏古籍出版社，1994，第 33—34 页。

② 《整理财政大纲》（1928 年），《民国外债档案史料》第 2 卷，第 4 页。

③ 《第一次全国财政会议关于整理内外债案》（1928 年 7 月 1 日）、《财政部关于 1928 年度施政大纲电》（1928 年 7 月），财政部财政科学研究所、中国第二历史档案馆编《国民政府财政金融税收档案史料（1927—1937）》，中国财政经济出版社，1997，第 11、178—180 页。

大臣奥斯丁·张伯伦（A. Chamberlain）与赴欧考察的时任国民政府立法院院长胡汉民会谈时即传达了此态度。[①] 不过，中英旧债数额比较大、项目比较繁杂，难以短时间内厘清，1928年7月以来，中英铁路借款面临进一步违约，国民政府铁道部表示正在谋划统一整理办法，办法出台后再分别整理各路旧欠款。

此时国民政府的债务负担较重，且种类繁杂。据国民政府财政顾问杨格统计，截至1928年7月1日，国民政府一共欠外债本金约5.35亿美元，按当时汇率，折合国币约10.7亿元。[②]

英国参与的对华借款中，以关税为担保的英德借款、英德续借款、善后借款均按期偿付，无违约情况出现，其余各类借款均出现违约。据英国驻华公使馆调查，截至1928年12月31日，中国政府共拖欠英国债权人总额为国币1.0741亿元的债务，其中，铁路材料及器材类欠债2000万元、电话器材欠债30万元、商业信贷欠款222万元、国库券与省级借款欠款345.8万元、铁路借款欠款3080万元、担保不全的债务［1908年英法借款和1912年克里斯浦（Crisp）借款］700.9万元、无确实担保债务4362.3万元。[③] 此外，1928年下半年起，国民政府尚需归还英国的庚子赔款部分，本息共计国币88799175.99元。[④]

---

① 《胡汉民致蒋介石、张静江、谭延闿电》（1928年7月21日），台北"国史馆"藏《蒋中正"总统"档案文物》，档案号：002-090103-00012-054。藏所下略。

② 杨格：《1927至1937年中国财政经济情况》，第490—497页。

③ Summary and Estimate of Claims against the Chinese Government Unsecured Loans and Obligations, December 31, 1928, FO 371/13921, p. 248.

④ 《庚子赔款各国1928年7月1日以后按年应还本息表》（1928年），《民国外债档案史料》第12卷，第20—22页。

应当指出，此时英国政府所统计的国民政府拖欠英国的债务，主要是英国银行经理的部分，以及由英商提供给中国政府的垫借款。其他国家银行或公司的对华借款中亦有英国债权人持有的部分，并未算在内。

英国首先向中国交涉的是盐税担保旧债的整理问题。1928年6月18日，在国民政府刚刚宣布北伐战争胜利结束后的第三天，英法美日四国银行团代表就致电国民政府财政部部长宋子文，要求设法偿还以盐税担保偿还的外债，即1908年英法借款、1911年湖广铁路借款、1912年克里斯浦借款，这三项借款的承借方都有英国银行。[①] 1929年9月18日，宋子文对盐税担保三项债务发表宣言，宣布本月内开始支付上述三项借款的利息，由盐税项下每年提出基金1000万元，为拨付一期利息之用，后增至1300万元。[②] 对于国民政府的盐税担保的旧债整理办法，蓝浦生认为能还款是令人满意的，不过对财政部将接管还款基金并改组盐务稽核所表示不满，但也只能接受。[③]

关税相关的旧债整理问题则经历一番波折。1928年关税谈判时，日本曾明确提出将整理无确实担保外债作为国民政府关税自主的先决条件，以及提出希望英国采取的态度，但被英国拒绝。英国政府认为，1926年12月备忘录及相关声明已经明确表示英国不会以其他中英协定为由强迫中国实施任何债务

① 《四国银行团代表致宋子文公函》（1928年6月18日），《中华民国史档案资料汇编》第5辑第1编《财政经济》(3)，第304—307页。

② 《宋子文对于盐款担保三项借款发表宣言译文》（1929年9月18日），《民国外债档案史料》第2卷，第81—82页。

③ Sir M. Lampson to Sir A. Chamberlain, February 7, 1929, FO 371/13921, p. 212.

整理方案，只会与中国就事论事地商讨旧债整理计划。①

1929 年 1 月 4 日，国民政府国务会议议决，宣布设立整理内外债委员会，专门负责内外债的整理，每年关税新收项下提出 500 万元为整理内外债之用。② 1 月 18 日国民政府外交部将此告知英国驻华公使。2 月 7 日，蓝浦生致电张伯伦，汇报此事，并对当下中国的内外债政策与英国在华债务情况进行了分析。蓝浦生认为，虽然国民政府推翻北京政府后，伦敦证券市场中中国政府发行的债券价格有所上升，但这只是出于对前景的看好而非国民政府已经有维护外债债信的举措，相反，国民政府对内债的担保与偿还关注较多，但对旧外债尤其是无确实担保的外债的偿还漠不关心，③ 而中国想要恢复财政状况就必须寻求国外借款，因此必须设法解决积欠旧债问题。随后蓝浦生谈到了几类借款的现状及看法，除了对盐税担保借款表示基本满意外，关于铁路借款，虽随着局势的稳定、部分铁路的收入已足够并开始用于还本付息，如京奉铁路、沪宁铁路与沪杭甬铁路，但对铁路收入被强行用作军事开支不满（1928 年9—12 月，京汉、京奉、京绥与道清铁路收入被军事征用的数额为 369.28 万元，而同时期铁路附加税只有 241.6 万元），而

---

① Foreign Office to Sir M. Lampson, November 1, 1928, FO 371/13160, pp. 319-321.

② 《事略稿本（民国十八年一至三月）》（1929 年 1 月 4 日），《蒋中正"总统"档案文物》，档案号：002-060100-00017-004。

③ 截至 1928 年底，国民政府发行的以关税或关税附加税为担保的内债包括：江海关二五附税国库券（3000 万元）及绩发库券（4000 万元）、津海关二五附税国库券（900 万元）、十七年短期公债（3000 万元）、十七年长期公债（4500 万元），十七年善后公债（4000 万元）。于 1929 年初改由关税担保，共计 1.94 亿元，单位为国币。参见杨格《1927 至 1937年中国财政经济情况》，第 507—508 页。

费克斯、马可尼等无确实担保借款只能等待中国政府出台无确实担保债务的全面整合计划后再行整理。最后，蓝浦生表示，虽然每年从关税中提出 500 万元用作整理积欠外债的方案尚不完善，但国民政府此举表明，讨论整个外债问题并寻求解决的时机已经到来。[1]

为利用此时机，蓝浦生在 3 月 20 日再次致电张伯伦，提出解决中英债务问题的具体措施。蓝浦生认为，当下约 1.08亿元的债务中，约 4300 万元是无确实担保债务，只能等待中国政府出台全面整理无确实担保债务的政策，而余下的 6500万元债务则大部分与铁路有关。针对这一部分债务，蓝浦生提出三项建议。第一，督促中国方面按照借款协议对有盈余的铁路安排偿还债务，因为当下铁路收入有相当的盈余；第二，推动铁路行政改革，将铁路收入用于铁路建设，为拖偿还欠的铁路债务提供资金，也有助于推进整体外债整理，而若铁路收入无法用于铁路外债的整理，国民政府的财政状况更无从改善；第三，等待国民政府建立专门整理内外债的委员会，然后建议国际联盟任命一个由独立财务专家组成的委员会，调查全部外债情况，并提出如何整理的建议，敦促召开债权人会议审议这项建议。蓝浦生认为前两项可以由英国自行提出，第三项则有待与美法日等国商议后再提出。[2]

英国外交部与蓝浦生的意见一致，也认为不应当同意国民政府每年 500 万元整理无确实担保外债的计划，而是应促使其

---

①　Sir M. Lampson to Sir A. Chamberlain, February 7, 1929, FO 371/13921, p. 212.

②　Sir M. Lampson to Sir A. Chamberlain, March 20, 1929, FO 371/13921, p. 248.

采取措施逐一整理外债。① 1929 年 5 月 16 日，英国外交部回电蓝浦生，同意其提出的三项建议，并要求蓝浦生给国民政府外交部发一份照会，表明旧债不能很好地整理则会影响中国借新债，而每年提出 500 万元整理内外债的方案只能"被视为中国不努力履行外债义务"。② 收到英国外交部的指示后，蓝浦生于 7 月 14 日给国民政府外交部递送一份照会，详细列出了八类有担保借款，分别是以盐税为担保的 1908 年英法借款、1911 年湖广铁路借款、1912 年克里斯浦借款；以北宁路为担保的京奉双轨铁路借款、上海枫泾铁路借款；以津浦路为担保的 1906 年津浦铁路借款和 1910 年津浦铁路续借款；以平汉路与平绥路为担保的铁路材料借款；以河南铁路为担保的 1905 年河南铁路借款、福公司道清铁路借款；以广九铁路为担保的 1907 年广九铁路借款、中英公司银垫款；以粤汉铁路为担保的 1911 年湖广铁路借款（与盐税、厘金及湖北湖南省税共同担保）。并提出各类担保借款的还款要求，盐税担保的借款因此项财源渐趋稳定应尽快偿还；铁路担保借款方面，应避免军事开支对铁路收入的征用，整理铁路旧债也是铁道部推行筑路计划的基础，而每年关税项下提出 500 万元整理内外债是远远不够的，相比之下，用于担保内债的关税明显更多，希望国民政府不要重借新内债而轻整理旧外债。③

① Comments of Pratt, April 25, 1929, FO 371/13921, pp. 242–243.
② Foreign Office to Sir M. Lampson, May 16, 1929, FO 371/13921, pp. 259–260.
③ 《蓝浦生致国民政府外交部照会》（1929 年 7 月 14 日），《外交部档案》，档案号：020-991200-0060，第 12—13 页。

这是南京国民政府建立后英国第一次就整理中英旧债全局情况及处理态度向中国发出的照会，但中方没有给出英国期待的答复。国民政府财政部表示，关于盐税担保的英法、克里斯浦和湖广铁路三种借款，按照每年摊付 1000 万元计算，仅够偿还本年到期之本息，但上述借款仍有多期积欠，未来仍要还本付息，以目前的盐税收入难以完全偿付，需另行筹拨他款；无确实担保借款需待整理内外债委员会成立后审核办理，而对于中国侧重以关税担保内债而轻整理外债的看法属于误会。① 国民政府铁道部的态度也和财政部类似，表示目前铁路收入虽有恢复，但尚不足以偿付旧债，需待统筹全局的铁路旧债整理计划出台后方可完全整理。② 9 月 6 日，国民政府外交部将上述情况电告蓝浦生。③ 国民政府此时财政较为困难，1929 年财政收入为国币 4.34 亿元，④ 还需负担各类财政支出，确实不足以偿还债务。

中国方面没有给出整理旧债的具体措施，与此同时，除了对关税大量担保内债发行表示不满外，关于废除厘金后的外债的偿还方式，英商也提出了异议。为给实行关税自主铺路，1928 年 7 月 18 日国民政府组成裁厘委员会，规定至当年年底为裁厘之期（实际上到 1931 年 1 月 1 日才正式裁厘）。此

---

① 《财政部盐务署、公债司为核复英国债务事签呈》（1929 年 8 月 21 日），《民国外债档案史料》第 2 卷，第 221—222 页。
② 《铁道部咨外交部》（1929 年 9 月 2 日），《外交部档案》，档案号：020-991200-0060，第 18—21 页。
③ 《外交部致驻华英使电》（1929 年 9 月 6 日），《外交部档案》，档案号：020-991200-0060，第 22—23 页。
④ 杨格：《1927 至 1937 年中国财政经济情况》，第 438—485 页。

前中英借款中，津浦铁路和湖广铁路的还本付息担保中都有厘金，① 故厘金裁撤后应换为何种还债基金引发英方的关注。1928 年 12 月 4 日，英商 Moore, Keily & Lloyo 致电英国外交部，询问一旦中国实行关税自主与税制改革，津浦铁路借款的还本付息应如何保证。② 英国外交部在 12 月 27 日给该公司的回复中表示，目前与中国的关税谈判不涉及废除厘金问题，并不会出现借款合同中规定的以其他方式还款的情况。③ 由于没有获得外交部的支持，作为债权方，持有津浦铁路债券的英商直接向国民政府抗议。1929 年 1 月 1 日，蒲素白致电铁道部部长孙科，要求若国民政府取消厘金，则津浦铁路借款担保应换为关税附加税。④ 1 月 7 日，英、法、美与中国、交通银行代表联合致电国民政府铁道部，对湖广铁路的还本付息基金提出了一样的要求。⑤ 铁道部在 1 月 17 日回复中表示会与财政部协商办理，⑥ 此后便再无回应。眼见直接与国民政府交涉无

---

① 1908 年津浦铁路借款合同第 9 条规定，担保品为直隶、山东、江宁厘金局和江苏省淮安的关厘税，若裁撤厘金则由新增洋税内补足。1911 年湖广铁路借款合同第 9 条亦有厘金担保的规定，若政府裁撤厘金，则由新增关税如数尽先补足。《天津浦口铁路借款合同》（1908 年 1 月 13 日）、《粤汉川汉铁路借款合同》（1911 年 5 月 20 日），《民国外债档案史料》第 3 卷，第 342、642 页。

② Moore, Keily & Lloyo to Foreign Office, December 4, 1928, FO 371/13240, p. 232.

③ Foreign Office to Moore, Keily & Lloyo, December 27, 1928, FO 371/13240, p. 233.

④ Mr. T. Boothby to Mr. Sun Fo, January 1, 1929, FO 371/13902, p. 443.

⑤ Group Banks to the Minister of Railways, Nanking, January 7, 1929, FO 371/13921, p. 264.

⑥ Minister of Railways to Group Banks, January 17, 1929, FO 371/13921, p. 264.

果，3月16日，汇丰银行代表哈伯德（G. E. Hubbard）致电蓝浦生，希望后者能向国民政府提出有关津浦、湖广铁路借款在废除厘金后代以关税担保还本付息的交涉。[①] 不过，英国外交部认为，当下与中国交涉厘金问题没有意义，因为中国虽然表态要取消厘金，但一直没有正式实施，此时与中国交涉只能给中国拒绝还债提供由头，需等到中国正式废除厘金后再协商此问题。[②]

而对于以铁路收入为担保的铁路借款，在发现铁路收入用于他途而非偿还路债时，英国也进行了抗议，以北宁铁路借款最为典型。

北宁铁路，又称京奉铁路，1898年由清政府与英国中英银公司签订北宁铁路关内外铁路借款合同，数额为230万英镑，实收207万英镑，以铁路收入及财产为还本付息担保。随着京奉铁路运量增加，1921年5月24日，北京政府与中英银公司签订京奉唐榆双轨借款合同，为唐山至山海关一段添设双轨，数额为50万英镑、200万银元，以京奉铁路余利为担保。由于北宁铁路客流量较大，运营收入较多，除偿还本路借款外，北宁铁路的收入还被用作1908年沪杭甬铁路、1914年沪枫铁路、1919年粤汉铁路湘鄂段垫款以及1921年京奉唐榆双轨铁路借款的抵押，并规定上述借款对京奉铁路收入有优先使用权。[③]

---

① Hong Kong and Shanghai Banking Corporation to Sir M. Lampson, March 16, 1929, FO 371/13921, p. 264.

② Foreign Office to Sir M. Lampson, June 28, 1929, FO 371/13921, p. 271.

③ 《京奉唐榆双轨借款中英公司函约》（1921年5月24日），《民国外债档案史料》第8卷，第98页。

第一章 停滞不前：抗战初期中英整理旧债交涉（1931—1934）

1930 年，英国在发现国民政府将北宁铁路的收入用于建设葫芦岛后，即与中方展开交涉。1930 年 2 月 3 日，英国驻华公使馆向国民政府外交部递交了一份说帖，表示截至 1929 年底北宁双轨铁路借款尚欠 426589 英镑与 450763 银元，目前仅有每月先付 10 万银元的整理。随着局势的稳定，该路目前每月有净利洋 100 万元，本可作为还旧债基金，但现该路每月收入 50 万银元被用于葫芦岛开埠、10 万银元被用于修建洮山铁路，对偿还北宁铁路旧债不利，因而提出抗议，要求按照 1898 年北宁铁路借款合同的约定将该路收入全部存入天津汇丰银行。① 2 月 15 日，英国驻华公使再向国民政府外交部递交照会，抗议北宁铁路局与荷兰海埠建设公司签订有关葫芦岛开埠的合同，其中以北宁铁路收入每月向该公司支付 9.5 万美金作为开发葫芦岛的款项。②

得知此情后，外交部向铁道部提出可在北宁铁路收入中提出洋 25 万元用于清偿北宁双轨铁路借款。2 月 17 日，铁道部回复表示，该路已按照合同规定，每月还款英镑 1 万元、洋 5 万元，于 1929 年 11 月底还清银两欠款本金，12 月开始付息，每月洋 10 万元，英镑借款部分也有比之前更优的整理办法，与葫芦岛开埠合同并不冲突，而外交部所提及的每月从铁路收入中提取洋 25 万元还款的做法超出了铁路能承受的范围，且目前借款本息均照付，并无全部铁路收入存入天津汇丰银行的必要。③

---

① 《英使馆致外交部说帖》（1930 年 2 月 3 日），《外交部档案》，档案号：020-041106-0007，第 10—11 页。

② 《英国公使蓝浦生照会》（1930 年 2 月 15 日），《外交部档案》，档案号：020-041106-0007，第 20—22 页。

③ 《铁道部致外交部函》（1930 年 2 月 17 日），《外交部档案》，档案号：020-041106-0007，第 25—27 页。

而针对北宁路局与荷兰海埠建设公司签订的合同，铁道部解释称，1898 年北宁铁路借款合同中规定不得以该路收入作为其他借款担保，而此次合同并非借款合同，故并无抵触，且北宁路旧欠款仍在按计划还款，而一旦葫芦岛开埠完成，北宁铁路的收入势必大大增加，更有利于偿还旧债。[1]

3 月 19 日，蓝浦生再次照会国民政府外交部，对北宁铁路收入每年洋 10 万元用于粤汉铁路广东部分修建提出抗议。[2] 4 月 29 日，铁道部回复，目前北宁路能够按期偿还英国旧债，因而该路收入用于他途之事英方无权干涉。[3] 而在外交部将上述意见告知英方后，英方又提出了异议，5 月 20 日，蓝浦生再次照会国民政府外交部，对此前铁道部所做的解释提出了质疑。他表示，按照 1898 年北宁铁路借款合同，该路收入全部用于偿还本路借款，故另用于葫芦岛建设则违反合约规定，且以本路收入为担保的上海枫泾铁路、沪杭甬铁路借款及英商车辆材料借款等仍在违约中，且不论葫芦岛建成后能带来多少利益，都应先完成积欠旧债的整理。[4]

而收到中方关于北宁铁路担保修筑粤汉铁路一事的回复后，英方感到震惊。蓝浦生在 6 月 4 日向国民政府外交部递交了照会，表示铁道部有关北宁铁路收入拨付粤汉铁路建设与该

---

① 《铁道部致外交部函》（1930 年 2 月 17 日），《外交部档案》，档案号：020-041106-0007，第 25—27 页。

② 《英国公使蓝浦生照会》（1930 年 3 月 19 日），《外交部档案》，档案号：020-041106-0007，第 36—37 页。

③ 《铁道部致外交部函》（1930 年 4 月 29 日），《外交部档案》，档案号：020-041106-0007，第 45—46 页。

④ 《英国公使蓝浦生照会》（1930 年 5 月 20 日），《外交部档案》，档案号：020-041106-0007，第 51—55 页。

路债务无关的说法和事实大相径庭，英方"不胜惊讶"，并分债项列举当下北宁铁路收入担保的各项债务违约的情况，北宁铁路定期垫款欠 56000 英镑，上海枫泾铁路欠款 275084 英镑，沪杭甬铁路欠款 60000 英镑，北宁双轨铁路欠款 426589 英镑、洋 450673 元。枫泾铁路与沪杭甬铁路为中英银公司与北宁路局商定后允许以北宁路收入担保的借款，但葫芦岛开埠合同与粤汉铁路建设则不属于此情况，且铁路材料欠款仍未还清。[①] 7 月 12 日，铁道部解释称，北宁路所负债务除枫泾铁路借款正在筹办外，其余借款仍在按约偿付。[②] 中方坚持北宁路收入用于葫芦岛与粤汉铁路并不违规，英方也明白取消葫芦岛合同并不现实，因而退而希望增加每月还款额度。8 月 27 日，蓝浦生向张学良递交备忘录，要求北宁铁路收入每月用于北宁双轨铁路还款的金额由当前的 1 万英镑增加到 2.5 万英镑，以在 1932 年前还清此借款。[③] 中英双方各执一词，京奉铁路借款交涉陷入停滞。中方还是坚持自 1930 年 3 月起每月最低偿还 1 万英镑与 5 万银元的方案，同时，1932 年 10 月 14 日，铁道部准付 44 万元给中英银公司用于偿还北宁铁路借款。[④]

中英的铁路旧债未能及时整理，不断产生新的欠息，英国驻华公使多次照会中国外交部表示抗议，而国民政府铁道部则

---

① 《英国公使蓝浦生照会》（1930 年 6 月 4 日），《外交部档案》，档案号：020-041106-0007，第 63—70 页。

② 《铁道部致外交部函》（1930 年 7 月 12 日），《外交部档案》，档案号：020-041106-0007，第 37—38 页。

③ Memorandum handed by H. M. Minister to Marshal Chang Haueh-itang at Peit-aiho, August 27, 1930, FO 371/14679, pp. 167-168.

④ Sir M. Lampson to Foreign Office, November 24, 1933, FO 371/18052, pp. 152-153.

一直以铁路外债的偿还尚在全局筹划整理中来应对，拒绝给出具体的处理办法。

国民政府虽未制定铁路旧外债的还款计划，但计划召开会议商讨无确实担保旧债的整理方式。此次会议召开的背景是，1930 年 5 月中日关税条约后，日本要求中国召开债权人代表会议，以尽快解决无确实担保旧债的整理。国民政府财政部部长宋子文也希望能借召开此次会议，尽快解决旧债整理问题，特别是最麻烦的无确实担保旧债整理问题，以便于国民政府争取更多的国外借款。[①] 本次会议较为仓促，国民政府在 1930 年 9 月 27 日通知英国，将在 11 月 15 日召开由各债权国外交官参加的非正式会议，包括英国、美国、日本、法国、比利时、荷兰和意大利等国的代表，商讨无确实担保旧债整理问题，以便在 12 月中旬召开正式会议。得知此情后，英国感到有些突然，既不了解该会议的目的与范围，也没有时间调查英国现有对华债务情况。不过，英国对此时就解决无确实担保债务问题兴趣不大，蓝浦生不相信此时国民政府有充分的诚意解决无确实担保债务问题。同时，据英国驻华使馆的统计，在当时国民政府所负担的超过 10 亿元无确实担保债务中，拖欠英国债权人的约 4300 万元债务本就被英国政府定义为"投机性贷款"。而前文已述，英国政府处理的重点是约 6500 万元的铁路债务。因而，对于此次会议，英国政府延续 1929 年确定的对华旧债整理的态度，其确立三个目标。一是确保铁路债务从铁路收入中支付而不是任何一般债务合并，二是确保任何可能

---

① Record of Conversation with Minister of Finance at Shanghai, November 9, 1930, FO 371/15447, p. 311.

制定的债务合并计划不会损害英国铁路债权人利益，三是确保在任何可能制定的债务合并计划中，英国无担保债权人得到"公平"对待，并决定由英国驻华代办应歌兰（E. M. B. Ingram）代表英国出席本次会议。① 会前，日本要求英国与其一道迫使中国从关税盈余中提取一定款项整理无确实担保外债，但被英国拒绝。② 实际上，英国仍希望根据其自身的对华借款结构特点交涉旧债整理问题。

而在 11 月 15 日的会议上，国民政府代表王正廷只是向与会各国代表发了一份国民政府暂定整理旧债计划的小册子，会上各国代表并未就债务整理问题达成协议，也没有确定下一次开会的具体日期，他们均表示需要会后再行研究。③ 会议中，应歌兰向国民政府外交部递交照会，要求中方告知此次会议的意图与态度，并要中方最大限度地保证英国债权人的利益。④ 同时，应歌兰也在会上发言，表示英国政府重视旧债整理，但反对国民政府在英国政府调查清楚中英旧债情况之前，做出任何可能有损英国债权人利益的整理安排。⑤

会上王正廷发放的整理计划有 10 条内容，主要为国民政府准备从关税中提取部分款项，用于偿付无确实担保旧债，数目每年递增，并弥补铁路收入支付旧债的不足数额，同时也可

---

① Proposed Conference for the Adjustment of China's Indebtedness, October 25, 1930, FO 371/14723, pp. 96-97.

② Sir M. Lampson to Foreign Office, November 3, 1930, FO 371/14723, pp. 122-123.

③ Sir M. Lampson to Foreign Office, November 16, 1930, FO 371/14699, p. 327.

④ 《From Ingram to Dr. Chengting T. Wang》（1930 年 11 月 15 日），《外交部档案》，档案号：020-991200-0060，第 24—25 页。

⑤ Sir M. Lampson to Foreign Office, November 17, 1930, FO 371/14723, pp. 146-147.

支付通信借款。① 收到此计划后,蓝浦生认为该计划含糊不清,每年提取关税的数额并没有具体说明,中国可用于偿还旧债的财源也并未说明,因而目前不建议英国对此计划进行回应,英国应在考察清楚中国当下财政状况与还款能力及对英国具体欠债情况后再行决定下一步举措。② 英国外交部也同意蓝浦生的看法,认为首先应弄清中国当下的关税收入及未来可能的增长情况,再考虑整理旧债的安排。③

不过,中国方面表态后,日本更加积极主动地向英国要求与其一道迫使中国在此计划基础上提出更具体的还债方案。英国对日要求依旧反应冷淡,虽表示愿意与日本沟通,但随后并没有采取措施。④ 在英国看来,日本如此坚持的原因,是出于其国内政治的因素,日本政府需要获得中国政府比较明确的承诺,以偿还中国对日大量的无确实担保旧债(主要是"西原借款"),加之日英对华债务结构差异极大,英国的关注点为中国偿付铁路外债,但日本更关注无确实担保旧债,因而日英双方不可能在此事上有更为深入的合作。⑤ 在日本指责英国对待中国的债务整理问题"不认真"时,英国还是坚持要先调查中英债务情况再做决策。⑥ 原定于 1930 年 12 月份召开的正

---

① Sir M. Lampson to Foreign Office, November 16, 1930, FO 371/14723, pp. 151–152.

② Sir M. Lampson to Foreign Office, November 20, 1930, FO 371/14723, pp. 154–155.

③ Consolidation of China's Unsecured Debts, December 11, 1930, FO 371/14723, p. 156.

④ Aide Memoire, December 5, 1930, FO 371/14699, pp. 331–334.

⑤ Mr. Ingram to Mr. A. Henderson, February 20, 1931, FO 371/15447, p. 344.

⑥ Chinese Debts, December 10, 1930, FO 371/14723, pp. 183–184.

式债权人会议也没有如期进行。

第三节　九一八事变爆发后中英旧债
整理的交涉

各国商讨整理中国旧外债的会议没有结果，中国政府虽制定了一系列铁路外债整理草案，但均未有效执行。[①] 蓝浦生于1931年7月5日向中国政府递交了中国政府所欠英国债务的详细情况，截至1930年底中国政府积欠英国债权人本息共9228381镑12先令及国币23693700元1角1分、美金21666.5元。[②] 国民政府整理内外债委员会表示会对此进行研究。

不过，1931年9月18日，九一八事变爆发，随着日本侵占东三省及对关税的劫夺，国民政府关税收入大大降低，[③] 整理外债计划进程受阻，对英国的铁路旧债亦无有效整理方案，仍在不断欠息。

面对此局面，作为债权人的英商开始着急了。1932年1月，英国天津商会给英国外交部递交了一份备忘录，表示此前国民政府铁道部已有在津浦铁路收入中提取一部分用于偿还旧材料借款的承诺，而1932年初国民政府又征收了短期的关税附加税，这笔收入没有用于偿还中英旧债，却被用于担保美麦借款，同时国民政府也征收了3个月的铁路附加税，增强了偿

---

① 如1932年铁道部整理草案，参见《民国外债档案史料》第2卷，第107—109页。

② 《英国公使蓝浦生照会》（1931年7月5日），《外交部档案》，档案号：020-991200-0060，第29—30页。

③ 1931年国民政府关税收入为3.869亿元，至1932年则减为2.925亿元。参见王孝通《中国商业史》，中国文史出版社，2015，第224页。

债能力，因而要求英国政府向国民政府施压，另后者继续征收附加税，用于支付积欠的铁路旧债利息以及当期的利息，并偿还本金。[1] 但英国外交部拒绝采纳此建议，认为此前国民政府征收的附加税是为救济水灾，与整理关税的附加税是两码事，且可能会引发材料旧债与筑路旧债偿还优先权的争议，应等中国局势稳定、铁路收入增加后再向中国提出从中拨出款项整理旧债。[2]

英国政府对中英旧债整理一直持较为缓和的态度，并不急于向中国施压，这在英商看来显得过于"保守"。中英银公司代表梅尔思（S. F. Mayers）即在1932年11月对英国外交部的整理中英旧债政策提出了质疑。梅尔思指出，第一次世界大战爆发前，英国政府的政策是通过投资铁路扩大英国对华贸易，因而英商与中国政府的诸多铁路借款合同是基于英国政府的政策引导，并在英国使馆的关注下签订的，对于英国投资者而言，购买铁路债券的有利条件在于铁路雇佣英国员工及收入存入英国银行，但北伐战争爆发后，英国的政策发生转变，尤其是1926年圣诞备忘录的出台，反映了英国对中国政府的违约行为缺乏有效的应对措施，其结果是到目前为止英国资本参与的每一条铁路都出现了不同程度的违约，即便北宁与津浦两路有相当的收入，也未用于偿还旧债。梅尔思批评英国的政策过于"放任"，使投资人的利益受到损失，希望英国政府能采取

---

[1]　Tientsin British Chamber of Commerce, Memorandum or Railway Debts, January 15, 1932, FO 371/16207, pp. 168–173.

[2]　Sir M. Lampson to Foreign Office, February 19, 1931, FO 371/16207, pp. 175–177.

更强硬的态度维护英国债权人的权益。[①] 同时，英国议会下议院议员莫宁（Moreing）也向外交副大臣艾登提出有关中国政府拖欠英国债权人铁路债务的质询，要求英国外交部加快与中国谈判整理旧债的进程。[②] 不过，英国外交部并不认同这种质疑，在其看来，1926年备忘录是对中国民族主义高涨现状的承认，英国对中英旧债较为宽松的政策在当下是最佳选择，在中国争取民族独立自主、收回利权的大趋势不可逆转的情况下，过于强硬的政策恐难有效果，英国政府只能尽力与中国周旋，以维持英国已攫取的在华权益。[③] 蓝浦生认为，与国民政府谈判时不要急于行事，即便中间有停滞，但也要保持耐心。[④]

不过，英国政府并不是不插手，驻华公使蓝浦生多次就英国对华铁路借款的欠息情况向国民政府外交部发照会，要求中方设法偿还积欠旧债，而国民政府以计划尚在制定中与现有财力无力立刻偿还为由加以拒绝。蓝浦生本人也多次与国民政府高层面谈，希望能推动中英旧债整理的进展。1933年2月7日蓝浦生与国民政府外交部部长罗文干会谈，就中国政府积欠英国铁路借款超过1100万英镑及以厘金为抵押的铁路借款在裁厘后无着落进行抗议。[⑤] 实际上，此前国民政府铁道部已经制定了部分铁路借款的整理计划，如从京沪铁路每日收入中提出5%，沪杭甬铁路借款从每日收入中提出10%，津浦铁路借

---

① Memorandum, November 21, 1932, FO 371/16187, pp. 10—13.

② Parliamentary Question, July 6, 1932, FO 371/16186, p. 74.

③ Chinese Railway Debts, November 29, 1932, FO 371/16187, pp. 7—8.

④ Sir M. Lampson to Sir J. Simon, August 24, 1933, FO 371/17064, p. 155.

⑤ 《会晤记录》（1933年2月7日），《外交部档案》，档案号：020—991200—0060，第55—56页。

款及续借款每月提 9 万—14 万元存于中国银行以备还款，广九铁路所欠中英银公司酬金月付 200 镑。[①] 1933 年 2 月 15 日国民政府铁道部也与英国债权人代表马歇尔（C. Marshall）签订了清偿津浦铁路材料借款的合同，每月提存 5 万元用于偿还旧路料借款。[②] 不过，由于各路收入普遍不足，铁道部制定的计划并未实现，津浦铁路用于还债的专款在 1933 年 2—4 月均未提存，而此前偿还旧债能力最强的北宁铁路的收入也被军事当局挪用。[③]

面对这种情况，英国驻华公使馆商务参赞弼乐（L. Beale）向蓝浦生建议，既然一次性偿还积欠本息不可能，不如先要求中方偿还所积欠铁路旧债的欠息 500 万英镑，并由英国派专家就各条铁路的运营与负债进行调查，寻求改善方案。[④] 蓝浦生同意弼乐的建议，令其与国民政府铁道部进行交涉，而蓝浦生也于 1933 年 10 月 12 日与国民政府外交部次长徐谟会晤，提出了铁路旧债迟迟不能整理的问题。[⑤] 10 月 14 日，蓝浦生与铁道部部长顾孟馀会晤。顾孟馀表示铁道部愿意全力整理中英旧债，但的确无法制止铁路收入挪作军用，已与中英银公司达成协议，支付 44 万元用作偿还旧债。蓝浦生表示希望朝两个方向整理铁路旧债：一是国民政府将铁路收入全部用于整理旧

---

① 《外交部致英国驻华公使节略》（1933 年 3 月 4 日），《外交部档案》，档案号：020-991200-0060，第 66—68 页。

② 《铁道部咨外交部》（1933 年 11 月 1 日），《外交部档案》，档案号：020-991200-0044，第 113—114 页。

③ Parliamentary Question, July 20, 1933, FO 371/17093, pp. 58-59.

④ Mr. Beale to Sir M. Lampson, April 25, 1933, FO 371/17093, pp. 26-27.

⑤ 《会晤记录》（1933 年 10 月 12 日），《外交部档案》，档案号：020-991200-0060，第 73—76 页；《财政部咨外交部》（1933 年 7 月 8 日），《外交部档案》，档案号：020-991200-0047，第 31—32 页。

债；二是由弼乐与国民政府铁道部相关人员召开会议，寻求进一步解决此问题的方案。① 这一会议在第二年召开了，1934 年 4 月 10 日弼乐与国民政府铁道部财务司司长陈耀祖会面。弼乐表示，目前中英对铁路运营与中国财政收入状况缺乏了解，制定的整理计划过于笼统，应在充分调查的基础上重新制定计划，这有助于英国在华进行新的铁路投资，陈耀祖表示赞同。②

对于已受到英方关注的借款担保条件中的关税代替厘金问题，中英双方经多次交涉，但未达成一致。1931 年 1 月 1 日国民政府正式废除厘金后，英国政府也开始向中方交涉。在英国外交部看来，从法律上讲，债权人不能因中国的关税自主和废除厘金，而就津浦铁路借款合同中第 9 条的规定进行交涉。因而英国并不对有关条款的解释提出异议，而是以债权人有权获得关税同等级别的担保为前提进行交涉，并努力使国民政府承认以关税代替厘金负担保责任。③ 1931 年 11 月 9 日，蓝浦生照会国民政府外交部，在抗议津浦铁路借款持续欠息之余，也表示该借款合同第 9 条规定，倘若厘金取消，则以关税收入拨款以补足，就此询问国民政府具体的处理办法。④ 关税问题属于财政部管理范围，此前国民政府铁道部曾就此事询问财政部。⑤ 1932 年 5 月，财政部回复铁道部，表示目前关税已无余

---

① Sir M. Lampson to Foreign Office, October 20, 1933, FO 371/17093, pp. 215—222.

② 《会晤记录》（1934 年 4 月 10 日），《外交部档案》，档案号：020-991200-0060，第 90—92 页。

③ Hukuang Railway 5% Loan, 1911, June 16, 1933, FO 371/17093, p. 14.

④ 《英国公使蓝浦生致外交部照会》（1931 年 11 月 9 日），《外交部档案》，档案号：020-991200-0046，第 20 页。

⑤ 《铁道部咨外交部》（1931 年 11 月 26 日），《外交部档案》，档案号：020-991200-0046，第 23—24 页。

款可用于整理中英铁路旧债，而旧债的整理需待整理内外债委员会与债权人协商。① 在得知中方态度后，英方感到不满，蓝浦生在 1932 年 7 月 5 日照会国民政府外交部，表示整理内外债委员会的协商与落实津浦铁路中取消厘金后以关税代替担保"毫不相涉"。② 不过，财政部没有再次回应。截至 1932 年 10 月津浦铁路本息积欠已达 1055977 英镑 2 先令，10 月 22 日蓝浦生再次照会国民政府外交部催促中方尽快给出整理办法。③ 而直到 1933 年 7 月 7 日，财政部回复外交部，仍表示关税无余款抵补该借款之担保，应由铁道部进行整理。④

得知中方已无关税余款用于偿还旧债后，蓝浦生即于 1933 年 7 月 19 日照会国民政府外交部，表示听闻国民政府有以关税抵押作为新借款担保，而关税应优先用于偿还津浦铁路旧债。⑤ 此时财政部与铁道部产生分歧，财政部依旧以关税无余额为由拒绝，而铁道部虽承认当下关税无余额时由其筹付，但也表示当关税有余款时应尽先用于还铁路旧债，这与财政部的主张大相径庭。⑥ 双方的分歧在于，财政部重视的是以关税缓解财政困难，而在当下国民政府债信不良的情况下，弥补财

---

① 《财政部咨铁道部》（1932 年 5 月 31 日），《外交部档案》，档案号：020-991200-0046，第 36—37 页。

② 《英国公使蓝浦生致外交部照会》（1932 年 7 月 5 日），《外交部档案》，档案号：020-991200-0046，第 48 页。

③ 《英国公使蓝浦生致外交部照会》（1932 年 10 月 22 日），《外交部档案》，档案号：020-991200-0046，第 62 页。

④ 《财政部咨外交部》（1933 年 7 月 8 日），《外交部档案》，档案号：020-991200-0047，第 31—32 页。

⑤ 《英国公使蓝浦生致外交部照会》（1933 年 7 月 19 日），《外交部档案》，档案号：020-991200-0047，第 38—39 页。

⑥ 《财政部咨外交部》（1933 年 8 月 12 日）、《铁道部咨外交部》（1933 年 9 月 7 日），《外交部档案》，档案号：020-991200-0047，第 42—46 页。

政不足的最快方式无疑是以关税担保借新内债，偿还旧外债虽有助于借新外债，但周期较长，见效较慢。铁道部重视的是债信恢复，以帮助其整顿铁路体系，提升铁路运营能力，并尽快借外债修筑新路。

1933 年 9 月 9 日，国民政府外交部以铁道部的意见为主照会蓝浦生，中方的回应被英方认为承认了以关税代替厘金作为担保。① 不过，由于湖广铁路的借款方还有美国与法国，而此前美国向中国提供的棉麦借款中有关税担保的规定，与借款协议所提的裁厘后优先以关税还旧债不符，因而美国方面要求英国向中国抗议时主要申引第 5 条，即若铁路收入不足，则须指定其他收入还款。英国虽然抱怨美国"出卖了我们"，但出于共同催促中国尽快偿还湖广铁路旧债的考虑，同意了美国的要求，并选择主要以津浦铁路借款向中国抗议裁厘后换关税担保问题。② 随后英方以国民政府的关税有用于担保新库券的计划为由，要求中方优先用于偿还旧债。③

收到英方抗议后，外交部建议铁道部与财政部会商此事。财政部表示，津浦路借款合同第 8 条规定，该借款以铁路收入为还本付息基金，第 9 条所规定的厘金担保只是补充，且从未适用，由关税担保发行国库券是为了应对华北局势，实属不得

① 《外交部致英国驻华公使照会》（1933 年 9 月 9 日），《外交部档案》，档案号：020-991200-0047，第 47—48 页；Sir M. Lampson to Foreign Office, September 19, 1933, FO 371/17093, pp. 161-168.

② Sir M. Lampson to Foreign Office, October 20, 1933, FO 371/17093, pp. 215-222；Mr. Ingram to Foreign Office, December 20, 1933, FO 371/18052, pp. 203-205.

③ 《英国公使蓝浦生致外交部照会》（1933 年 10 月 12 日），《外交部档案》，档案号：020-991200-0047，第 53 页。

已而为之，无余额用于铁路旧债整理，同时，财政部明确表示，铁路旧债偿还应由铁道部负责办理，并拒绝派员参加协商会议。① 而铁道部不同意财政部的看法，铁道部认为，英方关注重点在于履行担保义务，如何筹付则属于次要问题，关税承担的是担保义务，铁路收入承担偿还义务，两者并不冲突。② 得知铁道部的态度后，财政部再回复表示，铁路借款与财政借款不同，铁路本身可生利，故铁路建造时以厘金担保为一时之计，建成后还本付息事宜应由铁路自身担负，如此方有助于铁路借款稳定运作。③ 铁道部则仍坚持担保与偿付各事各议。④ 两部门各执一词，此案陷入僵局，蓝浦生亦不断发来照会催促中方解决此事。为尽快给英方回复，国民政府最终还是通过开会商讨。1934 年 5 月 30 日，外交部、财政部、铁道部代表召开会议，协商后决定承认津浦湖广两路借款合同中裁厘后代以关税作为还款担保的条款，但目前财政困难，关税无余额担保，津浦铁路欠债由该路收入筹付，湖广铁路欠息目下由盐税收入拨付，待铁路全线贯通后以铁路收入偿付本息。⑤

    不过，该会的决议并未执行，也未能弥合财政部与铁道

---

① 《财政部咨外交部》（1933 年 11 月 21 日），《外交部档案》，档案号：020-991200-0047，第 56—57 页。

② 《铁道部咨外交部》（1931 年 12 月 12 日），《外交部档案》，档案号：020-991200-0047，第 60—61 页。

③ 《财政部咨外交部》（1934 年 4 月 30 日），《外交部档案》，档案号：020-991200-0047，第 112—113 页。

④ 《铁道部咨外交部》（1931 年 5 月 18 日），《外交部档案》，档案号：020-991200-0047，第 119—120 页。

⑤ 《会议记录》（1934 年 5 月 30 日），《外交部档案》，档案号：020-991200-0048，第 16 页。

部在此事上的矛盾。国民政府内部会商后的方案仍不能令英
方满意，英国新任驻华公使贾德干于 1934 年 11 月 28 日照
会国民政府外交部，表示自 1931 年 1 月 1 日国民政府正式
裁撤厘金到 1934 年 6 月底，已有约 1 亿元的关税收入用于
担保内债与华资银行借款，为何不能用于偿还旧债？[①] 财政
部回复表示，津浦铁路旧债本息已由铁道部承认并负责偿
还，目前担保的债务都是为了缓解财政困难，因而关税无法
用于整理旧债，而若以其他方式抵补，则会给英方留下交涉
的借口，日后可能会强加要求其他财源，故津浦与湖广铁路
借款的还款不论是筹付还是担保都应参考北宁路借款等案
例，由铁路收入负责，如此则对财政结构与铁路借款的稳定
有利。[②] 铁道部则表示此前会议上已经达成共识，即按合同
规定应以关税担保还债，以彰显债信，而若以财政部所称方
案则需要与债权人重新商讨合同，不仅耗费时日，而且严重
影响中国的债务信用。[③] 铁道部与财政部始终未能就此事达
成共识，有关厘金担保以关税代替一事的中英交涉亦未能产
生结果。

　　英方虽然多次向国民政府抗议无果，但为了不给其他列强
介入此交涉制造借口，仍坚持自行交涉。英国外交部拒绝以国
际债务会议的形式解决中国铁路旧债问题，主要考虑到这种形

---

① 《英国公使贾德干致外交部照会》（1934 年 11 月 28 日），《外交部档
　　案》，档案号：020-991200-0048，第 28—29 页。
② 《财政部咨外交部》（1934 年 12 月 20 日），《外交部档案》，档案号：
　　020-991200-0048，第 35—36 页；《财政部咨外交部》（1934 年 12 月 24
　　日），《外交部档案》，档案号：020-991200-0048，第 50—51 页。
③ 《铁道部咨外交部》（1935 年 2 月 2 日），《外交部档案》，档案号：020-
　　991200-0048，第 60—61 页。

式使涉及的情况过于复杂，可能会拖延很长时间，且若与无确实担保借款的还款问题关联，则英国的利益也无法满足，故英国坚持单独与中国就每一条铁路的情况进行交涉。[①] 同时，为促使中方尽快还债，英国也积极与国民政府协商，派专家考察中国铁路运营状况，以提出提升铁路行政水平的方案。1935年英国政府派铁路专家汉猛德（F. D. Hammond）来华对各条铁路进行详细的调查，并形成了一份调查报告，涉及铁路运营、管理、员工制度等内容。[②]

1934年后，因白银风潮的出现，中国陷入经济危机，加之华北形势日趋紧张，国民政府对外国经济援助的需求日渐迫切。蒋介石在1934年9月18日致电国民政府文官处，要求尽快整理外债，以巩固对外信用，利用外资。[③] 铁道部也在1935年拟订了整理铁路债务计划，提出对尚未偿还旧债的铁路积极调查，以确定整理办法，并希望与债权人商议合理地减少还本付息数目。[④] 不过就中英铁路旧债而言，上述措施取得的成效不大，仅沪枫铁路借款达成还款协议。铁道部在1935年8月提议，自当月起每月由北宁路收入中提拨英金5000镑作为沪枫铁路还本付息之用，中英银公司表示同意。[⑤] 整体而言，中英旧债整理的进展仍旧缓慢，旧债积欠数额巨大，仅就铁路旧

[①] China's Disregard of Railway Loan Obligations, August 25, 1933, FO 371/17093, p. 126.

[②] 张嘉璈：《汉猛德将军中国铁路报告之研究》，1937。

[③] 《蒋介石关于巩固对外信用利用外资案致国民政府文官处密函》（1934年9月18日），《民国外债档案史料》第2卷，第131页。

[④] 《铁道部债务科拟"整理铁路债务二十四年份行政计划"》（1935年2月15日），《民国外债档案史料》第2卷，第133—134页。

[⑤] 《沪枫铁路借款》，《民国历届政府整理外债资料汇编》第2卷，第46页。

债而言，截至 1934 年底，中国积欠英国本息共计 13081051 英镑（见表 1-1）。

表 1-1　中国积欠英国铁路债务统计（1903 年至 1934 年 12 月 31 日）

单位：英镑

借款名称	欠本金	欠利息
1903 年沪宁铁路借款	464000	208000
1905 年道清铁路借款	376300	205190
1907 年广九铁路借款	850000	527953
1908 年津浦铁路借款	2611250	1623964
1910 年津浦铁路续借款	1594500	1225040
1911 年湖广铁路借款	1074280	1544608
1913 年沪枫铁路借款	300000	158910
1919 年道清铁路车辆借款	63419	44932
1920 年清孟铁路借款	87301	121404

说明：本表的"积欠"是指应当已经偿还但尚未偿还的欠款，按合同规定尚未到还本付息日期的债务不在此列。

资料来源：根据 Defaults on Chinese Railway Obligations at 31st December 1934, FO 371/19251, pp. 183-184 整理。

英商对中国长期拖欠铁路债务不满，认为其原因并非财政困难，而是军政经费的挪用，若无此，则铁路收入完全能偿付旧债。[1] 因而部分英商在 1935 年 3 月要求英国政府，在旧债整理有确切结果之前，不要向中国提供新的大笔借款。[2]

由于旧债整理不顺，1928 年至 1933 年之间，英国只对华

---

[1]　Treasury to Mr. Rendall, October 3, 1935, FO 371/19251, pp. 176-178.

[2]　Maurice Jenks（chairman of the Joint Committee）to Foreign Office, July 22, 1935, FO 371/19250, pp. 201-208.

提供了部分小额垫借款。① 上述借款有三个特点。一是大多为垫借款，并未发行债券，由银行或公司直接将款项借给中方，并由中方一次性或分期偿还；二是数额不大，对中国的财政全局并无大的影响；三是用途较为具体，对政府的财政收入帮助不大。

小　结

抗战爆发之初，中英主要就旧债问题进行交涉。实际上，南京国民政府成立之初的 1927 年到 1934 年，英国对华借款时

---

① 　1928 年京沪铁路蒸汽车价款。此借款为京沪铁路购置蒸汽自动车之用，1928 年 12 月，该路管理局与英商祥泰洋行签订购置合同，购车 5 辆，款项由中英银公司借给该路管理局，总数为 21050 英镑，年息 7 厘。1929 年沪宁铁路购车垫款。此借款为增购沪宁铁路车辆之用，1929 年 6 月 21 日，国民政府铁道部与中英银公司签订垫款合同，由中英银公司按垫款购料办法购买机车 9 辆及 40 吨钢棚货车 100 辆等，共计垫款英金 152130 镑 13 先令 9 便士，年息 8 厘，自 1931 年 1 月起开始摊还本息，但因本路收入有限，铁道部后指令京沪、沪杭甬铁路管理局拨款偿还本垫款，后陆续还清。1932 年汇丰银行借款。1932 年 1 月国民政府财政部以"国库奇窘、需款万急"，令海关总税务司梅乐和（F. W. Maze）向汇丰银行商借 250 万银元，年息 7 厘，在关余项下尽先归还，当年 2 月 9 日，梅乐和从 2 月份关税新增部分账内将该项借款本息共银元 2507191.79 元拨还。同年 2 月 5 日，国民政府财政部部长宋子文函嘱梅乐和再向汇丰银行商借短期借款 300 万元，以银行所收关税汇款为担保，年息 7 厘，自 3 月份起每月拨还 4 次，分 6 个月偿清，到 8 月份全部还清，本息共计银元 3066274.20 元。《京沪铁路蒸汽车价款》（1928 年 12 月），《民国外债档案史料》第 10 卷，第 13—15 页；《沪宁铁路购车垫款》（1929 年 6 月 21 日），《民国外债档案史料》第 10 卷，第 36—43 页；《财政部 1932 年 1 月汇丰银行借款》（1932 年 1 月 25 日）、《财政部 1932 年 2 月汇丰银行借款》（1932 年 2 月 9 日），《民国外债档案史料》第 10 卷，第 173—178 页。

持较为谨慎的态度，既不对旧债做较为强硬的交涉，也不提供大额的新借款。此时期经历了北伐战争、九一八事变等重大事件，东亚局势骤变，英国的外债与外交政策一致，以稳为主，意图尽力维护在华利益。

英国虑及中国的民族主义潮流，为维护其在华既得利益，在多次与国民政府交涉旧债整理未果的情况下，虽对此问题表示重视，但并不急于立刻解决，也并未与日本或美国就整理旧债问题采取一致行动。原因在于，英国对华旧债结构与日、美不同，共同行动影响英国目的性更强的维护其对华外债利益的举措。

由于英商在华经营多年，攫取了投资、贸易等众多利益，当南京国民政府成为中央政权后，必然面临如何处理英国在华利益的相关问题，若想要继续发展对英关系就必须处理好此前的遗留问题，其中，旧债是很重要的部分。对于此问题，南京国民政府采取了较为务实的态度，没有同意英国整理旧债的方案，九一八事变的爆发也并未使其态度发生根本性转变。原因在于，全面整理旧债必然会动用关税等稳定的财源，甚至需要开拓更多的财源，而短时期内又无法获取大额国外借款，相比之下，发行内债筹集资金有助于国民政府筹集更多资金。

第二章　进退维谷：白银危机与法币
改革前后中英借款交涉
（1934—1936）

　　1934 年美国的购银法案导致中国出现白银风潮，引发经济危机，国民政府面临财政困难，故向英国提出希望获得较大数额的金融借款。[①] 这也是抗战爆发后，国民政府最早向英国提出的全局性大额借款，对中国财政的作用是此前小额借款所不能相比的。英国拒绝在 1934 年底提供大额借款，但希望通过与美日等列强联合对华借款，缓和东亚地区紧张的局势，以为其与日海军谈判等其他方面的利益增加筹码。不过，英国提出的联合对华借款未得到响应。随后英国派出李滋罗斯访问东亚，与中国交涉币制改革与借款问题。面对波诡云谲的局势，英国终因惧于日本对其利益的威胁而未在法币改革后对华提供金融借款。虽然新借款未成，但中英在整理旧债方面有所进展，1936 年就整理津浦铁路旧债达成协议，成为旧债整理的"模板"，也为英国对华新借款打下基础。本章研究的时段为1934 年年中中国筹划对英"大借款"，到 1936 年年中中英旧

---

　　① 金融借款即以财政金融为目的的借款，与实业借款不同，这类借款不用于兴建某领域的具体实业（如铁路、工厂）或购料，而是将借款用于货币的发行与回笼、内外债的发行或回收，或其他财政金融方面的需要。

债整理获得进展。为论述的完整性，本章在最后部分一并介绍全民族抗战爆发前国民政府与英国整理外债的具体结果。

关于白银危机与法币改革，学界已有丰硕的研究成果。[①]本章不再重复论述此二事件的过程，重在考察此时期中英就借款问题的内部决策及展开的交涉，探讨英在较长时间没有对华新借款后，中英如何重新开展借款谈判、各自的考虑与意图为何、借款未成的原因及对中英关系的影响。

第一节　白银危机后中国向英国提出借款

南京国民政府成立之初，中国货币仍然执行银本位，以白银为流通货币。1933 年国民政府实施废两改元，以银元为通用货币。1934 年 5 月 3 日，美国国会通过《白银法案》，大量收购白银，导致白银价格上涨，到 1935 年 12 月，美国已收购白银达 6.639 亿盎司。[②]美国的白银政策造成中国白银大量外流，通货紧缩，进而爆发了严重的经济危机。1934 年 4—10 月，上海各银行的银元存量由 59402.3 万元跌至 33499.7 万

---

① 代表性成果有：黄如桐《一九三五年国民党政府法币政策概述及其评价》，《近代史研究》1985 年第 6 期；朱镇华《重评一九三五年的"币制改革"》，《近代史研究》1987 年第 1 期；吴敏超《1934—1935 年白银问题大讨论与法币改革》，《江苏社会科学》2007 年第 6 期；赵留彦、隋福民《美国白银政策与大萧条时期的中国经济》，《中国经济史研究》2011 年第 4 期；吴景平《蒋介石与 1935 年法币政策的决策与实施》，《江海学刊》2011 年第 2 期；贾钦涵《"纸币兑现"之争与 1935 年法币改革决策》，《中国社会经济史研究》2016 年第 2 期；潘晓霞《温和通胀的期待：1935 年法币政策的出台》，《近代史研究》2017 年第 6 期。

② 杨荫溥：《中国金融研究》，商务印书馆，1936，第 275—278 页。

元，下跌幅度达到44%。[1] 通货严重紧缩，造成银根紧缺，大量工商业企业与银行钱庄倒闭。

为缓解经济危机，国民政府采取两方面的举措，一面向英国求援，寻求借款；一面制定诸多应对通货紧缩的政策。

1934年6月，孔祥熙委托海关税务司调查整个关税情况，包括关税收支、担保内外债的还本付息等，以寻找未来借款的可能性。调查后孔祥熙认为，1933年中国关税收入（包括所有附加税）为3.35亿元，1934年上半年为1.88亿元，可以考虑以关税为担保筹集一笔数额较大的国际借款。[2]

国民政府选择英国为借款对象，一因英国在华占有巨大的经济利益。据吴承明统计，1930年时英国在华投资总额为10.47亿美元，在日本之后位居第二，占列强在华投资总额的约30%。[3] 据雷麦统计，1930年英国对华投资额较1914年几乎增加了一倍。[4] 1931年英国对华出口额占中国总进口额的23.6%，仍居首位。[5] 虽然此后英国的对华贸易额略有下降，不再居于首位，但仍占有诸多重要经济利益。尤其是英国对华金融业投资较多，若因白银风潮引发中国金融崩溃，英国亦同受其害。二因英国在国际金融市场的重要地位，英镑是强稳定的货币，获得英镑借款有助于稳定中国的金融货币体系。

---

① 《1931—1935年上海各银行现银存底数》，吴景平等：《近代中国的金融风潮》，东方出版中心，2019，第185—186页。

② Louis Beale to Sir A. Cadogan, June 16, 1936, FO 371/18079, pp. 3 – 6; Aide Memoir, October 19, 1934, FO 371/18079, p. 97.

③ 吴承明：《帝国主义在旧中国的投资》，人民出版社，1955，第45页。

④ 〔美〕雷麦：《外人在华投资》，第302页。

⑤ 郑友揆：《中国的对外贸易和工业发展（1840—1948）》，程麟荪译，上海社会科学院出版社，1984，第60—61页。

第二章　进退维谷：白银危机与法币改革前后中英借款交涉（1934—1936）

　　1934 年 9 月 8 日，孔祥熙致电正在加拿大的海关总税务司梅乐和，表示为了清偿现有内外债以提高国民政府的债信，进而为中国争取更多的国际借款，希望能考虑一项可行性安排，向英国筹借一笔以关税为担保的约 30 年期限的借款。[①]不过，孔祥熙提出的借款方案只是初步的方向性意见，并未给出借款数额、币种、具体用途等信息。因而梅乐和 9 月 25 日向孔祥熙表示借款计划可行，但需知晓更多的细节，并表示他认为借款最重要的是得到英国政府的默许和英格兰银行（Bank of England）的支持。[②]但很快，梅乐和就得知英国财政部对英镑区以外的国际借款并不支持，因而此借款目前无法在伦敦市场筹集，最好先与伦敦金融家协商处理方案。[③]随后孔祥熙复电梅乐和，告知借款方案框架：数额为 1.5 亿英镑，以关税为抵押（关税尚有未经抵押的 1170 万英镑可用作偿还外债及支付庚款），借款中 5000 万英镑用作清偿内债，方式是以新债券更换旧债券，另有部分借款用作整理铁路旧债与建设新铁路，数额再行商议，而中国方面希望与新四国银行团之外的英国银行商议借款，以增加可行性。[④]

　　孔祥熙此处特别提到的新四国银行团是美国主导下成立的美、英、法、日四国在华银行联合团体，成立于 1920 年 10 月，是四国争夺在华权益的结果，干涉了中国内政，自成立

①　Aide Memoir, October 19, 1934, FO 371/18079, p. 98.

②　Copy of Telegram from Sir Frederick Maze to Mr. L. H. Lawford, September 25, 1934, 中国第二历史档案馆藏中央银行专题档案，档案号：2-870, 第 39 页。

③　Mr. L. H. Lawford to H. H. Kung, September 27, 1934, 中国第二历史档案馆藏中央银行专题档案，档案号：2-870, 第 36 页。

④　Aide Memoir, October 19, 1934, FO 371/18079, pp. 99-100.

起，中国对其一直持抵制态度。① 新四国银行团的业务范围不但包括行政性质的借款，而且也包括实业借款和铁路借款。银行团成员在对华借款时不能单独交涉，要统一行动。② 但银行团成立之后各国银行的利益实际上难以协调，同时日本为了加紧对华侵略，也利用银行团阻拦各国对华投资，加之中国政府一直不承认此四国银行团，新四国银行团与中国政府的借款交涉并不顺利。③ 此时孔祥熙也担忧日本从中作梗，故不希望通过新四国银行团借款。

此外，孔祥熙也提出，若英国同意借款，中国可给英国提供其他方面的条件。10 月 4 日，梅乐和与英国密特兰银行（Midland Bank）代表麦克纳（Mckenna）会面，告知孔祥熙的借款计划，麦克纳认为此计划难以落实，未经英国财政部同意则英国银行不可能提供借款，且即便英国财政部同意，数额也不会超过 1000 万英镑，发行价格可能会依照 1913 年善后大借款的现价，而这笔借款最后可能无法绕开新四国银行团。得知麦克纳的反馈后，孔祥熙于 10 月 6 日致电梅乐和，希望梅乐和告知

① 1919 年 6 月北京政府国务院就向美国国务院表示，新四国银行团涉及的铁路与实业借款干涉了中国内政。自始至终新四国银行团也未得到中国政府的承认。参见《民国外债档案史料》第 1 卷，第 184 页；《郭泰祺致外交部电》，《外交部档案》，档案号：020-041106-0018，第 6 页。

② 宓汝成编《中华民国铁路史资料（1912—1949）》，社会科学文献出版社，2002，第 443 页。

③ 实际上自新四国银行团成立后，中国政府并未与其达成过铁路借款，而是通过中英庚款董事会等借款筑路。其他借款上，新四国银行团与中国政府也仅达成 1921 年赈灾借款（数额 400 万两）、1925 年永定河修浚借款（数额 28 万银元）等数额有限的借款，1923 年北京政府财政部欲向新四国银行团借款 4000 万元，但也未能达成。参见徐义生编《中国近代外债史统计资料（1853—1927）》，第 180—202 页。

麦克纳，中国方面希望麦克纳按他所提方案与英国财政部秘密商讨借款计划，同时表示如果借款达成，国民政府将维持外籍海关总税务司制度，而且借款亦有助于清理此前拖欠的旧债，且并不反对其他国家银行团参加，但希望成立一个包括中国银行在内的新的银行团承借此款。

不过，英国财政部反对孔祥熙所拟的借款计划，认为这笔借款数额太大，当下不具备可行性。随后，梅乐和提出，争取各国对华借款还是需要与新四国银行团成员商议，建议与英国外交部和英国新四国银行团代表爱迭斯（C. S. Addis）交涉。孔祥熙同意，并表示如果借款无法一次性整笔得到，可以分期为五年，借款数额可以减少，且可考虑中外银行合作在中国筹集银元借款。[①]

10 月 15 日，梅乐和在伦敦与英国外交副大臣韦尔斯利（V. Wellesley）会面，向其转达国民政府借款的请求。但英国外交部只是表达了对中国财政困难的同情，并未同意借款，爱迭斯也表示即便将借款数额降为 1500 万英镑，目前也无法在伦敦市场筹得。[②]

在协商向英国借款的同时，为遏制愈发严重的白银外流，国民政府制定相关政策。10 月 14 日，财政部下令加征白银出口税与平衡税。银本位币出口征税 7.75%，大条宝银等出口征税 10%；伦敦银价折合上海汇兑比价，与中央银行当日核定市价相差之数，除缴纳上述出口税外，仍按其不足之数，加征

---

①　Aide Memoir, October 19, 1934, FO 371/18079, pp. 101−103.

②　Proposed New Loan for Chinese Government, November 2, 1934, FO 371/18079, p. 151; Aide Memoir, October 19, 1934, FO 371/18079, p. 105.

平衡税。①

白银出口税遭到英国在华外交官与英商银行的反对。英国驻上海总领事乔治（A. H. George）提出，中国白银外流的原因是国际收支不平衡。1931 年以来，金价下跌、英镑贬值、美国放弃金本位、美元贬值，中国执行银本位，中国的货币不断升值，严重阻碍了出口，导致中国出现贸易逆差，国际收支不平衡，不得不通过出口金属来弥补。由于可用黄金缺乏（1930 年 5 月对黄金出口实施禁运，此后只有中国中央银行能够出口黄金），因此有必要出口白银。由于在华外国银行的金库里有相当数量的白银闲置，他认为，无论如何也不能证明，是过去几个月大量的白银出口危及中国的货币状况。②

上海的英商银行也指出了白银出口税对其造成了困难。汇丰银行指出，白银出口税使外国银行无法运送白银，以偿还以其为抵押的贷款，为进口提供资金；由于业务运作正常，而白银库存仍在银行的金库中，银行出口白银与中国的货币问题无关；白银出口税已经扰乱了所有的外汇交易，也会导致白银走私和囤积，进而使白银库存减少。此外，英商银行认为，国民政府财政部在执行限制白银出口的政策时，存在对外商银行的歧视。综上，英商银行要求英国驻华领事与国民政府交涉，取消白银出口税。③

实际上，汇丰银行反对白银出口税的原因在于该行通过出口白银相关的外汇汇兑交易大量获利，而限制白银出口无疑会

---

① 中央银行经济研究处编《金融法规汇编》，商务印书馆，1937，第 8 页。

② Mr. George to Foreign Office, October 25, 1934, FO 371/18137, pp. 150 - 163.

③ Mr. Howe to Foreign Office, October 31, 1934, FO 371/18137, p. 101.

影响银行的收益。

英国财政部不同意英商银行的要求。该部认为，美国政府的政策使中国政府处于非常困难的状况，对白银征收出口关税，是一种临时的紧急应对措施，也是中国政府所能采取的最好办法。此政策属于中国政府的内政，英国政府没有介入的合法依据。即便中国的白银出口税政策造成了英商银行的损失，亦属于正常的经济现象，"就像持有未经事先通知而贬值或被允许贬值的货币一样"。①

对于中国应对白银危机举措的态度，英国政府与英商银行产生了分歧，实质的考虑是英商银行希望减少经济损失，而英国政府不愿过多干涉中国对白银危机的处理，避免卷入相关的中美交涉，更不希望因此背负加重中国白银危机的责任。

英商银行未能说服英国政府向中国政府交涉取消白银出口税，在此情况下，英商银行另寻他法，希望以借款推动中国取消白银出口税。

实际上，在制定遏制白银外流法令的同时，国民政府也积极推进新的借款方案。1934 年 10 月底国民政府向英国提出提供数额为 500 万—1000 万英镑的借款，由上海的华资银行与外资银行在上海发行债券，利息将从上海由伦敦汇票支付，若借款在缓解财政困难方面的效果较好，国民政府可考虑修改白银出口税政策，汇丰银行被邀请参与此借款。② 汇丰银行并不反对提供借款，并希望以提供小额借款为条件，换

---

① Treasury to Foreign Office, November 12, 1934, FO 371/18137, pp. 123-124.

② Mr. H. Brittain to Mr. Orde, October 29, 1934, FO 371/18079, pp. 129-130.

取国民政府取消白银政策。[①] 但英国财政部和外交部均对此借款计划持反对意见。财政部认为，当前英国政府只会批准英镑集团国家为增加英镑资产以减少外汇波动而发行的英镑借款以及对英国工商业有利的英镑借款，此外，若中国的白银形势与货币政策不改变，此笔借款无法发挥作用。外交部同意财政部的看法。[②] 11 月 6 日，英国外交部致电驻华公使贾德干，表示中国方面给出的借款方案含糊不清，数额要么大到难以置信（1.5 亿英镑），要么小到不足以改变财政困难的局面（500 万英镑），且未能说明此笔借款收益如何，预计可以从转换债务中节省多少钱等，而仅仅以偿还债务和缓解财政困难为由，很难说服英国财政部放开对国外借款的限制。[③]

白银出口税未能阻止中国的白银外流。从 10 月 15 日到 11 月 26 日，白银出口总额为 1195.5 万元。截至 11 月 26 日，沿海地区白银出口总计达 2668.5 万元，其中 10 月为 1300 万元。[④] 白银管制未能成功，为缓解危机，国民政府希望推进向英国借款。英商银行早有此意，以此为取消出口税的条件。

1934 年 11 月 15 日，汇丰银行的格兰朋（V. M. Grayburn）向巴恩斯（O. J. Barnes）表示，当下的中国，寻求外国的大额

---

① 《上海英国总领事 A. H. George 致北京公使馆电》（1934 年 11 月 15 日），上海市档案馆、财政部财政科学研究所编印《中国外债档案史料汇编》第 2 卷，1988，第 480—481 页。

② Mr. H. Brittain to Mr. Orde, October 29, 1934, FO 371/18079, pp. 129-130; Mr. Orde to Mr. H. Brittain, November 6, 1934, FO 371/18079, pp. 131-132.

③ Sir J. Simon to Sir A. Cadogan, November 6, 1934, FO 371/18079, pp. 160-162.

④ Mr. George to Foreign Office, November 29, 1934, FO 371/18137, p. 203.

借款是解救危局的唯一途径。贝祖诒（时任中国银行经理兼外汇平市委员会主席）已提出，英商银行可与中国政府协商借款，借此就互不干涉汇率和货币达成协议。巴恩斯提出，提供借款将确保英国继续控制中国海关。[①] 中国政府与英商银行均有借款的意愿。

英商银行此时与中国政府商议的借款方案是，由外汇平市委员会在伦敦以信贷方式自由买卖外汇，而在上海以白银存款作为补充。希望能够逐步取消平衡税，并最终可能取消白银出口税。借款数额为 300 万至 1000 万英镑，比例是麦加利银行占三分之一，汇丰银行占三分之二，借款由英国财政部担保，降低经济风险。但外交上可能面临风险，尤其是日本银行可能会介入。此外，应要求中国中央银行不能出口白银。此借款不涉及资本输出，不违反英国财政部的规定，故英商银行希望能得到英国政府的外交支持。

12 月 12 日，贾德干致电英国外交部，汇报借款方案。贾德干表示，在汇丰银行看来，该方案中，英商银行并没有直接借款给中国政府，汇丰银行与麦加利银行在伦敦交由中国政府处置的资金，是普通银行交易的结果，不能将之视为英国投资的资本，资金也不会从伦敦流出，从技术上来讲具有可行性。[②]

实际上，该计划是由英商银行提供资金，在伦敦给国民政府建立一个外汇平准基金，意图稳定中国的货币币值，最终促使国民政府取消对白银出口的限制。

此借款方案遭到英国财政部的反对，该部本就认为，国民

---

①　Mr. Grayburn to Barnes, November 15, 1934, FO 371/18137, p. 236.

②　Mr. Cadogan to Foreign Office, December 12, 1934, FO 371/18137, pp. 74–79.

政府出台白银出口税和平衡税是合理的。该部质疑，如果英商银行希望以借款缓解白银外流，降低白银价格，则必然造成中国货币币值的降低，"那为何要在伦敦借钱来维持中国的货币？"财政部也心知肚明，汇丰银行希望恢复自由银本位制，是因为在自由银本位制下，银行做了大量的买卖兑换业务，获利巨大，但"汇丰银行的利益与中国的利益并不一定相同"。即使英国政府愿意促使中国回到自由银本位制，但通过借款来阻止白银出口是非常短视的，白银出口是调整超卖头寸所必需的。[1]

不过，英商银行与中国的多次交涉也让英国政府更加关注中国的白银危机，意识到此问题将影响英国与中国的金融、贸易以及政治关系，进而影响英国在华利益。有鉴于此，英国内阁决定成立中国白银委员会（China Silver Committee），专门商议制定英国与中国白银问题相关的政策。

12月19日，中国白银委员会召开会议。会上认为，中国政府为维护货币金融体系而采取的征收白银出口税与平衡税等措施，是"合理且深思熟虑的"，"这些措施符合英国的利益"。如果国民政府被"囤积者和走私者"打败，那么"重要的是要清楚这不是由于我们的任何建议"。若中国政府无力应对白银危机，只能发行不可兑换的纸币，则会导致币制混乱，金融崩溃。汇丰银行提出的借款计划有利于银行的利益，但"不符合各方的最佳利益"，因为它会迫使汇率上升。[2]

12月27日，外交部将英国政府关于此借款的态度告知贾

---

①   Waley to Kershaw, December 12, 1934, FO 371/18137, pp. 231-232.

②   Foreign Office to Sir A. Cadogan, December 27, 1934, *DBFP*, Ser. 2, Vol. 20, pp. 372-373.

德干。英国政府认为，英商银行态度受到多家中国银行的影响，中国银行提出的英镑信贷是为了使外汇平市委员会承担银行的超卖头寸，并进一步通过逐步自由出售外汇来提高利率和降低出口税金额。该计划意味着中国将恢复到自由银本位，随着美国购买白银，中国的银元将再次升值。这与借款的初衷相违背，也与中国的利益背道而驰。以可自由出口的白银为担保的短期银行信贷将涉及资本出口，同样需要财政部的同意。如果中国政府此后提出"构成某种全面合理的货币改革计划一部分的贷款或信贷提案"，财政部可考虑不以此规定限制，但这种可能性显然微乎其微。此外，借款可能会违反新四国银行团规定的程序。[①] 英国政府不同意汇丰银行的方案，借款未能达成。

　　借款方案未得英方积极响应，法国金融家让·蒙内（J. Monnet）与中国建设银公司[②]执行董事宋子文商定了 2000 万英镑借款的新计划，以该公司出面，联合英、美、法各国银行组织银行团提供借款，以关税为担保。[③] 12 月 31 日，宋子文正式向汇丰银行提出借款方案，借款数额为 2000 万英镑，期限为 15 年，年息 5.5%，其中 1000 万英镑用作购买白银（计划购买 8000 万盎司），以弥补因白银风潮而流失的货币，购得的白银将以银元的形式用于偿还内债，将释放原本用作担保内债的每年 1680 万元的海关收入，加上本来的 2800 万关税盈余

---

①　Foreign Office to Sir Cadogan, December 27, 1934, FO 371/18137, pp. 83-84.

②　由孔祥熙、宋子文等发起成立的公司，1934 年 6 月成立，孔祥熙为董事长、宋子文为执行董事，中国银行等 14 家华资银行与个人入股，资本定额 1000 万元，主要经营各类实业的投资与建设。

③　Record of a Conversations between Beale, Monnet and Drummond, November 29, 1934, FO 371/18079, pp. 180-181.

及附加税 1300 万元，总计 5780 万元用作此借款还本付息的担保。另外的 1000 万英镑中，计划以 400 万英镑偿还关税盐税担保的外债、200 万英镑偿还庚子赔款、50 万英镑整理铁路旧债、200 万英镑用于国民政府的海外采购，剩余的 150 万英镑则用于通过增加农作物产量和合理化营销来刺激出口贸易，减少进口。同时，为保障借款谈判顺利进行，中方不反对英国与新四国银行团其他国家的政府与银行进行商议，借款债券可以通过新四国银行团发行。[①]

在接连提出几个相对模糊的计划后，中方终于提出了借款数额、还款方式、借款用途、筹借方式等方面都有具体安排的详细借款方案。相比于孔祥熙此前通过借款还债以缓解财政困难的方案，宋子文所提的方案对稳定货币有更为具体的作用。不仅直接通过借款购买白银，通过借款偿还外债以及海外采购与增加农作物产量等都有助于减少对外汇的需求，进而促进汇率的稳定。且中国建设银公司联合汇丰银行一同提供借款，减轻了后者承担的风险。此外，国民政府也不反对由新四国银行团承借，体现了其争取借款的迫切性。

第二节　英国对借款的态度及东亚政策的考虑

在收到国民政府正式提出的借款方案后，英国内部展开讨论。12 月 31 日下午，英国财政部、外交部与汇丰银行代表即在英国财政部召开会议商议对华借款问题，汇丰银行依旧希望

[①]　Mr. Grayburn to Foreign Office, December 31, 1934, FO 371/19238, pp. 37 - 39. 国民政府对新四国银行团持抵制态度，但此时出于财政困难，寻求借款迫切，唯有妥协，表示此项借款可通过新四国银行团。

提供借款，认为此借款不仅是对目前非常严重的金融状况的补救，也有助于弥补因中国政府管理货币失败而造成的损失，提供借款将对英国的对华贸易产生有利的影响，提高英国的声誉，并有助于整理中英旧债。不过，英国政府却并不同意中国的借款计划。英国财政副大臣费希（W. Fisher）认为单纯以小额借款暂时帮助中国缓解财政问题是在浪费金钱，而为中国提供全局性的币制借款则需要与日本达成协议。[1] 英国政府对中国的借款请求态度谨慎，英国外交部于 1935 年 1 月 1 日致电贾德干，提出借款是否具有可行性并不由借款条件决定，而是应将借款作为中国合理的货币改革计划的一部分，包括三个方面：第一，中国货币与白银分离，并与其他货币（例如英镑）挂钩；第二，确定有助于出口和平衡国际收支的汇率；第三，尽快平衡预算。[2]

1935 年 1 月 2 日，中国白银委员会在伦敦开会讨论中国借款问题，会上认为，中国当前面临严重的贸易逆差以及通货紧缩，彻底的解决方案之一是放弃银本位、采用英镑本位制，以 1 元兑换 1 先令左右，从技术上将是可行的，中国政府必须接管发钞银行的白银储备，并将其用作英国英镑借款的抵押品，以白银向美国出售所得的款项清算英国的英镑借款，而中国能够向美国出售白银则是前提，这实际上意味着中国只有同时获得英国和美国的支持才能继续采用英镑本位制，但英国方

---

[1] Sir A. Cadogan to Foreign Office, December 31, 1934, FO 371/19238, pp. 27-28; Mr. Grayburn to Foreign Office, December 31, 1934, FO 371/19238, pp. 37-39; Foreign Office Minutes, January 1, 1935, FO 371/19238, pp. 51-53.

[2] Foreign Office to Sir A. Cadogan, January 1, 1935, FO 371/19238, pp. 54-55.

面顾虑美国可能单独行动，将中国的货币拉拢到美元一方，此外，如果日本被排除在外，将产生怎样的政治影响也值得考虑，会上决定待与中国方面就借款背景与细节进一步商讨后再做出决议。[①]

1月4日，英国驻上海总领事乔治与宋子文会面，向其转达英国外交部1月1日致贾德干电报中对借款的态度。[②] 1月8日，宋子文给出回复，表示有希望与美国就出售白银达成协议；中国若要取消银本位将需要比2000万英镑多得多的借款，虽然从长远来看，将货币与英镑挂钩对中国有很大好处，但白银是交易媒介，由于目前民众对非金属类货币缺乏信心，现在不适合引入这种性质的改革；借款的用途将是增加银行的现金储备，通过输入资本平衡国际收支，并支付本年度需要偿还的外债；借款将使白银的出口税得以逐步取消，恢复白银的自由流动，这将使预期采取严厉限制措施而运往国外的白银稳步汇回国内，与被迫使用纸币相比，汇率上升同时导致的一些内部通缩的坏处要小得多，在过去一两年里，随着中央政府对各省的控制大大加强，未来大规模刺激出口的措施将是可能的，国民政府财政部正努力平衡预算。[③]

在提出对借款的解释后，宋子文致电英国财政部官员沙尔德（A. Salter），表示中国目前情况下无法立刻将货币改革为完全脱离银本位的纸币，希望英国尽快安排借款以暂缓中国的经济危机。[④] 英国财政部也考虑了折中办法，认为如果

[①]　Comments of Pratt, January 2, 1935, FO 371/19238, pp. 33-35.

[②]　Sir A. Cadogan to Foreign Office, January 7, 1935, FO 371/19238, pp. 75-76.

[③]　Sir A. Cadogan to Foreign Office, January 9, 1935, FO 371/19238, pp. 88-89.

[④]　S. D. Waley to F. Phillips, January 16, 1935, FO 371/19238, pp. 99-101.

中国不能接受立刻由纸币代替银元，则可考虑将中国银元中的白银含量降低50%，实际上等于将货币贬值一半，好处在于不涉及与外币挂钩、可增加流通货币的数量、可减轻内债负担、发钞银行可腾出半数现金储备以铸币，但需考虑如何遏制恶性囤积及物价过快上涨。在此基础上，英国可向中国提供英镑借款。①

英国的中国白银委员会仍不同意此时对华借款。该委员会在1月9日、14日开会讨论后认为，从程序上讲，该借款不符合英国对外借款的条件（即对英镑区国家借款及为英国工商业获利）。而就中国当下形势而言，英国无法提供借款还有更为具体的原因。首先，中国的货币仍可以自由兑换成白银，美国的白银政策造成中国白银大量流失和国际收支逆差，并产生囤积白银和银行挤兑的危险，只靠向外国借款无法从根本上缓解中国因白银危机而造成的经济困难，当借款收益耗尽时，中国仍将面临财政困难，新的外债负担将会加重，而现有的海关收入已被抵押，对长远的财政收支平衡不利，故必须与美国政府就购买白银问题达成协议，这才能从根本上缓解白银外流。其次，要恢复自由银本位制，就需要将中国货币至少升值到1元折合1先令8便士的水平，但无法保证不会进一步上涨，在世界物价没有相应上涨的情况下，随之而来的中国国内通货紧缩和出口停滞会产生严重的后果，中方希望通过增加生产和合理化营销来改善国内的贸易平衡状况，这必然是一个缓慢的过程。最后，外国借款可能会被投机者和陷入困境的白银卖家视为一个在借款用完之前迅速出口白银的机会，从而加剧

---

① 　Comments of Foreign Office, January 7, 1935, FO 371/19238, pp. 86-87.

白银的囤积与外流。该委员会还认为，中国目前对白银征收出口税和平衡税的政策有许多可取之处，至少是作为一种权宜之计，希望这一政策不会被轻易放弃。总之，即便英国也认为中国当前严重的经济危机可能会对英国在华经济利益造成损失，但中国提出的借款方案在英国看来并不足以缓解危机。[1] 1 月 19 日，英国外交部将此结果电告贾德干，令其告知中方。

而在评估提供借款能否有效发挥作用的同时，英国政府也很关注中国经济危机对英日关系的影响，这涉及英国东亚政策与其在华既得利益。

在英国财政部最早收到借款请求后，费希在 1934 年 12 月 31 日的会议上提出，在日本不同意的情况下英国就向中国提供借款是不明智的，并判断日本可能以国民政府在伪满洲国或解决一二八事变的后续问题上做出政治让步，作为单独或与英国联合对华借款的条件。[2] 实际上，英国财政部此时担忧的是，如果英国拒绝在对华借款问题上与日本协商和合作，在中国陷入经济混乱的情况下，日本可能会对中国采取军事措施，则英国在华巨大的贸易利益和相应的英国国内的就业都会受到损失。[3] 1 月 21 日，英国外交大臣西蒙（J. Simon）在一份备忘录中则认为对华借款问题可以成为英国东亚政策的重要筹码，企图向中国提出以借款作为中国在英国承认伪满洲国（名义上不可能）问题上做出妥协的条件，以维护英国在伪满

---

①   Sir J. Simon to Sir A. Cadogan, January 19, 1935, FO 371/19238, pp. 121-123.

②   Foreign Office Minutes, January 1, 1935, FO 371/19238, pp. 51-52.

③   Note by Mr. Fergusson for Mr. Chamberlain, January 15, 1935, *DBFP*, Ser. 2, Vol. 20, pp. 395-396.

洲国地区占有的经济利益，并可拉上美国达成多边协议，以促使美国、日本和英国在各自的海军建设计划上达成一致。[1] 而就整体东亚政策而言，英国希望能推动中日的全面"缓和"，以换取英日在海军谈判上达成协议。[2]

不过，英国政府内部也有英日关系过于紧密而影响英国在欧洲利益的担忧。1月7日，英国外交部一份有关白银政策和英国政府立场的备忘录提到，欧洲局势将对英国东亚政策产生重要影响，苏联可能对英日在华合作过于紧密而产生担忧，进而密切与德国的关系，而这对英国在欧洲的政策前景不利，有鉴于此，英国既不能无端对抗日本，也不应与日本关系过于密切，"将苏联投入德国的怀抱"。[3]

正因为看到了以对华借款推行东亚外交政策的可能性，在明确拒绝中方1934年12月31日提出的借款方案后，英国政府并未停止商讨对华借款问题，还提出了代替方案。

英国希望采取一个既能保护英商在华利益，又对英国东亚政策较为有利的方案，而最符合上述条件的方案就是由英日美法四国联合对华借款。在最初讨论借款代替方案时，英国财政部和外交部产生了分歧。财政部主张由英、美、法、日等西方国家联合协商后对中国整体财政结构与货币制度提出改革方

---

[1] Memorandum by Sir J. Simon on Anglo-Japanese Relations, January 21, 1935, *DBFP*, Ser. 2, Vol. 20, pp. 401-404. 日本扶植成立伪满后，英国一直不予以承认。由于日本对伪满的全面统制，英国在伪满的商业利益受损。

[2] Chinese Financial Situation and British Policy in the Far East, February 14, 1935, FO 371/19239, pp. 72-75.

[3] Memorandum by Mr. Collier and Mr. Ashton-Gwatkin on the Effect on China of U. S. Silver Policy and the Position of His Majesty's Government, January 7, 1935, FO 371/19238, pp. 78-81.

案，并要求中国对积欠旧债与平衡预算问题提出明确的处理办法，同时也涉及对海关等机构的要求，并强调，鉴于1913年善后大借款的教训，英国提供借款时必须以国民政府会长期稳定执政为前提。[①] 而外交部则认为，当前英国没有必要一下子提出有关中国经济重建的全盘建议，只需要先就各国联合借款问题与日法美三国进行沟通，同时也将此情况告知中国政府，再决定下一步的行动。[②]

1935年2月18日，在对日政治经济关系委员会（Committee on Political and Economic Relations with Japan）[③] 第一次会议上，英国政府最终决定采取外交部所提方案，并告知中方：虽然英方不同意中方的借款请求，但英国渴望与其他在华有重要利益的国家进行合作，以有助于中国解决财政和经济困难，英国欢迎中国政府提出的任何建议或意见，并会就此事与日本和美国商议。同时也告知日本与美国有关此前中国向英国请求借款的情况，探询其对于联合对华借款的态度。[④]

---

① Note by Mr. Chamberlain on the Financial and Economic Position of China, February 8, 1935, FO 371/19239, pp. 47-50.

② Memorandum by Sir J. Pratt on C. P. 35, February 9, 1935, FO 371/19239, pp. 50-53.

③ 1935年1月16日，英国内阁会议上，财政大臣内维尔·张伯伦（N. Chamberlain，系奥斯丁·张伯伦同父异母的弟弟）建议内阁任命一个委员会专门商议英日关系与对华政策问题。该委员会于2月13日正式成立，隶属于英国内阁，由英国首相、财政大臣、外交大臣、商业大臣和陆军大臣等人组成。该委员会只开过3次会议，且讨论的都是英日在华关系问题。Extract from Cabinet Conclusions No. 4（35），January 16, 1935, *DBFP*, Ser. 2, Vol. 20, pp. 424-424.

④ Draft Conclusions of the First Meeting of the P. E. J. Committee, Held in the Prime Minister's Room, House of Commons, on Monday, February 18, 1935, *DBFP*, Ser. 2, Vol. 20, pp. 430-431.

2月22日，英国外交部致电贾德干，将对日政治经济关系委员会的决议告知中国政府，并解释促使对华借款国际化的原因。英国政府认为，东亚局势稳定的基础在于中日两国妥善解决冲突，任何援助中国的计划都要得到英美日等大国的支持才能形成，同时英国"尤其重视中国对如何以最佳方式进行援助的意见"。[①] 同日英国外交部也致电驻日大使克莱武（R. Clive），告知日本政府有关中国请求借款的情况，询问其态度。[②] 随后英国也告知了美国政府。日本政府很快给出了答复，日本同意借款并不能根本解决中国的财政困难，愿意以各国合作来考虑对华援助的"最佳途径"，并表示日本愿意与英国建立更为密切的关系。[③] 3月8日，贾德干照会国民政府，提出英国提议由英美日法各国联合与中国商议对华经济援助的方案。[④]

在收到英国所提方案后，蒋介石在3月9日致电盐业银行总经理吴鼎昌，请其与上海金融和实业界商议英国国际借款的提议。[⑤] 3月11日，汪精卫在与英国驻北平使馆参赞贺武（Howe）会谈时表示，中国渴望得到一笔没有日本参与的借款，美国是否参与可再商议，但希望主要从英国获得借款。[⑥] 3月14日，汪精卫与贾德干会谈，汪精卫再次强调中国倾向

① Foreign Office to Sir A. Cadogan, February 22, 1935, FO 371/19239, pp. 82-84.

② Foreign Office to Sir R. Clive, February 22, 1935, FO 371/19239, pp. 86-87.

③ Sir R. Clive to Foreign Office, February 26, 1935, FO 371/19239, pp. 125-126.

④ 《英国公使贾德干致中国外交部备忘录》（1935年3月8日），《中华民国货币史资料》第2辑（1924—1949），第162页。

⑤ 《蒋介石致吴鼎昌电》（1935年3月9日），《蒋中正"总统"档案文物》，档案号：002-020200-00026-014，第1—2页。

⑥ Sir A. Cadogan to Foreign Office, March 11, 1935, FO 371/19240, pp. 18-20.

于单独与英国协商借款，如英方与其他大国合作，则英国应起带头作用，贾德干则表示英国当下必须与其他大国进行合作，并等待中国政府提出建议。3月15日，宋子文与贾德干会面，贾德干表示，既然英国政府确定不可能单独行动，以免引起日美等国怀疑，那么中国政府在第一次回复时，最好在原则上同意英国所提的国际联合借款计划，下一步中国政府可以再提出一些建议作为共同讨论的基础。① 汪精卫与孔祥熙商议后，于3月18日向英国给出了"十分空洞"的原则性回复，表示同意各国合作对中国借款问题提出解决方案，并乐于参加由英国倡导的英美日法等国政府共同参与的谈判。②

不过，英国提议的国际借款谈判并未进行。中国在给出回复后，并没有进一步就如何开展多国谈判进行实质性沟通，一方面，中国担忧日本借参与借款控制中国，孔祥熙曾在1935年2月17日致施肇基的电报中表达了对日本提出向中国大量借款以缓解白银危机，从而借此对华北施加经济控制的担忧；③ 另一方面，国民政府担忧向各国借款的消息被银行界得知会引发金融市场震动。④ 而日美两国也对国际借款态度消极，日本对借款的态度在3月上旬发生变化，因日本军方的反对，日本政府表示中国的财政困难只能靠其自己解决。⑤ 美国

---

① Sir A. Cadogan to Foreign Office, March 16, 1935, FO 371/19240, pp. 61—62.

② 汪精卫曾向蒋介石表示，该回复"十分空洞"。《汪精卫致蒋介石电》（1935年3月25日），档案号：002-080200-00217-015，第2页。

③ 《孔祥熙致施肇基电》（1935年2月17日），《中华民国货币史资料》第2辑（1924—1949），第160—161页。

④ 《孔祥熙致施肇基电》（1935年4月29日），《中华民国货币史资料》第2辑（1924—1949），第163页。

⑤ Sir R. Clive to Sir J. Simon, March 10, 1935, *DBFP*, Ser. 2, Vol. 20, p. 448.

政府则表示目前尚未考虑对华财政援助，但可以听取英国的建议。[1]

虽然国际借款谈判未果，但中国仍希望与英国就借款问题进行沟通。在 3 月 15 日宋子文与贾德干的谈话中，宋子文就试探性地提出了将中国货币与英镑挂钩以彻底解决白银危机的构想，并提出为此需要 2000 万—2500 万英镑的借款。[2] 3 月 19 日，孔祥熙与贾德干会面，表示在中国制定具体借款和货币改革计划之前，希望先听取英国政府的建议。此时英国仍不同意解决单独与中国交涉借款问题，并认为宋子文所提的货币改革与借款计划在没有英国专家到中国考察和调查的情况下也无法进行，建议中国召开各国经济专家共同参加的会议，或可以向中国派遣金融专家提供有关重建货币金融体系的建议。[3]

各国专家会议也并没有召开，英国所派的专家也无法立刻到华，孔祥熙在 1935 年 5 月决定采取其他办法获得借款，方案是由在华外资银行在上海发行 1000 万英镑的借款，以麦加利银行为主，借款收益以英镑形式存放在伦敦，由中国政府使用，部分用于收回内债，部分用于偿还外债，以节省财政支出，借款将以关税担保。这是一笔纯粹的商业借款，不涉及新四国银行团，也不会产生复杂的多国交涉。[4] 不过，在麦加利银行尚未明确回复之时，英国就向中国表示，愿意派遣经济专家李滋罗斯访华商讨币制与借款问题，因而中方又提出了新的借款方案。

---

[1]　Sir R. Lindsay to Foreign Office, March 1, 1935, FO 371/19239, p. 161.

[2]　Sir A. Cadogan to Foreign Office, March 16, 1935, FO 371/19240, pp. 61–62.

[3]　Sir A. Cadogan to Foreign Office, March 20, 1935, FO 371/19240, p. 81.

[4]　Sir A. Cadogan to Foreign Office, May 25, 1935, FO 371/19241, pp. 112–113.

第三节　法币改革前后国民政府对英借款交涉

提出国际解决方案后，英国提议有关各国政府派遣专家到中国实地考察财政经济状况，但日美法三国都没有派出专家，只有英国派专家赴华。① 英国政府最早计划派代表加入英国驻华使馆，以协助其与中国交涉借款和白银问题，但 5 月 9 日，与中国有关的 19 家英国公司的 20 名英国驻华商人代表联合向政府呼吁对华采取更为积极的经济政策，② 这引起了英国政府的重视，在 5 月 14 日的对日政治经济关系委员会第二次会议上，决定将驻华公使馆南迁并升级为大使馆，以便加强与国民政府的联系。③ 5 月 28 日，英国外交大臣西蒙与 5 月 9 日做出呼吁的英国公司代表会面时表示，英国政府充分意识到英商在华贸易的困难和可能性，将向在中国的英商提供充分的外交支持。④ 6 月 4 日，对日政治经济关系委员会第三次会议决定派以李滋罗斯为首的代表团赴华。⑤ 李滋罗斯代表团于 8 月 10 日出发，先访问日本，再访问中国。

① Draft Conclusions of the Second Meeting of the P. E. J. Committee, Held at No. 10 Downing Street, S. W. 1, on Tuesday, May 14, 1935, *DBFP*, Ser. 2, Vol. 20, pp. 510–511.

② Memorandum on British Interests in the Far East, in Relation to the Crisis in China, May 9, 1935, *DBFP*, Ser. 2, Vol. 20, pp. 501–506.

③ Draft Conclusions of the Second Meeting of the P. E. J. Committee, May 14, 1935, *DBFP*, Ser. 2, Vol. 20, pp. 510–511.

④ Record of a Meeting between Sir J. Simon and a Deputation Representing the Signatories of the McGowan Memorandum, May 28, 1935, *DBFP*, Ser. 2, Vol. 20, pp. 521–523.

⑤ Conclusions of the Third Meeting of the P. E. J. Committee, June 5, 1935, FO 371/19241, p. 225.

第二章 进退维谷：白银危机与法币改革前后中英借款交涉（1934—1936）

李滋罗斯是英国财政部首席经济顾问，主要负责外汇、货币和外债问题，曾参与英国1934年与德国及1935年与意大利的经济谈判，还担任国际联盟经济委员会副主席。李滋罗斯来华不仅代表英国对中国的经济形势更为重视，希望采取更为积极的行动，也意味着国民政府以英国为主寻求借款的思路有可能实现。

中国方面在得知英国将派李滋罗斯访华后，担忧日本可能会在李滋罗斯访华前制造金融混乱以迫使他的任务流产。[①] 1935年6月底国民政府提出希望在上海筹集一笔临时借款，数额为500万—1000万英镑，以关税为担保，以保证在李滋罗斯来华前中国金融市场的稳定，具体用途是提供工业原材料或制成品的短期贷款以及支持可能因冻结资产过多而陷入困难的有偿债能力的银行，借款所得交给中央、中国及交通银行，中方希望英国财政部不反对在华英国银行主导此借款。[②] 同时，蒋介石在7月19日令孔祥熙尽快与英国达成借款协议，否则不如不提，以免日本借机发难。[③]

英国政府不同意该计划，认为中国夸大了其面临的经济危险，而该计划与1934年12月31日中方所提计划一样，治标不治本，且会与李滋罗斯访华后可能商议的新借款冲突。[④] 得

---

① Sir A. Cadogan to Sir S. Hoare, July 13, 1935, *DBFP*, Ser. 2, Vol. 20, pp. 555-557.

② Interview, Monsieur Monnet with His Majesty's Ambassador, June 25, 1935, FO 371/19244, pp. 136-141.

③ 吕芳上主编《蒋中正先生年谱长编》第4册，台北"国史馆"，2014，第655—656页。

④ Sir S. Hoare to Sir A. Cadogan, July 20, 1935, *DBFP*, Ser. 2, Vol. 20, pp. 558-559.

知此情，宋子文表示遗憾；贾德干也担忧中国金融可能会崩溃，以及因未获借款而使中国对英国失望，因而他在 8 月 2 日建议英国政府由汇丰银行提供临时借款。汇丰银行愿意提供借款，且此临时借款可以并入之后的借款计划。[①] 不过，英国政府坚持此前的观点，不同意在李滋罗斯访华前对华提供任何借款。[②]

英国政府不同意临时借款的原因在于此时英方已经商定了对华借款的全面计划，该计划由李滋罗斯与英格兰银行总裁诺曼（M. Norman）拟订，并在 7 月 31 日上报英国财政部。计划内容如下：中国应放弃银本位，发行与英镑挂钩的纸币，英商银行在英国政府的支持下提供英镑借款用作中国的外汇储备；中国政府应接受相应的条件，包括提供充足稳定的担保、对未来海关管理的保证、控制收益以确保借款正确使用以及与英国顾问一起改组中国中央银行、改革预算和安排偿还违约的旧债。而更为重要的是，英企图将该计划与伪满洲国问题相关联，并以此作为规避新四国银行团规则的手段。借款的操作方式是在伦敦市场发行 1000 万英镑的贷款，由英国政府担保 50% 的还本付息，剩余的 50% 由日本担保（如果其他大国加入百分比可调整）。从技术上讲，这笔借款在名义上向伪满洲国政府提供，但收益将支付给国民政府，作为因日本侵占东北三省、扶植伪满洲国而对中国造成损失的"补偿"，条件是确保

---

①   Sir A. Cadogan to Sir S. Hoare, July 29, 1935, FO 371/19243, pp. 90–92; Sir A. Cadogan to Foreign Office, August 2, 1935, FO 371/19243, pp. 152, 154.

②   Sir S. Hoare to Sir A. Cadogan（Peking）, August 3, 1935, *DBFP*, Ser. 2, Vol. 20, pp. 573–574.

收益得到适当利用，其实质是以借款迫使国民政府实际上承认伪满洲国。[①] 李滋罗斯仍企图以伪满洲国问题为谈判条件，原因在于他认为，中国欲获得英国借款必须先有稳定的政治环境，当下中国的局势紧张源自日本对华扩张的步步紧逼，对于伪满洲国问题，他认为他在日本期间可以与日本政府高层协商，在国民政府承认伪满洲国后即停止对华进一步入侵，由此中国可获得"稳定的"政治环境，外国对华投资的"安全性"亦将有所保证。[②]

英国的中国白银委员会此前就有以对华借款换取国民政府在伪满洲国问题上做出妥协的想法，由此缓和中日关系，并以此达成英美日中多边协定甚至企图让日本重返国际联盟，上述计划实质与此相符。[③] 因而财政大臣张伯伦和副大臣费希都支持此计划，费希认为"政治优势是不言而喻的"，张伯伦则同意此计划具体发展为详细的借款方案。虽然英国外交部的部分官员持相反的观点，认为中日两国可能都不会同意该计划，但外交大臣霍尔认为还是应当向中日双方提出这个计划，根据其反应再决定下一步行动。[④]

不过，中日两国均反对该计划。李滋罗斯抵达日本后，与日本政府高层就此问题进行讨论。日本政府不同意英国所提的

[①]　Sir F. Leith-Ross to Sir R. Vansittart, July 31, 1935, FO 371/19243, pp. 174–177.

[②]　《汪精卫致蒋介石电》（1935 年 9 月 25 日），《蒋中正"总统"档案文物》，档案号：002-080200-00458-046。

[③]　The Silver Situation in China, March 25, 1935, FO 371/19240, pp. 99–103. 关于英国政府对此时期伪满洲国问题的详细态度与决策，可参见吴景平《英国关于解决"满洲国"问题方案的提出与破产》，《史学集刊》1988 年第 4 期，第 38—42 页。

[④]　Chinese Financial Situation, August 7, 1935, FO 371/19243, pp. 171–173.

以借款迫使中国承认伪满洲国的计划，此前日本大藏省次官津岛寿一就曾向克莱武表示，向中国提供货币改革的借款没有意义，因为中国不会同意受外国的控制，因而克莱武推断，日本不会支持对华国际贷款的计划，更希望由其独自控制华北地区的经济，此决策受到关东军的影响。[①] 9 月 10 日，津岛寿一向李滋罗斯表示，即使中国承认伪满洲国，日本也很难保证向中国提供贷款，理由是中国在不能重整财政金融体系的情况下，任何借款都将被浪费，同时，日本认为中国是否承认伪满洲国已经不再是一个重要的问题，此提议只有助于中国维护面子。[②]

结束对日本的访问后，李滋罗斯于 9 月 21 日抵达中国，开始访华。在协商借款条件时，关于伪满洲国的方案也未得到中方的同意。蒋介石坚决不同意承认伪满洲国，他在 1935 年 7 月 30 日的日记中痛斥日本"以要求本党改组与承认伪满为其最后目的，亦为我国之致命伤，蒙此侮辱，何以为生"。[③] 9 月 21 日至 26 日，李滋罗斯与宋子文、汪精卫、孔祥熙等人会谈，宋汪孔三人均表示，有关借款的财务方面的技术性条件可以商议，但政治条件中方不能接受，因为承认伪满洲国将动摇国民政府的统治根基，引发国内混乱。[④] 9 月 27 日，贾德干也向英国政府建议，虽然缓和中日关系是向中国提供借款的必要条件，但目前中国不可能接受承认伪满洲国作为前提条件，因

---

①   Sir R. Clive to Foreign Office, August 8, 1935, FO 371/19243, p. 207；Sir R. Clive to Sir S. Hoare, August 14, 1935, FO 371/19244, p. 127.

②   Sir R. Clive to Foreign Office, September 11, 1935, FO 371/19244, pp. 103-104.

③   《蒋中正先生年谱长编》第 4 册，第 660 页。

④   Sir A. Cadogan to Foreign Office, September 26, 1935, FO 371/19244, pp. 174-178.

而建议放弃此点，先与中国就借款的财务方面条件进行磋商。① 英国外交部此时也更坚定了此前的反对意见，因为若英国要求国民政府承认伪满洲国，则意味着对国际联盟协议的破坏，而此时英国正希望借国际联盟遏制意大利入侵埃塞俄比亚（又译阿比西尼亚），因而不能采取相互矛盾的政策。② 10 月 3 日，英国外交部致电贾德干，表示鉴于欧洲目前的局势，应当避免对中国施加要求承认伪满洲国的压力。③ 至此，有关承认伪满洲国换取对华借款的方案流产。

此后，李滋罗斯就借款的具体财务细节与中方进行谈判。10 月 3—8 日，李滋罗斯与孔祥熙及宋子文进行商讨，孔宋都表示同意将中国的货币与英镑挂钩，由中央银行集中纸币发行准备金，中国和交通两银行在过渡时期里辅助中央银行继续发行纸币，中央银行可引进外籍专家，改革预算，每年削减 5000 万元军费以及延长内债偿还期，通过 18 个月来平衡预算，希望英方提供 1000 万—1500 万英镑的借款，以充实外汇储备，同时，中方正积极与美国交涉售银一事，预计可出售 2 亿盎司白银。汇丰银行代表亨其曼（Henchman）认为，只要英国政府同意，汇丰银行就可以为国民政府在上海筹集到 1000 万英镑

---

①　Sir A. Cadogan to Foreign Office, September 27, 1935, FO 371/19244, pp. 183-185.

②　英国外交部会议上认为，欧洲对中国承认伪满洲国的压力可能产生的影响感到担忧。Sir A. Cadogan to Foreign Office, September 27, 1935, FO 371/19244, pp. 183-185. 1935 年 10 月 3 日，意大利入侵埃塞俄比亚，英法等国希望通过国联遏制意大利的进攻，但未能奏效。军事科学院军事历史研究部：《第二次世界大战史》第 1 卷《大战的起源、酝酿与爆发》，军事科学出版社，2015，第 367—372 页。

③　Foreign Office to Sir A. Cadogan, October 3, 1935, FO 371/19244, p. 187.

的借款，前提是关税担保次序上优于内债。李滋罗斯与国民政府高层协商较为顺利，汇丰银行也支持借款。综合各方意见后，李滋罗斯在 10 月 9 日向英国政府建议，可以向中国提供 1000 万英镑借款，因为这有助于稳定中国的经济与金融局势，而即便日本进一步对华扩张，只要国民政府还存续，则英国对华提供借款就会有利于维持其在华权益，且在英国借款的帮助下，中国的币制也不会彻底崩溃。此外，他已向中方提出了几项条件：第一，与美国财政部签订出售 2 亿盎司白银的具体合同；第二，本借款的担保列在善后借款之后，其余所有国内借款之前；第三，由官方声明进行货币、预算和银行业的全面改革，包括中央银行独立、集中纸币发行、聘任中央银行专家为顾问、明确划分商业银行的地位、改革预算、处理违约旧债。①

10 月 11 日，孔祥熙告知李滋罗斯，基本上同意了他所提的三项条件，对美售银正在进行谈判，关税担保次序可以安排。针对第三点，孔祥熙表示，中央银行将发售大部分股份并在董事会安排相应代表，纸币发行集中于中央银行，但两年内以中国银行和交通银行为辅助，中央银行会向英格兰银行等要求派一名专家协助处理币制借款问题，可设立特殊机构如国家抵押银行接管清理各冻结商业银行的资产，可以发行为期 90 天的国库券，将各银行目前持有的债券更换为较长期债券。李滋罗斯表示，英国还有三个条件。其一是保持现有的海关制度不变，其二是对结欠较大的旧外债（如津浦铁路旧债欠款）做出偿还安排，其三是国民政府要调查解决英商在华受到的歧视。对此孔祥熙均表示同意，并表示中国不反对以新四国银

① Sir F. Leith-Ross to Sir S. Hoare, October 9, 1935, FO 371/19245, pp. 6–11.

行团程序提供借款，不反对日本银行参加，并希望英方能提供1500万英镑借款，但李滋罗斯表示1000万英镑已经是最大限度。①

英国外交部与财政部在得知上述方案后，于10月14日开会进行讨论，认为即便中国同意将货币与英镑挂钩，也需要得到几个大国的支持，其中日本和美国最为重要。日本若敌视反对乃至采取军事行动的话，则有可能摧毁全部的借款计划，因而日本的配合是必要条件，而美国是否愿意购银仍是未知。除此之外，就目前英国旧债的违约问题，中国应对津浦与湖广两路旧债的关税担保一事（具体交涉参见第一章第二节）做出明确安排，并保证铁路收入用于铁路旧债的偿还。② 关于上述问题，李滋罗斯认为，在确定最后计划之前，无法与日本有效讨论，津浦与湖广铁路旧债问题可以单独拿出来与中方交涉。③

不过，此时英方接连收到有关日本对中英频繁交涉借款抱有敌意的消息。10月18日，克莱武向英外交部汇报，他两次收到日本陆相荒木贞夫的间接警告，称日本军方对李滋罗斯在上海的活动感到紧张，英国若给中国借款只会带来麻烦，除非收益归国民政府中的亲日派。④

10月19日，宋子文通知李滋罗斯，中国政府同意以10月12日中英商讨的计划为大纲的借款方案。中方承诺，通过出售股份，中央银行将变得更加独立，但行长必须由国民政府提名，暂由财政部部长兼任，有关海关优先担保新借款一事，

---

① Sir F. Leith-Ross to Sir S. Hoare, October 12, 1935, FO 371/19245, pp. 42-44.

② Sir R. Vansittart to Sir W. Fisher, October 15, 1935, FO 371/19245, pp. 12-14.

③ Sir F. Leith-Ross to Sir S. Hoare, October 15, 1935, FO 371/19245, p. 47.

④ Sir R. Clive to Sir S. Hoare, October 18, 1935, FO 371/19245, pp. 69-70.

铁道部会尽快处理津浦与湖广两路旧债的违约问题。[1] 英国外交部在 10 月 21 日致电贾德干，询问其对借款方案的看法，在此之前不做回应。[2]

　　李滋罗斯没有立即得到英国外交部的回应，他感到焦急，在 10 月 24 日致电英国外交部，询问为何推迟给予答复，表示中国当前面临金融危机，需要立即商讨借款细节，此时易获得令英方满意的借款条件，如果因日本军方反对就放弃借款，那么英国在中国的影响会大为降低。而英国政府长期拖延也会影响李滋罗斯在华任务的完成。[3] 同日，贾德干也致电英国外交部，赞成李滋罗斯的观点，认为日本的反对及可能采取的报复行动不会超出英国的可接受程度，此前英国在华商业公司就呼吁英国政府对华政策要更为积极和强硬，而提供借款则正好符合这一主张。[4]

　　收到催促后，英国政府在当天就将对借款的意见发给了李滋罗斯。首先，中国与美国达成购银协议是英国借款的必要条件，更为重要的是，借款必须得到日本的认同，而这建立在中日关系缓和的基础之上，因而在李滋罗斯再度访日前最好不要就借款达成协议。英国政府对中国如何与美国达成购银协议有疑问。关于积欠旧债，建议成立一个持券人委员会处理，同时建议控制借款收益仅用于货币改革和保持海关制度与英籍总税

[1]　Sir F. Leith-Ross to Sir S. Hoare, October 19, 1935, FO 371/19245, p. 65.

[2]　Sir F. Leith-Ross' Mission to China, October 21, 1935, FO 371/19245, p. 63.

[3]　Sir F. Leith-Ross to Sir S. Hoare, October 24, 1935, FO 371/19245, pp. 75-76.

[4]　Sir A. Cadogan to Sir S. Hoare, October 24, 1935, FO 371/19245, pp. 102-103.

务司不变、增加中央银行的英籍顾问、处理在华英商受歧视问题，其他技术性条件可由李滋罗斯与中方协商。[①]

　　显然英国政府还是对借款采取较为谨慎的态度，尤为强调借款必备的各种条件。李滋罗斯则希望能尽快达成借款，在10月26日对英国政府的意见做出了回应。他认为，即便与美国未能达成购银协议，中国政府也会在市场上出售白银，美国应当会支持，现阶段他不宜再访问日本，可通过克莱武秘密将谈判情况告知日方。此外，他已告知中方，目前对津浦与湖广两铁路旧债的解决是获得新债的前提，针对海关制度与外籍顾问等条件，中方认为可以与英方私下达成协议，但为避免日本的反对，不应在协议中写出。[②] 10月27日，李滋罗斯再从中国经济整体形势和中英关系的角度进行分析，英国贸易的增长和违约的解决最终取决于中国经济的复苏。货币改革是经济复苏的第一步，如果英国通过对华借款攫取对中国海关更大的管理权，并与中国达成协议，将货币与英镑挂钩，则有利于维护英国在华利益，"但应在日本金融界与军方之间小心平衡"。[③]

　　10月28日，克莱武再度向英国政府发出警告，对华提供借款会引起日本的敌意，日本不会同意为英国在华利益服务的借款，也不建议李滋罗斯再访问日本。[④] 就在同一天，李滋罗斯将对华借款的情况告知日本驻华大使，询问日方的看法。[⑤]

　　不过，此时中方已等不及英国的借款，决定尽快进行币制

---

① Sir S. Hoare to Sir J. Brenan, October 24, 1935, FO 371/19245, pp. 94-98.

② Sir F. Leith-Ross to Sir S. Hoare, October 26, 1935, FO 371/19245, pp. 129-133.

③ Sir J. Brenan to Sir S. Hoare, October 27, 1935, FO 371/19245, p. 137.

④ Sir R. Clive to Sir S. Hoare, October 28, 1935, FO 371/19245, pp. 147-148.

⑤ Sir F. Leith-Ross to Sir S. Hoare, October 28, 1935, FO 371/19245, p. 152.

改革。孔祥熙10月29日告知李滋罗斯国民政府将在未来几天实行币制改革，李滋罗斯希望国民政府延期，以待借款谈判的进展。但此时英国政府并不支持对华借款。10月28日，英国财政部与外交部在商议中，总结了提供借款的优缺点。优点在于，借款如果技术上合理则拥有良好的前景，有助于稳定英国对华贸易，增加在华英商的信心，得到中国有关平衡预算的承诺，保留海关制度，清算几条重要的拖欠铁路旧债，强化英国在华权益；缺点在于，日本军方可能会干扰，日本可能会加快对华渗透，以扩大其在华利益范围，英日在华关系可能会恶化，获得借款的中国可能降低对清理旧债的关注。英国政府认为，中国政府有关平衡预算、维持当下海关制度等的承诺不一定会兑现，但因借款而产生的英日关系恶化无疑更为严重，考虑到英国的军备缺陷，目前仍希望缓和东亚地区的国际关系，安抚日本。因而，英国政府于10月30日致电李滋罗斯，不能在日本和美国政府不参与合作的情况下独自向中国提供币制改革借款，要求李滋罗斯明确告知日本，提供借款将使中国货币与英镑挂钩，同时也与美国财政部就购买中国白银问题进行交涉，中国政府也应主动告知日本政府，中国将采取英镑本位的货币，并在上海获得英镑借款，同时也应告知美国政府，其后再由英国外交官与日美两国代表交涉，以获得日美两国对此方案的认可，借款收益应由一个专门的基金会负责掌管，并明确保留英籍海关总税务司。①

11月1日，李滋罗斯只得将英国政府的意见告知宋子文。宋子文解释，美国政府已经通知中国政府愿意购买白银，与日

---

① Sir S. Hoare to Sir A. Cadogan, October 30, 1935, FO 371/19245, pp. 170-175.

本沟通问题需再商议。他表示，中国政府很快会宣布币制改革，在无法立即获得借款的情况下，希望英商银行支持与配合中国政府的政策。[1]

国民政府在 11 月 4 日宣布实行币制改革，自 11 月 4 日起以中央、中国、交通三行所发纸币为法币，禁止白银流通，法币汇价为 1 法币等于英镑 1 先令 2.5 便士。[2]

虽然李滋罗斯希望国民政府获得英国金融借款后再进行币制改革，但因此前中英借款的财政方面条件谈判较为顺利，故中国宣布币制改革后，他还是表示了支持。[3] 同时贾德干还以"国王敕令"的形式，要求驻华英商交出白银，使用法币。[4]

中国宣布法币改革后，英国面临是否继续对华金融借款的问题。李滋罗斯在国民政府实施法币改革后的第二天就致电英国财政部与外交部，建议对华金融借款。他表示，此举将有三项收获：其一是带头在中国重建货币体系中发挥作用；其二是为英商在华贸易获得有利条件；其三是确保此前中国同意的各项条件得以落实。他指出，如果不借款，英国对华贸易和投资可能进一步受损，整理中国积欠的铁路借款等旧债也可能更加困难，英国应与日本和美国保持联系，如果日本仍未表示赞同借款，他会前往东京，解释原委并寻求合作。[5] 同时，李滋罗

---

① Sir F. Leith-Ross to Foreign Office, November 1, 1935, FO 371/19245, pp. 198–199.

② 《法币政策的实施》，《中华民国货币史资料》第 2 辑（1927—1949），第 178—225 页。

③ Sir F. Leith-Ross to Sir S. Hoare, November 4, 1935, FO 371/19246, pp. 13–14.

④ Sir A. Cadogan to Foreign Office, November 3, 1935, *DBFP*, Ser. 2, Vol. 20, pp. 635–636.

⑤ Sir F. Leith-Ross to Sir S. Hoare, November 4, 1935, FO 371/19246, pp. 27–28.

斯也希望英国政府向美国解释英镑借款计划。① 如果上述条件都能落实，英国将可在中国的财政金融体系中占据更为关键的位置。

在国民政府宣布法币改革后，日本对中国在日方不知情的情况下进行币制改革表示不满，并反对英国对华金融借款。英国驻日大使克莱武在 11 月 6 日向日本外相广田弘毅解释，中英之间并没有就法币改革与借款秘密商议，英国尊重新四国银行团原则，与各国一同协调对华借款事宜。② 但日本外务省在 11 月 9 日发表声明，对中国未与日本沟通便进行币制改革表示遗憾，认为在中国财政混乱的局面下，外国对华的币制借款一定会失败，同时日本政府也"同情"日商在华银行拒绝交出白银的态度。③ 11 月 20 日，有吉明与蒋介石会谈时，转达了日本政府对中国法币改革及英国对华借款的"反感和疑惑"。④

日本反对英国对华借款，既是其此前反对各国对华借款态度的延续，⑤ 也是出于对法币改革的不满。日本认为法币改革

---

① Sir F. Leith-Ross to Sir S. Hoare, November 11, 1935, FO 371/19246, pp. 127–129.

② 《驻日英使访问广田》，《新民报》1935 年 11 月 8 日，第 2 版。

③ Sir R. Clive to Sir S. Hoare, November 11, 1935, FO 371/19246, F7081/6/10, pp. 121–122；《中国驻日本大使馆向行政院的报告》（1935 年 12 月 9 日），转引自魏振民编选《日本对国民党政府法币政策的态度》，《历史档案》1982 年第 2 期，第 75 页。

④ 《南京须磨总领事致武藤书记官密电——蒋介石与有吉明会谈情况》（1935 年 11 月 21 日），洪葭管主编《中央银行史料（1928.11—1949.5）》上卷，第 338 页。

⑤ 日本外务省情报长官天羽英二在 1934 年 4 月就曾发表声明，反对各国对华借款。1935 年上半年开始，日本一直对英国提出的各国联合对华借款计划表示反对，也拒绝与英国一同派遣财政专家赴华。参见宋志勇《〈天羽声明〉与日本对华政策》，《历史教学》1990 年第 5 期，第 6—10 页。

后在华日商因被迫交出白银受到损失，[1] 同时也担忧中国币制改革后财政体系得以改善，实力增强。[2] 此外，日本军部也表示英国的借款很可能被中国用于军事支出。在中日关系紧张的情况下，这是日本最为顾虑的。更值得注意的是，日本担忧英国通过对华借款扩大在华权益，与日本抗衡和对立。11 月 9日，日本军部发表声明，将英国向中国提出的保留英籍海关总税务司等条件视为英国对日本发动九一八事变的反击；若英国以中国金融保护国的身份在华与日本对抗，将是自视为东亚"唯一稳定因素"的日本所不能容忍的。[3] 该声明直截了当地称："如是则半植［殖］民地之中国，行将成为决定的隶属于英国资本之下，同时英国与日本对立之运命，愈将暴露于表面矣。"[4]

此时英国政府在对华金融借款问题上面临两难局面，若推进借款，则可能会刺激日本，引发其在华进一步扩张，损害英国在华利益与英日关系；若放弃借款，则可能会让英国在华"威望"下降，此前与中国商谈的诸多财政经济权益无

---

[1] 《中国驻日本大使馆向行政院的报告》（1935 年 12 月 9 日），转引自魏振民编选《日本对国民党政府法币政策的态度》，《历史档案》1982 年第 2期，第 75 页。

[2] 《中国驻日本大使馆向财政院的报告》（1936 年 1 月 20 日），转引自魏振民编选《日本对国民党政府法币政策的态度》，《历史档案》1982 年第 2期，第 77 页。

[3] Sir R. Clive to Sir S. Hoare, November 11, 1935, FO 371/19246, pp. 121 - 122.

[4] 《中国驻日本大使馆向行政院的报告》（1935 年 12 月 9 日），转引自魏振民编选《日本对国民党政府法币政策的态度》，《历史档案》1982 年第 2期，第 76 页。

法落实。① 英国是否借款，取决于两者对维护英国在华权益
孰重孰轻。

　　针对是否对华借款，英国内部产生了分歧。贾德干支持借
款，他在 11 月 14 日和 16 日建议英国政府继续与中国进行借
款谈判，因为若因日本反对而拒绝对华借款会打击英国的在华
形象，也不会得到日方的感激与尊重。② 但英国外交部反对借
款。外交部认为，虽然从经济角度而言，对华金融借款是合理
的，但从政治外交角度看，借款可能会招致日本在中国华北及
长江流域采取报复行动。英国无力应对，借款利益也会遭受损
失。既然英国无力抵御日本的报复行动，就不要挑战日本的在
华利益。为避免拒绝对华借款而削弱其对华影响，英国可以提
出先解决旧债清偿问题，作为撤出借款谈判的手段。③ 与外交
部不同，此时英国财政部仍不愿放弃通过对华借款可以攫取的
权益。④ 财政部认同不能因对华借款导致与日本冲突，同时认

①　克莱武在 11 月 10 日向英国外交部表示，无论借款与否，英国都面临严
　　重的风险，不借款会使英国在东亚遭受巨大损失，借款则会与日本产生
　　严重摩擦（包括军事上），且日本定会全力破坏借款。Sir R. Clive to Sir
　　S. Hoare，November 10，1935，FO 371/19246，p. 116.

②　Sir A. Cadogan to Sir S. Hoare，November 14，1935，FO 371/19246，pp.
　　190 - 192；Sir A. Cadogan to Sir S. Hoare，November 16，1935，FO 371/
　　19247，pp. 4 - 5.

③　Chinese Financial Measures，Comments of Mr. Pratt，November 12，1935，FO
　　371/19246，p. 26；Memorandum of Foreign Office，November 14，1935，FO
　　371/19246，pp. 160 - 164.

④　英国外交部与财政部的分歧由来已久，李滋罗斯与国民政府谈判时，两
　　部门对于是否以伪满洲国问题作为借款谈判的条件即有分歧。法币改革
　　后，两部门之间的矛盾主要在于英商是否立即交出白银，后达成折中方
　　案。Chinese Financial Situation，August 7，1935，FO 371/19243，pp. 171 -
　　173；Sir F. Leith-Ross to Sir S. Hoare，November 13，1935，FO 371/19246，
　　pp. 171 - 172.

为只有法币与英镑汇率保持稳定，才能提供金融借款，当下不可立即对华借款。但财政部认为可等待时局的变化，若出现有利于对华借款的局面，则可推进。[①] 英国外交部与财政部协商后，决定暂缓而非终止谈判，待局势发展再做决定。

11 月 24 日，日本华北驻屯军策动河北省滦榆区行政督察专员殷汝耕成立"冀东防共自治政府"。眼见日军已有实际行动，11 月 25 日，英国外交部致电贾德干与李滋罗斯，表示外交部与财政部一致认为现在决定是否借款为时尚早，当下对华借款条件尚不成熟，但局势可能变化，如果以"坚定和耐心"继续与日本交涉，有可能推动借款达成，或出现并非因对日妥协而终止借款的时机，例如中国拒绝圆满解决中英积欠旧债或因日本在华北或上海进一步扩张而使政局产生变化。两部门认为，李滋罗斯应留在中国观察事态发展，暂停与中国交涉借款，也推迟决定是否访问日本。[②] 同时，英国财政部也与日本交涉，仍希望日本与英国一同参与对华借款。11 月 26 日，英国财政部交给日本政府一份备忘录，解释国民政府的币制改革并不是李滋罗斯建议的结果，李滋罗斯的确曾与国民政府商讨借款问题，但在未得到日本同意的情况下，不会达成具体协议，希望日本派金融专家赴华，一同商讨借款与币制问题。[③]英国政府实际上采取了折中方案。

不过，一线外交官不同意英国政府的观点。克莱武在 12 月 5 日向英国外交部表示，借款问题已成为日本和英国之间实

---

① Minute of S. Hoare, November 18, 1935, FO 371/19247, pp. 89–90.

② Sir S. Hoare to Sir A. Cadogan, November 25, 1935, FO 371/19247, pp. 99–100.

③ Aide-Memoire for Mr. Fujii, November 26, 1935, FO 371/19247, pp. 78–81.

力的考验，当英国的对华贸易不再占主导地位时，中国的海关总税务司或不再由英国人担任，既然中英已经进行了较长时期的谈判，如果借款在经济上有利可图，且收益被有效利用，就可以继续与中国进行借款谈判。[1] 贾德干也在 12 月 6 日致电英国政府，不同意暂停谈判，因为这会给外界以英国受日本威慑不继续谈判的印象。他建议李滋罗斯在 12 月 10 日重启与中国的借款谈判，向中国表示只有在落实中英此前协商的条件的情况下，法币改革才会成功，英国对华借款则可对此提供更好的保障。[2] 身在一线的外交官们，不希望因拒绝借款而有损英国在东亚地区的影响。

但英国政府仍坚持此前的立场。12 月 21 日外交部致电贾德干，表示目前局势仍不稳定，暂不同意继续借款谈判，但日本的态度仍有转变的可能。关于中央银行改组、铁路借款违约等事项可与中国协商，但不应作为借款的先决条件，英籍海关总税务司与银行顾问的谈判也应私下秘密进行。[3]

此时李滋罗斯仍对借款抱有希望。1936 年 1 月，李滋罗斯与蒋介石进行了三次会谈。在谈到借款问题时，李滋罗斯表示英国仍在探索对华借款的可能性，但目前受到政治因素的阻碍。蒋介石表示感谢英国的努力，也理解目前的困难。[4] 同

---

[1] Sir R. Clive to Sir R. Vansittart, December 5, 1935, *DBFP*, Ser. 2, Vol. 20, pp. 709-711.

[2] Sir A. Cadogan to Sir S. Hoare, December 6, 1935, FO 371/19248, pp. 6-8.

[3] Foreign Office to Sir A. Cadogan, December 21, 1935, FO 371/19248, pp. 114-115.

[4] Sir A. Cadogan to Mr. Eden, January 16, 1936, *DBFP*, Ser. 2, Vol. 20, pp. 746-747.

时，整理津浦铁路积欠旧债的谈判有了进展。[①] 1 月 17 日，贾德干致电英国外交部，仍表示他和李滋罗斯支持对华借款，认为鉴于中国正与日本展开谈判，[②] 英国可联合日本和美国提供对华借款，他称此举可缓和东亚国际关系。他同时表示，英国提供借款后，在白银价格不会下跌、国民政府认真贯彻各项改革计划、中国局势保持稳定的条件下，中国可以维持货币稳定。[③]

　　然而英国外交部担忧政治风险，多名官员明确表示反对借款。卓别林（Chaplin）认为应当明确指示李滋罗斯终止谈判，基于日本关东军独立性较强的状况，英日联合对华借款很难实现，目前推进对华借款谈判会损害英国在华利益。奥德（C. W. Orde）认为，贾德干 1 月 17 日电报中的论断实际上基于两个前提：其一，关东军可以被东京控制；其二，日本政府将受到"更广泛的政治考虑"的压力。但日本政府当下无法控制关东军，向日本政府施压会被其定义为威胁，可能会导致更大的报复。韦尔斯利担忧李滋罗斯在华的活动可能会打乱英国东亚政策的布局。普拉特（J. Pratt）认为，提供借款的唯一结果将是损害英国与日本的关系，并可能引发日本加紧对华北的侵略。由于内部派别林立，国民政府很难集中白银储备与控制货币发行权，且因存在腐败，预算改革和中央银行改组也难以实质性推进。此时中国无力阻止日本军方在华北的行动及

---

① Memorandum from the Bondholders Committee，January 6，1935，中国第二历史档案馆藏中央银行专题档案，档案号：2-2130，第 82—83 页。

② 1935 年 10 月至 1936 年 1 月，中日之间就调整两国关系的原则进行了多次谈判。参见臧运祜《蒋介石与中日三原则谈判》，《民国档案》2010 年第 4 期，第 86—96 页。

③ Sir A. Cadogan to Mr. Eden，January 16，1936，FO 371/20215，pp. 78-83.

华北的分裂趋势。[1]

英国外交部希望说服财政部，尽快终止谈判。2月7日，外交大臣艾登[2]致信财政大臣张伯伦，表示对华借款不会缓和东亚政治局势，日本不会支持或默许借款，当下欧洲局势微妙，英国不能冒险与日本发生冲突。他建议，为不给中国留下英国因担忧日本反对而放弃对华借款的不良印象，可以中国在海关雇佣英籍职员、预算改革等方面进展较慢，以及华北地区关税被地方政权劫夺为由，终止对华借款谈判。同时李滋罗斯应结束访问并返回英国。[3] 财政部也同意终止借款谈判，但希望李滋罗斯能够访问日本。两部门协商后，于2月29日由英国外交部致电贾德干转达指示，表示李滋罗斯可以留在东亚，因为若其结束使命会被看作"英国在日本手中的失败"。同时认为不应对日本采取强硬政策，日本对英国对华借款的反对态度不会改变。英国政府认为英国对华借款的前景刺激了日本在华北地区的扩张行动，不希望日本借此进一步分割华北地区关税收入的利益；提出李滋罗斯应终止对华借款谈判，并尽量澄清误解，使日本了解英国无意在东亚与其对抗。[4]

在英国政府明确要求终止借款谈判的同时，日本也向英国表达了对借款的反对。[5] 3月6日，李滋罗斯致电英国外

---

① Chinese Finances, January 20, 1936, FO 371/20215, pp. 71-77.

② 艾登于1935年12月22日接替霍尔，担任英国外交大臣。

③ Letter from Mr. Eden to Mr. Chamberlain, February 7, 1936, *DBFP*, Ser. 2, Vol. 20, pp. 772-774.

④ Mr. Eden to Sir A. Cadogan, February 29, 1936, FO 371/20216, pp. 26-29.

⑤ 日本大藏次官津岛寿一曾向英方警告，日本军方不支持借款，希望暂缓目前的对华借款谈判。Sir R. Clive to Mr. Eden, January 18, 1936, FO 371/20215, p. 89.

交部，认为对华借款目前很难实现，威胁中国货币稳定的主要因素是政府预算赤字与华北局势。虽然外国借款对预算改革很重要，但鉴于日本的反对，目前英国必须放弃对华金融借款。在华北地区，日本已经开始策动关税等部分财政收入与国民政府分离，英国应等待局势进一步发展。如果英国先对日本借款，再由日本将资金转借给中国，日本反对的可能性会减小，但这将使英国无法提出借款的附加条件。总之，当前英国在华需要的是政治而非财政方面的举动，代表团将不再与中国进行借款谈判。[①] 收到李滋罗斯的电报后，英国外交部感到满意，认为他终于意识到对中国借款是政治问题而非经济问题。[②] 此后，李滋罗斯于 6 月初访问日本，但关于对华借款未达成任何协议。历时近 1 年 10 个月的中英金融借款交涉搁浅。

第四节　中英旧债整理的进展

虽然此时期中英未能达成金融借款，但中英旧债整理有了较大进展。

1935 年 9 月后，中英双方的交涉方式出现新变化，有助于旧债整理的推进。前文已述，1935 年 9 月 21 日，李滋罗斯抵达上海，开始访华。在中国期间，李滋罗斯除了与国民政府高层商讨币制改革与新借款外，也协商了清理铁路旧债方案。李滋罗斯很重视中英旧债的整理，1935 年 11 月 4 日，在国民

---

① Sir F. Leith-Ross to Foreign Office, March 9, 1936, FO 371/20216, pp. 43-45.

② Sir F. Leith-Ross' Mission to China, March 11, 1936, FO 371/20216, pp. 36-42.

政府公布法币改革方案后，[①] 他立即致函孔祥熙，表示英国愿意对华借款，前提是整理津浦与湖广铁路旧债，以及其他未整理的英镑借款。[②] 上述两笔借款积欠本息数额最大，截至1935年底，津浦铁路欠本金614.977万英镑，欠利息37.5779万英镑，湖广铁路借款欠本金565万英镑，欠利息181.9975万英镑。[③] 同时，李滋罗斯也向孔祥熙提出，津浦铁路每年盈余300万元，应尽量多地用于偿付旧债，湖广铁路旧债的还本付息应由关盐税项下拨付。[④]

不过，李滋罗斯虽代表英国财政部对华交涉，但对旧债整理的具体内容并不熟悉。李滋罗斯曾在9月致电英国财政部要求提供所有资料，而他11月4日所提的抗议与此前英国驻华公使曾提出的抗议内容大致相同。英国外交部也认为，若要增加整理旧债计划的可行性，就应寻求受托人代表债券持有人出面进行交涉。[⑤] 1935年10月，综合各方意见后，英国转变了对华旧债整理问题的交涉方式，由英格兰银行代表、英国财政部代表、汇丰银行代表等在伦敦组建中国债券持有人委员会（Chinese Bondholders Committee，以下简称债权人委员会），以此为主体与国民政府交涉旧债问题。李滋罗斯与汇丰银行代表盖士利（W. C. Cassels）则与该委员会配合，就近将该委员会

---

① 1935年11月国民政府进行法币改革，货币实行外汇汇兑本位，外币及外国借款对中国经济与货币体系的重要性增加，因而整理旧债的迫切性增强。

② 张嘉璈：《中国铁道建设》，第100页。

③ 姚崧龄编著《张公权先生年谱初稿》，第141、149页。

④ 张嘉璈：《中国铁道建设》，第101、105页。

⑤ Chinese Railway: General Hammond's Report, September 28, 1935, FO 371/19251, pp. 143-145.

的意见传达给中方，并协商相关方案。[1] 债权人委员会的成立，使英国债权人得以直接与国民政府就整理旧债的具体条件进行磋商，而非只通过驻华外交官进行较为笼统的抗议。此时国民政府高层人事的变化也有助于中英债务整理进度的加快。1935 年 12 月，张嘉璈就任铁道部部长，张嘉璈拥有金融界从业背景，曾于 1928—1935 年担任中国银行总经理。他对整理旧债较为重视，上任后不久即与李滋罗斯会谈，表示愿意尽快解决积欠英国的旧债。[2]

国民政府美籍财政顾问杨格在汉猛德报告出台后，就曾在 1935 年 9 月 29 日向孔祥熙建议，津浦铁路与湖广铁路旧债自 1941 年起由关税收入担保付息、由铁路收入还本。[3] 1935 年 11 月 11 日，孔祥熙致电李滋罗斯，向其转达了中方对整理津浦铁路与湖广铁路旧债的方案。津浦铁路方面，（1）未偿还的债票更换新票，本金相同，自 1936 年 1 月起付息；（2）利息由铁路收入项下支付，1936 年与 1937 年的利息为 2.5%（原合同规定的利息为 5%），1938 年与 1939 年的利息为 3.5%，此后为 5%；（3）本金自 1935 年起分 30 年还清，也由铁路收入项下支付，第一年以此收入的 1% 为还本的准备金，此后根据收入数量增加分配比例；（4）此前的欠息全部取消；（5）自 1941 年起以关税付息担保。湖广铁路的方案与津浦铁路大致相同，仅有两点区别。其一是 1938 年至 1940 年利息为 3.5%，

---

[1]　Mr. Waley to Mr. Orde, October 29, 1935, FO 371/19251, p. 227.

[2]　Sir F. Leith-Ross to Treasury, December 21, 1935, FO 371/19252, pp. 239-241.

[3]　Arthur N. Young to H. H. Kung, September 29, 1935, 中国第二历史档案馆藏中央银行专题档案，档案号：2-2130，第 69 页。

自 1941 年起为 5%，比津浦铁路晚一年（孔祥熙的解释是
1940 年前，国民政府还债与偿还庚子赔款的负担很大[①]）；其
二是在粤汉铁路完成前（此时尚有株洲到韶关段铁路未完
成），由盐税项下拨付利息，并在 1941 年前由盐税做付息担
保。[②] 同时，孔祥熙也向李滋罗斯表示，上述方案是为了避免
长久的谈判拉锯，并不完全符合当前中国的财政困难状况，希
望英方考虑到中国刚刚进行法币改革以及用外国货币对外支付
的困难，与中方达成符合实际情况的有效方案，并希望以此为
其他各路旧债的解决提供模板。[③]

　　孔祥熙给出的整理计划基本延续了此前财政部铁路旧债由
铁路收入整理的态度，关税仅做付息的担保，盐税在湖广铁路
尚未完成之时作为付息担保的权宜之计。不过，此方案对利息
与本金的支付做出了明确的规定，与之前较为笼统的整理方案
相比，对铁路旧债的整理有了更大推进。

　　债权人委员会并不认同中方的方案。1935 年 11 月 27 日，
在第四次债权人委员会会议上，委员会决定，津浦铁路收入
足以支付每年 5% 的利息，并建议在海关的帮助下，建立严
格的铁路审计制度，以保证收入全部用于偿还旧债，关于湖
广铁路则可接受孔祥熙的意见。[④] 盖士利在 11 月 30 日向债

---

① H. H. Kung to Frederick Leith-Ross，November 11，1935，中国第二历史档
　案馆藏中央银行专题档案，档案号：2-2130，第 75 页。

② Proposal for Settlement of the Tientsin-Pukow Railway 5% Loans of 1908-1910
　and Hukuang Railway 5% Loan of 1911，November 11，1935，中国第二历史
　档案馆藏中央银行专题档案，档案号：2-2130，第 76—77 页。

③ H. H. Kung to Frederick Leith-Ross，November 11，1935，中国第二历史档
　案馆藏中央银行专题档案，档案号：2-2130，第 73—75 页。

④ Chinese Bondholders Committee，November 27，1935，FO 371/19252，pp.
　119-120.

权人委员会建议，对聘请外籍会计师用于铁路审计表示赞同，但应先对收入做调查，再对利息等问题提出意见。委员会表示同意，对津浦、湖广两路的整理方案暂不提出意见，李滋罗斯也没有立刻将 11 月 27 日的意见转交中方。[1] 12 月 13 日，在调查到津浦铁路 1934 年纯收入为 761.7 万元后，债权人委员会认为这个数额足以支付每年 5% 的利息，并于当日致电盖士利，表示铁路收入应优先用于支付旧债，1936 年起应偿付津浦、湖广两路借款的全部应计利息（5%），欠息不能取消，付款可延期至 1941 年，此后每年加付一期息票（原为每年两期）以支付欠息，并与中方协商聘用英籍铁路会计。[2]

李滋罗斯在得知债权人委员会的方案后，提出了不同意见。1935 年 12 月 17 日，李滋罗斯致电英国外交部，表示若按照此方案，则有可能导致谈判破裂。原因在于铁路收入优先用于偿还旧债并不实际，铁路薪金、设备维护费用等均需从中提取，而为维持铁路运营稳定，铁路收入用于军事捐献金也是合理的，扣除上述数额后，铁路收入无法按每年 5% 的利息来支付，也无法每年支付三期息票，若收到的付款用作欠息，则意味着债券在 1941 年前不能成为无拖欠的"干净的"债券，故应大幅度削减或取消拖欠利息，由海关承担铁路审计并不现实，应聘请外籍顾问，同时，若铁路收入足以支付本息，则可

---

[1]　《中国债券持有人委员会第 5 次会议》（1935 年 12 月 4 日），《中国外债档案史料汇编》第 2 卷，第 320 页。

[2]　Minutes of Chinese Bondholders Committee, December 13, 1935, FO 371/19252, p. 101.

从现在开始就以关税作为担保。① 12 月 21 日，李滋罗斯与张嘉璈会面，会上张嘉璈表示会积极处理旧债问题。会面后李滋罗斯认为应利用目前的好形势，尽快得出解决方案。② 盖士利也在 12 月 30 日向债权人委员会表示，目前坚持要求高于孔祥熙提出的付款是不切实际的，建议本息偿付与取消积欠方面接受孔祥熙的方案，但为弥补英方的损失，应要求中方，若铁路收入的数额足够，则从 1936 年起将利息增至 5%，即便不增加，海关也应立即为付息提供担保，应聘任英籍铁路管理人员。③

虽然收到不同的意见，但债权人委员会仍坚持其观点。它认为虽然津浦铁路收入用作各类开支已是既定事实，但收入中 124.7 万元的高额支出用于铁路警察则并不合理，若全部取消拖欠利息，则对伦敦市场上中国债券的信誉造成不良影响，对今后中国在伦敦发行新债不利，铁路迫切需要对未经授权的开支进行检查，故派遣审计人员是合理的，英方希望铁路的经济管理运行良好，而非只依赖关税为其担保。④

1936 年 1 月 3 日，债权人委员会在伦敦召开第 8 次会议，会上参考各方意见后，商定了对津浦铁路旧债的整理方案。第

---

① 《李滋罗斯于 1935 年 12 月 17 日发给外交部而于 12 月 19 日转递的电报》，《中国外债档案史料汇编》第 2 卷，第 329—330 页；Mr. Waley to Sir Leith-Ross, December 27, 1935, FO 371/19252, p. 244.

② Sir F. Leith-Ross to Treasury, December 21, 1935, FO 371/19252, pp. 234–236.

③ 《盖士利发出的信件》（1935 年 12 月 30 日），《中国外债档案史料汇编》第 2 卷，第 333—334 页。

④ 《中国债券持有人委员会秘书处的通知》（1936 年 1 月 1 日），《中国外债档案史料汇编》第 2 卷，第 336—338 页。

一，同意孔祥熙此前所提的付息数额，但要求按照合同第9条规定，全部以关税担保，同时也规定若铁路收入充足，则将利息提高至5%；第二，同意中方的还本方案；第三，欠息不能取消，应以文件方式承认债务继续存在，待将来铁路收入足以支付欠息时再商定办法；第四，为弥补英方所受损失，应在铁路管理中聘用外籍人员（不一定都是英籍）。[1] 该方案与盖士利1935年12月30日所提方案基本相同。1月6日，李滋罗斯将此方案递交孔祥熙。

1月7日，杨格向孔祥熙提出了针对英方1月6日方案的意见。首先，杨格认为，虽然纸面上津浦铁路收入逐渐增加，但实际仍面临财政困难，故建议删去"若铁路收入充足，则将利息提高至5%"，同时建议在处理积欠利息方面做出妥协，同意英方的提议，但最好以较低的利率（如1%）计算拖欠利息，而雇佣外籍审计人员无疑将增加铁路的收入。[2] 孔祥熙接受了杨格的建议，并将此态度告知英方。

债权人委员会此前所提方案本就已做出让步，因而不同意中方所提要求。1月20日，在第9次债权人委员会会议上，委员会决定坚持"若铁路收入充足"，应增加利息的规定，同时要求将拖欠利息总额作为不带利息的债务，待资金充足时每年支付一次，并将此意见转告盖士利。[3] 但盖士利认为，委员会此种处理积欠利息的办法会让谈判陷入僵局，或中方将以此

---

[1] Memorandum from the Bondholders Committee, January 6, 1936, 中国第二历史档案馆藏中央银行专题档案，档案号：2-2130，第82—83页。

[2] Arthur N. Young to H. H. Kung, January 7, 1936, 中国第二历史档案馆藏中央银行专题档案，档案号：2-2130，第62—64页。

[3] 《中国债券持有人委员会第9次会议》（1936年1月20日），《中国外债档案史料汇编》第2卷，第346—348页。

为由提出利息降为 4%。李滋罗斯则认为，必须坚持海关担保付息与英籍人员参与铁路管理，而处理拖欠利息则应考虑中方财政情况，达成实际的解决方案。① 2 月 5 日，在第 10 次债权人委员会会议上，委员会决定，略去铁路收入增加则以 5% 付息的表述，同时同意取消拖欠利息的五分之三，要求中方承担剩余的五分之二（约 160 万英镑），且必须自 1940 年起 10 年内付清，但中方的还本可以推迟到付清积欠利息后再开始，英方不同意 1940 年后利息由 5% 降为 4%。委员会于当天将上述意见电告盖士利。②

2 月 12 日，张嘉璈将中方对英方 2 月 5 日方案的意见告知李滋罗斯，并强调这是"最后的提议"，中方就付息做出让步，以关税担保而以铁路收入支付的利息的利率在 1936 年至 1938 年为 2.5%，此后为 5%，但就拖欠利息，中方要求取消 1935 年以前拖欠利息的五分之四以及 1936—1938 年付息不足之数的五分之四，剩余部分可发行不带利息的临时凭证，自 1941 年起开始偿付，约 20 年付清，每年支付的金额应基本相同，自 1940 年开始以铁路收入还本，支付额度由收入情况决定，1940—1942 年为收入的 1%，此后每年递增 0.5 个百分点，此外，可成立偿债基金委员会处理清债基金的事务，铁路当局采取措施改善铁路经营和管理工作。同时，张嘉璈补充说明，关税只做担保，并不承诺旧债享有优先级，铁路外籍官员问题可与英方协商，但应由国民政府负责实施，而不应以订立合同

---

① 《中国债券持有人委员会第 10 次会议》（1936 年 2 月 5 日），《中国外债档案史料汇编》第 2 卷，第 350—352 页。

② 《中国债券持有人委员会第 10 次会议》（1936 年 2 月 5 日），《中国外债档案史料汇编》第 2 卷，第 352—353 页。

方式实施。[①] 李滋罗斯向债权人委员会表示，还本付息与拖欠利息的处理办法是他多次和张嘉璈交涉后才得出的结果，张嘉璈对铁路收入能否承担如此规模的支付并无信心，但迫切希望与债权人达成协议，因而已无修改的余地，希望能尽快同意此方案。[②]

2 月 17 日，债权人委员会在伦敦举行第 11 次会议，讨论中方 2 月 12 日的方案，出席本次会议的英国财政大臣韦利（S. D. Waley）表示，此方案应是目前中方所能提供的最佳条件，在孔祥熙知道英国短期内不会为中国提供大额借款的情况下，他对中国还能在"缺乏直接的鼓励因素"时提出解决方案感到"吃惊"，其余代表也同意接受此方案，故决定致电盖士利，令其尽可能与中方交涉，将支付拖欠利息由五分之一提高到四分之一，若中方不同意，则委员会只能接受 2 月 12 日的方案。[③] 2 月 20 日，霍伯器与盖士利一同与张嘉璈会面，询问可否增加拟偿还的拖欠利息，张嘉璈明确表示五分之一已是最高限度。[④] 最终，中英双方在张嘉璈 2 月 12 日方案的基础上达成津浦铁路整理计划，应还本数额为 650 万英镑，支付积欠利息数额为 75155 英镑，减免拖欠利息 3373613 英镑，1936 年 2 月 26 日，国民政府公布了津浦铁路整理结果。[⑤]

---

① 《中国债券持有人委员会第 11 次会议》（1936 年 2 月 17 日），《中国外债档案史料汇编》第 2 卷，第 357—358 页。

② 《中国债券持有人委员会第 11 次会议》（1936 年 2 月 17 日），《中国外债档案史料汇编》第 2 卷，第 359 页。

③ 《中国债券持有人委员会第 11 次会议》（1936 年 2 月 17 日），《中国外债档案史料汇编》第 2 卷，第 360—361 页。

④ Mr. Hall-Patch to Foreign Office, February 20, 1936, FO 371/20224, p. 117.

⑤ 《整理津浦路债结果》，《救国日报》1936 年 2 月 26 日，第 2 版。

　　与津浦铁路旧债协商时中英较快达成协议的情况相比，湖广铁路旧债的谈判则更为复杂。原因在于，除了英国外，此路亦涉及美国与法国债权人的利益。英国此前与中国单方面进行整理条件的谈判，并未征求美法的意见。当津浦铁路整理计划达成后，英方以此为蓝本，希望美法同意以类似的条件整理湖广铁路旧债，而美国并不同意，各方由此展开交涉。

　　1936 年 1 月 13 日，孔祥熙向湖广铁路债权方英美法德四国代表递交了整理津浦铁路旧债计划，此计划基本与 1935 年 11 月 11 日的方案一致，按照此前中英双方谈判津浦铁路整理计划的模式进行。①

　　美国对英国独自与中国协商而未考虑美方的意愿感到不满，也拒绝国民政府提出的湖广铁路整理计划，英国便向美国解释其与中国达成让债权人受损失的整理计划的不得已之处。1936 年 3 月 2 日，新四国银行团英国代表爱迭斯向美法日银行团解释英国与中国达成津浦铁路整理方案的原因，并表示如果不想彻底牺牲外国债券持有人的利益，就必须达成某种和解，即使是以做出实质性让步为代价。经过长时间的谈判，债权人委员会认为无法获得更好的条件，因此建议债券持有人接受津浦铁路债务的最终整理方案，此方案可能会成为中国铁路旧债整理的"模板"，且在当前已有此方案的情况下，也很难再迫使中方接受条件更为苛刻的方案，根据津浦铁路计划修订的湖广铁路整理计划也已交给中国。同时，爱迭斯也解释为何没有通知其他国家银行团，因为各国银行团不愿意将权力下放给代表，无法建立起灵活有效的共同交涉委员会，最终各国利

---

　　①　张嘉璈：《中国铁道建设》，第 105 页。

益难以协调。① 3 月 3 日，伦敦摩根·格兰费尔公司（Morgan Grefell & Co.）② 的惠格姆（C. F. Whigham）致信新四国银行团美国代表拉蒙特（T. Lamont），表示英国认为美国债权人的利益与要求很重要，但建议在当下已有的协议基础上继续与中国谈判。③ 同时，债权人委员会也决定安抚美国债权人的情绪，以及提出必要时可增加一名美国人进入委员会。④

3 月 17 日，孔祥熙向各国提交了新计划，将 2.5% 的利息偿付延长到 1939 年，以不带利息的临时凭证来代替拖欠的利息将从 1942 年算起（此前为 1941 年）。⑤ 对此计划，英国方面表示同意，李滋罗斯认为"在财政方面已看不到任何改进的希望"，法国方面也基本同意，东方汇理银行（Crédit Agricole Corporate and Investment Bank）行长也基本同意，只是希望明确关税担保各项支出中湖广铁路还债排在第几位。⑥

美国方面仍不同意此计划。美国债权人认为，湖广铁路的整理完全可以采取比津浦铁路更好的办法，原因在于，与津浦铁路利息长期被拖欠不同，湖广铁路的拖欠情况要好得多，湖

---

① The China Consortium, March 2, 1936, FO 371/20224, pp. 156-160.

② 摩根·格兰费尔公司是一家位于英国伦敦的商人银行，又称承兑商行，该行业务中有代表私人和机构委托者组织和认购新发行证券等投资经营活动。参见黎雨等主编《现代金融业与金融投资全书》，企业管理出版社，1996，第 914 页。

③ 《查尔斯·F. 惠格姆给汤姆·拉蒙特的信》（1936 年 3 月 3 日），《中国外债档案史料汇编》第 2 卷，第 364—366 页。

④ Minutes of Chinese Bondholders Committee, March 5, 1936, FO 371/20224, p. 163.

⑤ 《C. S. 爱迭斯给肖梅的信》（1936 年 3 月 19 日），《中国外债档案史料汇编》第 2 卷，第 373 页。

⑥ Sir F. Leith-Ross to Foreign Office, March 19, 1936, FO 371/20224, pp. 172-173.

广铁路借款每年可以支付一半的利息，目前的盐税担保比津浦铁路的路入担保更为有效，且湖广铁路证券的市场价格比津浦铁路高一倍。3 月 21 日，纽约摩根公司（J. P. Morgan & CO.）[1]代表美国债权人致电摩根·格兰费尔公司，说明美方上述观点，并表示不会同意当下的整理湖广铁路计划。[2]

在收到美方明确的反对意见后，1936 年 3 月 25 日债权人委员会第 14 次会议上决定，暂缓向中国回复英方对 3 月 17 日孔祥熙计划的意见，先与美国进行交涉，希望能在债权方内部达成一致后再与中国协商具体整理计划。[3]

3 月 31 日，摩根·格兰费尔公司致电纽约摩根公司，提出了英方的七点意见。第一，中国深陷债务危机，除非采取有效办法，否则经济面临崩溃；第二，要求国民政府承担超过经济能力的义务，会让其陷入政治危机；第三，目前的条件已经是中方能提供的最好条件；第四，债务的整理必然会造成债权人一定程度上的牺牲；第五，债权人委员会所提的意见虽对债权方不完全有利，但已是综合各方考量后的计划；第六，英方不同意美方所提湖广铁路借款担保品优于津浦铁路的观点，目前湖广铁路尚未完全建成，而津浦铁路却有可观的铁路收入；第七，目前的谈判方式已经是能采取的最佳方式，各国需要搁置争议，尽快达成解决方案，唯有如此才能避免中国债务问题

---

[1] 湖广铁路借款是多国联合提供，包含英发债票和美发债票，该公司为湖广铁路借款美发债票的主要经理方。

[2] Copy of Cable from J. P. Morgan & CO., New York, to Morgan Grefell & CO., Limited London, March 21, 1936, FO 371/20224, pp. 207-209.

[3] 《中国债券持有人委员会第 14 次会议》（1936 年 3 月 25 日），《中国外债档案史料汇编》第 2 卷，第 379—380 页。

彻底崩溃而使债权人一无所得。[①]

　　针对英方的态度，美国在 4 月 1 日给出了回复。美方依旧强调湖广铁路的付息情况与债券价格优于津浦铁路的事实，并要求湖广铁路借款也像津浦铁路那样，在铁路建成前由盐税收入付息的情况下，再由关税担保付息，以及担保积欠旧债。[②]同时，美国政府也介入了谈判，美国国务院在 4 月 5 日致电英国驻美大使宾汉姆（Bingham），请其转交给英国外交部一份电报，要求英国外交部协调英国债权人，在制定整理计划时充分考虑美方的利益。[③]

　　英国外交部收到美国国务院的电报后，询问英国财政部对此事的看法，4 月 24 日，英财政部回复表示，应向美方解释，英国的对华债务谈判完全由债权人委员会进行，英国处理此类事务的原则是，债权人代表与违约政府直接谈判以达成协议，并希望英美债权人能保持良好有效的沟通。[④]

　　在此情况下，拉蒙特选择直接与英国债权人委员会主席阿尔尼斯（Alness）交涉。6 月 11 日，双方在伦敦会面，讨论湖广铁路旧债整理问题，拉蒙特对湖广铁路整理计划中没有关税担保付息、本金偿还规定不明等表示了不满，并提出了美国的

---

① 《伦敦摩根·格兰费尔公司致纽约 J.P. 摩根公司的电报》（1937 年 3 月 31 日），《中国外债档案史料汇编》第 2 卷，第 385—387 页。

② Copy of Cable from J. P. Morgan & CO. , New York, to Morgan Grefell & CO. , Limited London, April 1, 1936, FO 371/20224, pp. 232-236.

③ The Secretary of State to the Ambassador in the United Kingdom (Bingham), April 5, 1936, *The Foreign Relations of the United States*, hereafter, *FRUS*, Washington. D. C. : U. S. Government Printing Office, 1959, *1936, the Far East*, Vol. 4, pp. 584-586.

④ Mr. Waley to Mr. Orde, April 24, 1936, FO 371/20224, pp. 255-256.

意见：第一，2.5%的付息只能持续到1938年；第二，采取与津浦铁路类似的办法偿还本金；第三，由关税担保付息与清偿积欠利息。[1] 6月12日，债权人委员会召开第16次会议，会上商议后，决定同意拉蒙特所提的三条意见，并于6月15日以阿尔尼斯致信拉蒙特的方式告知美方。[2]

然而，美方很快又提出了不同意见，这一意见来自美国债权人协会副主席怀特（F. White）。6月26日，美国债权人代表致信英国债权人委员会，要求湖广铁路旧债整理采取对债权方更为优惠的政策，包括从现在起要求支付全部的5%利息，并根据合同完全承认关税的留置权。提出上述要求的原因仍是美方认为湖广铁路当下的付息情况好于津浦铁路。[3] 美方的变卦引发了英方的不满。7月9日，英债权人委员会第17次会议上决定告知美方，若按6月26日的意见，则会丧失英美共同达成解决方案的机会，英方将独自与中国进行谈判，同时也提醒美方，国民政府一直拒绝承认整理铁路旧债中的关税留置权，与津浦铁路一年近800万元的收入相比，湖广铁路还无法支付其本身的营业费用，更遑论付息。[4]

湖广铁路旧债的整理已拖延半年之久，为加快谈判进程，7月23日，孔祥熙向美国债权人提出了中方的新方案，付息

---

[1] 《托马斯·W·拉蒙特给阿尔尼斯的备忘录》（1936年6月11日），《中国外债档案史料汇编》第2卷，第403—404页。

[2] 《阿尔尼斯给拉蒙特的信》（1936年6月15日），《中国外债档案史料汇编》第2卷，第408—410页。

[3] 《中国债券持有人委员会第17次会议》（1936年7月9日），《中国外债档案史料汇编》第2卷，第413页；杨格：《1927至1937年中国财政经济情况》，第146页。

[4] 《中国债券持有人委员会第17次会议》（1936年7月9日），《中国外债档案史料汇编》第2卷，第414—415页。

方面并无变化，1936—1938 年以 2.5% 付息，1939 年起以 5%
付息，但对还本方法做出让步，方式上与津浦铁路一致，同时
同意若铁路收入无法支付还本基金，则由财政部支配的税收弥
补，原则上同意外国专家加入改良湖广铁路。①

　　美国债权人委员会内部讨论后，在 8 月 24 日致电国民政
府财政部，表示若中方同意本息由财政部控制的税收来偿付，
则可建议美国债权人同意此方案。9 月 9 日，美国债权人委员
会将中方的新方案与美方的态度告知英国债权人委员会。② 不
过，尚不知道美方与中方已有此协商的盖士利眼见谈判拖延，
于 9 月 11 日致信花旗银行代表比廷（Bitting），表示除非美方
有反对意见，否则将以 3 月 17 日孔祥熙所提的条件为基础与
中方展开谈判。③ 比廷当天回信称，目前还未收到来自美国的
指示，希望谈判推迟几天。④ 但盖士利没有再等美方，9 月 12
日，盖士利致信孔祥熙，表示英国债权人委员会同意孔祥熙 3
月 17 日所提的方案，并希望得到孔祥熙针对此事的回复，以
便在 9 月 17 日举行的债权人委员会会议上讨论。⑤ 但由于孔祥
熙此时正忙于别的事务，并未给盖士利回复。在 9 月 17 日的
英国债权人委员会会议上，英国认为美国与中国谈判时达成的

---

① 《孔祥熙给保障外国债券持有人委员会的信》（1936 年 7 月 23 日），《中
　　国外债档案史料汇编》第 2 卷，第 426—427 页。
② 《美国债券持有人委员会致英国债券持有人委员会的电报》（1936 年 9 月
　　9 日），《中国外债档案史料汇编》第 2 卷，第 439—441 页。
③ 《W. C. 盖士尔写给上海花旗银行比廷（BITTING）的信》（1936 年 9 月
　　11 日），《中国外债档案史料汇编》第 2 卷，第 435 页。
④ 《比廷给上海汇丰银行盖士尔的信》（1936 年 9 月 11 日），《中国外债档
　　案史料汇编》第 2 卷，第 435—436 页。
⑤ 《上海汇丰银行 W. C. 盖士尔致南京财政部长孔祥熙的信稿》（1936 年 9
　　月 12 日），《中国外债档案史料汇编》第 2 卷，第 433—434 页。

国民政府财政部将其支配的税收用于补充还本的不足之数一条可以同意，但不同意聘用美籍工程师。[①] 9 月 26 日，财政部将 1 月 13 日、3 月 17 日、7 月 23 日的整理湖广铁路旧债建议汇编交给英美法银行团驻华代表，希望能早日达成协议，同意关税担保由盐税支付的利息，外国专家国籍由债权国进行协商，实际上答应了美方在 8 月 24 日所提的条件。[②] 英国债权人委员会在讨论后认为可以接受，10 月 5 日，盖士利致电孔祥熙，表示英国债权人委员会已准备将中方的建议推荐给英国债权人，请其接受。[③] 不过，关于湖广铁路与津浦铁路的关税留置权孰先孰后的问题，英美仍有分歧，12 月 1 日，孔祥熙致信盖士利，表示关税偿付贷款应自清偿办法宣布之日起，英美双方表示了认同。[④] 1937 年 4 月 4 日，湖广铁路清偿办法公布，1937—1938 年付息 2.5%，1939 年后付息 5%，还本与偿还拖欠利息的方法与津浦铁路相同，铁路建成前以关税付息，建成后以铁路收入为偿债基金，盐税与铁路收入的支付都以关税为担保。[⑤]

　　1935 年 9 月后，随着李滋罗斯的访华与债权人委员会的成立，中英外债的沟通方式有所调整与效率有所提高，谈判进展大大加快，英国方面认为再拖下去损失更大，愿意接受妥

---

① 《英国债券持有人委员会给美国债券持有人委员会的电报》（1936 年 9 月 18 日），《中国外债档案史料汇编》第 2 卷，第 441 页。

② 《1911 年湖广铁路 5 厘贷款清偿办法修改后的建议》（1936 年 9 月 26 日），《中国外债档案史料汇编》第 2 卷，第 445—446 页。

③ 《W. C. 盖士尔给南京财政部长孔祥熙的信》（1936 年 10 月 5 日），《中国外债档案史料汇编》第 2 卷，第 450 页。

④ 《财政部长给 W. C. 盖士尔的信》（1936 年 12 月 1 日），《中国外债档案史料汇编》第 2 卷，第 460—461 页。

⑤ 《整理湖广铁路借款通告》（1937 年 4 月 5 日），《外交部档案》，档案号：020-991200-0051，第 76 页。

协。而中国方面也希望尽快解决旧债，以减轻财政负担，并为再借新债做准备。随着津浦湖广两路借款整理方案的出台，减少短期偿付利息与减免积欠利息、延长还本期限，并以关税作为担保的基本原则被确定，中英外债处理有了基本的"模板"，在全民族抗战爆发前，中英就晚清时期和北京政府时期所借的积欠旧债基本达成了解决方案。

虽然铁路旧外债的整理减轻了国民政府约 2. 263 亿元的债务负担，但其债务信用却反而增加了。津浦债票自 48 镑涨至 71. 5 镑，广九债票自 38 镑涨至 58 镑，湖广债票自 40 余镑涨至 71. 25 镑。[①]

第五节　全民族抗战爆发前中英债务整理成果

到 1937 年 7 月 7 日全民族抗战爆发之前，中英之间就旧债整理达成的具体内容如下。

财政部经管外债情况如下。

1908 年英法借款。该借款由英国汇丰银行与法国汇理银行共同借给清政府，合同签订于 1908 年 10 月 8 日，总额 500 万英镑，实收数额为 470 万英镑，用途为赎回京汉铁路（80%）与兴办实业（20%），以烟酒税、房契捐等为担保，1922 年改为盐税项下拨付。1929 年 9 月 18 日财政部宣布从盐税项下付息，至 1934 年 9 月已还清积欠本息，截至 1937 年 7 月 7 日全民族抗战爆发前，已偿还本金 450 万英镑，最后两期本金 50

[①] 《张嘉璈关于最近国有铁路财政状况暨调度款项经过情形总报告》（1937 年 6 月后），《中华民国史档案资料汇编》第 5 辑第 1 编《财政经济》（9），第 114 页。

万英镑尚未偿还。①

1912 年克里斯浦借款。该借款合同由英商克里斯浦公司与北京政府于 1912 年 8 月 30 日签订，原定总额 1000 万英镑，实际发行债券 500 万英镑，用途为偿还从前各项债款及整理政务、兴办实业，以盐税为担保。1929 年 9 月 18 日财政部整理盐税担保旧债时，宣布对该借款于 1930 年内先清偿欠息 4 期，1928 年前积欠的本金于 1932 年内偿付，1928 年、1929 年两年应还本金于 1933 年内偿付，1930 年、1931 年应还本金于 1934 年内偿付，1932 年之后的应还本金照原订还本付息表办理。但实际上除将旧欠 4 期利息及每年到期利息偿付外，所欠本金未能如期偿还。1934 年，财政部要求盐务稽核总所对该借款本金每年拨付两次，1938 年 9 月，随着七七事变后日军侵占中国关盐两税，国民政府决定缓付本息，本金 3666971 英镑尚未偿还。②

马可尼、费克斯借款。马可尼借款合同为北京政府陆军部与英商马可尼公司于 1918 年 8 月 27 日签订，数额为 60 万英镑，半数为购买无线电话机等设备所用，半数为政府收用，以金镑国库券做担保，但第五期付息起即未照付。费克斯借款合同为北京政府陆军部与英商费克斯公司于 1919 年 10 月 1 日签订，总额为 180.32 万英镑，截至 1935 年 6 月，马可尼借款积欠 2077998 英镑 9 便士，费克斯借款积欠 3858749 英镑 3 先令 10 便士。不过，英国政府认为，这两项借款具有投机性（利

---

① 《平汉铁路局编〈汇丰汇理银行长期借款〉》（1937 年 5 月），《民国外债档案史料》第 3 卷，第 406—410 页。

② 《克里斯浦借款》，《民国历届政府整理外债资料汇编》第 2 卷，第 506—507 页。

息为 8%），英国政府不打算出面与中国交涉，两公司只能等待中国政府出台整合计划。[1] 因借款拖欠数额较大，1936 年，两项借款债权人向国民政府财政部提出清偿积欠，经双方协商，将两借款并案整理，达成整理方式为：（1）以两借款总额 240.32 万英镑为本金定额；（2）1936 年 6 月 30 日以前积欠利息一律免除；（3）1941 年 6 月 30 日开始还本，前三年还 1%，以后逐步增加到 4%，至 1975 年还清；（4）1936 年 7 月 1 日起开始付息，第一年付 1.5%周息，以后每年增加 0.25 个百分点，1942 年之周息为 3%，此后不再增加；（5）还本付息以盐余担保。1936 年至 1938 年利息如期支付，共付息 55.9016 万英镑，1939 年并入盐税摊存案。[2]

铁路外债中，分为无须整理（即无须以关盐等税拨款或担保，也无须改变还本付息条件，可由铁路收入自行整理）的借款和需要整理的借款。其中，无须整理的借款包括京沪、北宁（包括双轨）、沪枫等铁路借款，需要整理的包括津浦、湖广、广九、道清、清孟等铁路借款以及浦信与宁湘铁路垫款。

1903 年京沪铁路借款。该借款由清政府与中英银公司于 1903 年 7 月 9 日签订，总额为 290 万英镑，实收额为 2645750 英镑，用途即为修建京沪铁路，并以该路财产与收入为担保。1924 年中英双方曾签订协议，1929 年起每年从铁路收入中提出 11.6 万英镑，作为逐年还本之用，但利息尚能照付，而

---

[1]　Sir M. Lampson to Sir Austen Chamberlain, February 7, 1929, FO 371/13921, p. 212.

[2]　《费克斯马可尼借款》，《民国历届政府整理外债资料汇编》第 2 卷，第 516—519 页。

1929 年第一期应还本金仅付半数，第二期则未能偿还。1932 年淞沪会战爆发后，该路运营大受影响，利息亦无着落，后从该路收入中每旬日提 5%，后增至 10%，以作清债之用。1933 年后该路恢复正常付息，但 1930—1932 年所欠三期利息无法支付，全民族抗战爆发后，以交通部拨国币 30 万元付 1937 年利息，之后该路全线沦陷，旧债偿还遂告中止，到此时已还本金 11.6 万英镑，尚欠本金 278.4 万英镑、利息 20.88 万英镑，共欠 299.28 万英镑。[①]

1908 年北宁铁路借款。该借款详情前文已有介绍，由铁路收入担保，由于铁路收入较为充足，本息没有拖欠，故国民政府没有出台新的整理方案，只是九一八事变后，应付本息由关内段拨付，至全民族抗战爆发前尚欠本金 172500 英镑。而 1921 年京奉唐榆双轨铁路的英镑与银元借款的本息已在 1933 年 8 月还清，但偿还基金中包括 1931 年 9 月至 1933 年 6 月由关外段垫付的 22 万英镑。[②]

1914 年沪枫铁路借款。该借款为 1914 年 2 月 24 日，由北京政府与中英银公司签订借款合同，数额为 37.5 万英镑，实收 34.125 万英镑，用途为偿还南京临时政府借用日商大仓洋行日金 300 万元借款，以北宁铁路收入为担保。前文已述，1935 年 8 月中英双方达成每月由北宁铁路收入中提拨英金 5000 镑作为沪枫铁路还本付息之用的协议，至全民族抗战爆发前，已还本金 15 万英镑，尚欠本金 22.5 万英镑、利息 4.725 万英

---

①　《京沪铁路借款》，《民国历届政府整理外债资料汇编》第 2 卷，第 685—687 页。

②　《北宁铁路中英银公司借款》，《民国历届政府整理外债资料汇编》第 2 卷，第 706—707 页。

镑，共计欠 27.225 万英镑。①

前文已述，津浦与湖广铁路旧债的解决为其他的中英铁路旧债谈判打下基础。

1907 年广九铁路借款。该借款由清政府与中英银公司于 1907 年 3 月 7 日达成，数额为 150 万英镑，以铁路收入为还本付息担保，1936 年 8 月，在中英达成津浦铁路整理办法后，也以此为"模板"达成整理广九铁路办法，利息亦减低，1937 年起的 20 年内利息减为 2.5%，若该路净收入超过 20 万元，则增加利息，最高为 5%；欠息办法与津浦铁路一致，以五分之一发给无息期票；自 1936 年 6 月 1 日起，每年由路入拨 20 万元、铁道部拨 35 万元，为还本付息基金，付息在前，还本在后，1941 年 6 月起，由铁道部再拨 25 万元为还本之用。截至全民族抗战爆发前，尚共结欠本息 1344279 英镑 2 先令 6 便士。② 与津浦、湖广两路相比，广九铁路的还本付息并未以关税为担保，但获得了铁道部每年拨款的保证。

1905 年道清铁路借款。该借款合同为清政府与英商福公司于 1905 年 7 月 3 日签订，数额为 80 万英镑，实收 72 万英镑，用途为赎回道清铁路。1936 年 5 月中英双方按津浦铁路方案达成整理办法，1936 年至 1938 年应付利息为 2.5%，1939 年起按 5% 付息，若该路收入足够 5% 付息则无须减半，减少利息与从前积欠利息按五分之一发给无利小票；本金分 27 年还清，1936 年起每年偿还一次，还本付息基金均从铁路

---

① 《沪枫铁路中英银公司借款》，《民国历届政府整理外债资料汇编》第 2 卷，第 672—673 页。

② 《广九铁路借款》，《民国历届政府整理外债资料汇编》第 2 卷，第 78—79 页。

收入项下拨付。截至全民族抗战爆发前，共积欠 632495 英镑 1 先令 8 便士。[①]

1920 年清孟铁路借款。该路为道清铁路支线，1920 年 12 月 26 日由北京政府与英商福公司签订借款合同，总额为 8.73 万英镑。1936 年 4 月 23 日中英达成整理方案，以前积欠利息减为年息 3 厘，算至本日，此后不再计息，连同本金分 12 年还清，如到期超过 6 个月不付，则给单利四厘之年息，截至全民族抗战爆发前，尚欠本息 50311 镑 4 先令 2 便士。[②]

1913 年浦信铁路垫款。浦信铁路借款合同于 1913 年由北京政府与英商华中公司签订，原定借款总额为 300 万英镑，发行债票以前，由华中公司先后垫款 207255 英镑，利息 6%，从发售债票进项内扣还，但因一战爆发，债票一直未能发行。1937 年中英达成新的浦信铁路借款合同，由借款项下拨付垫款英金 30 万镑，但该借款亦因日本发动全面侵华战争而未能实现，华中公司的垫款未被偿付。[③]

1914 年宁湘铁路垫款。宁湘铁路借款合同于 1914 年由北京政府与中英银公司签订，数额 800 万英镑，与浦信铁路相同，债票发行之前，由中英银公司垫款库平银 200 万两、规元 48.6 万两，用于收赎安徽省铁路与收购株萍铁路及测量等支出。由于债票亦未发行，故此项垫款无法偿还。而南京国民政府时期，1934 年江南铁路公司建造玉萍铁路，中英银公司认

---

① 《道清铁路借款》，《民国历届政府整理外债资料汇编》第 2 卷，第 69—71 页。

② 《清孟铁路借款》，《民国历届政府整理外债资料汇编》第 2 卷，第 74—76 页。

③ 《浦信铁路垫款》，《民国历届政府整理外债资料汇编》第 2 卷，第 711—712 页。

为与其宁湘铁路计划相冲突，要求中方归还垫款，但国民政府铁道部一直以财政困难为由拒绝，并承诺会给出清理方案。[①] 1937 年 4 月 12 日，中英双方达成整理办法，用于收购株萍铁路的库平银 100 万两，整理为国币 200 万元，由浙赣铁路株萍段收入分期偿还，最初 5 年每年还 10 万元，以后 5 年每年还 15 万元，再往后每年 20 万元。如有不敷，则由交通部偿还，其余库平银 100 万两与规元 48.6 万两整理为国币 360 万元，由中英银公司承办之京赣铁路或广梅铁路建造借款内扣还，本金未还以前，按本金之数常年以 1% 付息，原合同作废。全民族抗战爆发后，仅浙赣铁路株萍段收入项下付息 20 万元，其余均未支付。[②]

铁路材料等其他借款方面，到全民族抗战爆发前，国民政府已与多家英商达成整理办法，大部分借款的还本付息持续到 1938 年 7 月，主要中英铁路材料借款偿还的具体情况如表 2-1 所示。

无确实担保借款方面，截至 1936 年底，国民政府共有 11 笔积欠英债，折合国币 22612481.82 元。[③] 主要借款整理情况如下。

马可尼与陆军部合办中华无线电公司垫款。1919 年 5 月北京政府陆军部与英商马可尼公司合办中华无线电公司，由马

---

①　《外交部照会英国驻华公使》（1934 年 11 月 26 日），《外交部档案》，档案号：020-049909-0010，第 159—161 页。

②　《宁湘铁路垫款》，《民国历届政府整理外债资料汇编》第 2 卷，第 713—716 页。

③　《财政部经管无确实担保内外债至 1936 年底结欠本息数目表》（1937 年 1 月），《中华民国史档案资料汇编》第 5 辑第 1 编《财政经济》（3），第 424—426 页。

表 2-1 南京国民政府时期主要中英铁路材料借款的偿还情况

借款名称	原债额	整理时间	已还本数	尚欠本金	尚欠利息	合计
津浦铁路英商南十四家旧欠料款	149135 英镑 14 先令 2 便士；国币 8085195.77 元	1932 年 2 月 15 日	46655 英镑 10 先令 10 便士；国币 242994.91 元	99470 英镑 12 先令 4 便士；国币 5652198.86 元	34067 英镑 14 先令 2 便士	133537 英镑 17 先令 6 便士；国币 815152.27 元
粤汉铁路怡和洋行车辆价款	151785 英镑 15 先令 3 便士	1932 年 8 月	106550 英镑 2 先令 6 便士	45235 英镑 12 先令 9 便士	39639 英镑 8 先令 2 便士	84875 英镑 11 便士
北宁铁路公司车价欠款	32.4 万英镑	1934 年 7 月 26 日	12.24 万英镑	20.16 万英镑	无	20.16 万英镑
平汉铁路麦加利银行透支款	国币 133280.53 元	1935 年 4 月 13 日	9.7 万元	36280.53 元	无	36280.53 元
平汉铁路怡和洋行五金材料欠款	国币 36 万元	1936 年 4 月	34.5 万元	15 万元	无	15 万元
平汉铁路汇丰银行材料欠款透支款	国币 75 万元	1937 年 2 月 13 日	25.5 万元	49.5 万元	无	49.5 万元

资料来源：根据《民国历届政府整理外债资料汇编》第 2 卷的第 640—657 页整理。

可尼公司提供垫款 10 万英镑，年息 8%，1928 年 1 月马可尼公司减资退股，发还本金 7.5 万英镑，尚欠 2.5 万英镑，1936 年 12 月国民政府财政、交通、军政三部会商整理，但因七七事变爆发未能实施，尚欠利息 474148 英镑 16 先令 1 便士。[①]

马可尼公司西北三电台垫款。1918 年北京政府交通部与英商马可尼公司于 1918 年 10 月 9 日签订合同，建造兰州、喀什噶尔、迪化三座电台，由公司垫款 20 万英镑，年息 8%，到 1934 年底结欠本息 476270 英镑 11 先令 1 便士。1935 年 1 月 25 日，国民政府交通部与马可尼公司商定整理办法，积欠利息全部免除，所欠本金分 20 年免利清偿，每月 709 英镑 18 先令，至 1938 年 2 月因战事影响停付，尚欠本金 14.34 万英镑 4 先令 1 便士。[②]

英国国外贸易部银行垫付马可尼库券第五期息款。英国国外贸易部银行于 1921 年 2 月垫付马可尼库券第五期利息，计 2.4 万英镑，该行按年息 10%计算。但中国方面一直不予以承认。中英达成马可尼费克斯借款整理办法后，国民政府也答应整理此款，1937 年 5 月，达成从前欠息每年按 1000 英镑计算，连同本金分十年偿还，不再计息。但因七七事变爆发，该计划未能实施，尚欠本金 23976 英镑。[③]

薛和洋行材料欠款。北京政府交通部于 1922 年 4 月至 1923 年 12 月向英商薛和洋行订购电缆等材料，共计 1.9 万英镑、规

---

① 《马可尼与陆军部合办中华无线电公司垫款》，《民国历届政府整理外债资料汇编》第 2 卷，第 610—611 页。

② 《交通部关于清理建设西北三电台马可尼公司垫款节略》（1941 年 4 月），《民国外债档案史料》第 6 卷，第 560—561 页。

③ 《英国国外贸易部银行垫付马可尼库券第五期息款》，《民国历届政府整理外债资料汇编》第 2 卷，第 622—623 页。

元 4 万两及国币 2.5 万余元，年息 7%，1935 年底前尚欠 2911 英镑 19 先令 10 便士，规元 7069.76 两及国币 19139.98 元，1935 年中英达成整理方案，将上述借款免息付还，1936 年 10 月时规元及银元已偿还完毕，至全民族抗战爆发前，已偿还 1500 英镑，尚欠 1411 英镑 19 先令 10 便士。①

三妙尔公司建筑汉口商场借款垫款。1914 年汉口商场督办公署与伦敦三妙尔公司订借，用于发展汉口商场，借款数额 1000 万英镑，因一战爆发，债票并未发行，但按合同规定，由公司垫借 3 万英镑，折合公砝银 21.3 万两，年息 8%，截至 1925 年共欠本息公砝银 28.968 万两，此借款未能被国民政府整理。②

顺发洋行酒精价款。该款于 1914 年由顺发洋行提供，英商部分提供规元 2370.904 两，截至 1925 年底共欠本息规元 3704.82 两，借款未能被国民政府整理。③

太古怡和轮船公司赔偿运货船只损失国库券截至全民族抗战爆发前积欠本息洋例银 130243.38 元、英印政府代垫遣送中国民兵回国费用款积欠 123369 卢比、英政府代垫中国官民往来英法海峡船价款积欠 932 英镑 8 先令，三妙尔公司安徽省借款积欠规元 3740148.62 两，上述借款亦未被国民政府整理。④

---

① 《交通部拟薛和洋行料欠整理案节略》（1937 年），《民国外债档案史料》第 8 卷，第 363—364 页。

② 《三妙尔公司建筑汉口商场借款垫款》，《民国历届政府整理外债资料汇编》第 2 卷，第 612—613 页。

③ 《顺发洋行酒精价款》，《民国历届政府整理外债资料汇编》第 2 卷，第 614—615 页。

④ 《太古怡和轮船公司赔偿运货船只损失国库券》、《英印政府代垫遣送中国民兵由西藏回国费用款》、《英政府代垫中国官民往来英法海峡船价款》、《三妙尔公司安徽省借款》，《民国历届政府整理外债资料汇编》第 2 卷，第 615—622 页。

小　结

　　1934 年 9 月开始的中英借款交涉是南京国民政府成立后第一次向英国政府寻求大额全局性财政金融借款。[①] 晚清与北京政府时期，英国对华提供的 1898 年英德借款与英德续借款，虽已对清政府缓解因赔款过多而产生的财政困难起了一定作用，但对中国金融货币体系的影响还是间接的，而南京国民政府时期的金融借款，则是直接用于货币发行与内债回收，对政府财政金融的影响更为直接。

　　此时期的中英借款交涉失败的原因在于中英双方出发点不同。中国更加看重借款的财政意义，而英国更加重视借款对其在华权益的影响以及牵涉的政治意义。中方希望缓解国内因白银危机而产生的财政困难、推进币制改革，向英国借款的原因，一是看重英国在国际金融市场上的地位，二是不希望日本主导借款而加剧对华渗透。而英国则首要考虑的是借款对其东亚政策的影响，英国希望通过借款促进海军谈判及企图使日本重返国联等，因而积极邀请日本加入，以达成各国对华借款协议。

　　对中国而言，虽然积极向英方寻求借款，但其政策仍以自身的形势与判断为主导，在未谈成借款的情况下就宣布了币制改革，蒋介石在 1935 年 9 月 30 日就指出不能仅仅指望英国对华借款，还应根据中国财政金融形势尽快实行统一发行公库保

[①] 　1933 年宋子文访英时虽也提出希望英国对华借款，但属于试探性接触，并无详细的计划。

管政策，且"中国之政治经济之生死关头皆在日本"，不能因李滋罗斯访华而刺激日本对华北地区采取新的军事行动。①

对英国而言，对华借款逐步陷入两难局面，通过借款避免中国经济崩溃有助于维护英国在华的投资与经济利益，英国也力图将中国拉入英镑集团，以加强其在华金融地位，而在华英商也不断呼吁英国政府采取更加积极的对华政策，新四国银行团中唯有英国派出了专家赴华考察。但面对日本对借款的坚决反对，英国还是更加受制于英日关系，不希望在对华政策中得罪日本，这与欧洲的局势有关，也与英国在亚洲的实力下降和全球战略安排有关。这种两难集中体现在一线外交官员（贾德干及李滋罗斯）与英国政府的不同意见，中国宣布法币改革后，本为英国将中国拉入英镑集团提供了机会，但因惧怕日本的反对，最终只能选择"撤出借款谈判"，代之以协商旧债问题。

不过，虽然李滋罗斯谈判借款未果，但仍有所推进，在他的积极协调以及国民政府的努力下，津浦与湖广两路旧债整理带动了中英旧债的整理，为中英接下来的新借款谈判打下了基础。

旧债与新债不同，旧债因已在市场发行，对其的处理并不完全由中英两国政府掌控，只能进行框架性的交涉，这需要建立在中方能够完全按照旧合同执行的基础之上。而在国民政府财力不足、难以提供还本付息的全部款项的情况下，英国也转变交涉方式，组织债权人委员会与国民政府直接协商，提高了交涉的效率，最终达成整理办法，也确定了整理原则，其最为

---

① 《蒋中正先生年谱长编》第 4 册，第 695 页。

重视的铁路借款整理问题基本得到解决，财政部经管外债也得到解决，只是无确实担保外债情况不佳，但债权人的损失已较大程度避免。

对于国民政府而言，整理中英旧债有助于减轻财政负担，让其债务结构更加合理，中英旧债的整理及与英国债权人的谈判为国民政府与其他国家旧债的整理提供了参考。旧债的陆续整理有助于中国的债信恢复，也对此时期新的中英借款交涉有积极作用。

第三章　以利攫权：英国对华铁路与金融借款（1936—1937）

　　虽然法币改革前后国民政府向英国寻求金融借款未能成功，但此后中英有关借款的态度与交涉更加积极，双方在借款交涉中也探索出若干此前未有的模式与领域。

　　1936 年下半年起，英国转变对华借款的态度。从 1936 年6 月到 1937 年全民族抗战爆发前，中英共谈成了四笔新铁路借款，分别是 1936 年完成沪杭甬铁路借款 110 万英镑，1936年京赣铁路借款 45 万英镑（另有 45 万英镑由中英庚款提供），1937 年广梅铁路借款 300 万英镑、浦襄铁路借款 400 万英镑，共计 855 万英镑。1937 年 6 月，英国还提出了 1500 万英镑的新铁路借款计划，但未能达成。此外，1937 年中英还进行了2000 万英镑金融借款交涉，就基本条款达成了协议，但因抗战全面爆发而搁浅。

　　英国转变对华借款态度，达成诸多对华新借款，既是为了获利的经济活动，也是维护与扩张其在华利益的重要外交举措。本章拟研究 1936 年年中至 1937 年全民族抗战爆发前中英借款的诸多进展。研究双方的方案出台过程、交涉经过、背后的外交方面考虑等。

第一节 英国转变对华借款的态度

对英国而言，20 世纪 30 年代中期，中英贸易与在华英商面临挑战。德国和日本对华输入产品份额上涨，尤其是此前英商对华输入份额占主导的钢铁、机械、铁路设备等产品，且上述产品占当时英国对华贸易总额近半数。同时，从中国进口的产品如化学品、染料、羊毛等，德国和日本的份额也有所上升。1935 年中国进口贸易总额中，英国份额为 12%，低于德国的 17% 和日本的 15%。[1] 英国在华经济地位受到冲击，在华英商对英国政府的对华经济政策表示不满，希望英国政府能采取更加积极的手段扩大中英贸易。[2]

针对上述情况，李滋罗斯回国后向英国政府提出两个解决办法，一是扩大对华铁路借款，二是为英国对华出口提供信贷。[3]

李滋罗斯建议英国为中国计划新修筑的铁路提供借款，数额可为 1000 万至 1500 万英镑，此类借款周期可延长，并要求国民政府提供关税担保。针对已成为英国对华借款阻碍的新四国银行团，李滋罗斯虽然认为仍可由银行团各国，尤其是日本与英国协商分配对华借款份额，但也意识到新四国银行团并不

---

[1] Mr. Beale to Mr. Eden, September 14, 1936, FO 371/20241, pp. 158-162.

[2] 李滋罗斯在其访华代表团报告中提到，他在华期间曾听到英商抱怨英国驻华大使馆和各地领事馆对商人的支持不足，并不热衷于推动中英贸易。Notes by Sir F. Leith-Ross on His Mission to China, July 23, 1936, FO 371/20218, pp. 138-167.

[3] 李滋罗斯的建议在 1936 年 10 月 14 日提交英国内阁，并提交对日政治经济关系委员会。Cabinet, Committee on Political and Economic Relations with Japan, China, Sir Frederick Leith-Ross's Report on His Financial Mission to China, November 3, 1936, FO 371/20219, pp. 26-29.

受国民政府欢迎。李滋罗斯建议，各国仍在新四国银行团框架内共同提供对华铁路借款，但应取消"公开招标"（Open Tenders）[1] 的原则，由各国自行与中国交涉其感兴趣的铁路借款，或者考虑其他可摆脱新四国银行团限制的方式，[2] 以为英国对华铁路借款扫清障碍。

同时，李滋罗斯建议增加对华提供出口信贷的数额，[3] 并希望英国出口信贷担保局（Exports Credits Guarantee Department）制定专门针对出口中国的信贷计划，降低英商对华贸易的风险。[4] 此外，英国驻上海领事馆商务参赞弼乐向英国政府建议，通过向中国提供建筑材料、机器设备、工业工厂等方面的信贷扩大英国对华贸易。[5]

前文已述，中英旧债达成了协议，也进一步减少了英国对华提供新借款的障碍。综合各方情况可见，英国单独对华借款向前迈了一大步。

第二节　中英完成沪杭甬铁路借款交涉

抗战时期英国对华借款的突破从铁路领域开始。1936 年 6

---

① 新四国银行团规定，在提供对华借款时，各国银行应协商一致，并按照各国认购该银行团资本的比例获得借款份额，同时中国借款购货的订单应向所有国家（非仅提供借款的国家）公开招标。

② Financial mission to China, Recommendations, September 4, 1936, FO 371/20218, pp. 254-271.

③ Notes by Sir F. Leith-Ross on His Mission to China, July 23, 1936, FO 371/20218, pp. 138-167.

④ Financial Mission to China, Recommendations, September 4, 1936, FO 371/20218, pp. 254-271.

⑤ Mr. Beale to Mr. Eden, September 14, 1936, FO 371/20241, pp. 158-162.

月中英达成完成沪杭甬铁路借款，这是抗战时期第一条英商银行提供借款的铁路筑路借款（1933 年完成粤汉铁路借款是通过中英庚款提供的）。借款最初以银元为单位，1936 年时改为英镑，也是抗战时期中英第一笔以英镑为货币的新铁路借款。借款以中外银行合作在上海市场发行铁路债票的方式实现，体现了这一时期中英两国打破新四国银行团对各国对华借款约束的尝试。

完成沪杭甬铁路借款，即提供借款用于修筑此前尚未完成的沪杭甬铁路。沪杭甬铁路是连接上海、杭州、宁波的铁路，初名苏杭甬铁路，1898 年英国向清政府索得津镇、泽襄、浦信、苏杭甬、广九等五条铁路筑路权，当年盛宣怀即与英商怡和洋行在上海签订《苏杭甬铁路草约》，规定仿照沪宁铁路成例，并由怡和洋行安排勘察线路。[1] 随后全国盛倡商办铁路之议，苏浙绅商力争废约自造，并与中英银公司协商取消草约，但该公司不同意，后苏浙两省绅商分别组织公司，经商部奏准，开筑沪杭甬一线的各自省内铁路，英国就此与 1898 年所签草约相违背，提出抗议。经双方协商，解决方案决定如下：由中国自造，除华商资本外，不足之数，向中英银公司筹借，后经邮传部召苏浙两省绅商代表赴北京协商，商定借款名义上为该部所借，再转借给江苏、浙江铁路公司，待这些公司获得余利后再还款。[2] 1908 年 3 月 6 日，清政府与英商中英银公司签订《沪杭甬铁路借款合同》，借款 150 万英镑，年息 5 厘，

---

[1]　宓汝成编《中国近代铁路史资料（1863—1911）》第 2 册，中华书局，1963，第 449 页。

[2]　张竞立：《完成沪杭甬铁路借款之经过》，《铁路杂志》第 4 期，1936 年，第 8—10 页。

期限 30 年，以关内外铁路余利作为担保，该借款的债票于
1908 年发行，但由于该路此前已商办并开筑，因而并未动用
借款。① 1913 年时，沪杭甬铁路江苏段经费不足，加之当时政
府筹议将铁路干线收归国有，政府遂展开将该路赎归国有的谈
判。1914 年 2 月 14 日，江苏铁路公司与北京政府交通部签订
赎回上海枫泾铁路（即沪杭甬铁路江苏段）条款，所有正股
本息由交通部如数归还，换给有期证券，同年 9 月 19 日，沪
杭甬铁路浙江段也被以相同方式收归国有，同时该段已发行的
公债亦由政府负责收回。所有应还之股款，与中英银公司商
定，由借款下拨出，因款项不敷，应拨股款拖欠，尚欠苏路股
息 414252.62 元，浙路 942180.31 元，及浙路已发行公债应付
本息 229843.2 元。② 而沪杭甬铁路已修筑部分为上海至闸口及
宁波至百官两段，钱塘江闸口至曹娥江百官一段约 150 公里的
线路，因经费不足未能修建，该路迟迟未能全线贯通。

　　南京国民政府成立后，修筑沪杭甬铁路再度受到重视。在
1928 年 8 月的全国交通会议上，浙江省政府代表程振钧提出
《完成沪杭甬铁路案》，认为沪杭甬铁路沿线城市经济较为发
达，需要这条铁路便利人员与货物的流通，且有助于增强国民
政府首都南京与东南各省的交通联系。③ 但因资金不足，仍未
能立刻开工。

---

① 《沪杭甬铁路借款合同》（1908 年 3 月 6 日），《民国外债档案史料》第 3
　　卷，第 372—379 页。

② 《赎回上海枫泾铁路议订条款》（1914 年 2 月 14 日）、《收回沪杭甬之浙
　　段路议订条款》（1914 年 9 月 19 日），《民国外债档案史料》第 3 卷，第
　　380—384 页。

③ 程振钧：《全国交通会议专纪 提案摘录：完成沪杭甬铁路案》，《广东建
　　设公报》第 2 期，1928 年，第 136—137 页。

第三章　以利攫权：英国对华铁路与金融借款（1936—1937）

南京国民政府成立之初，因旧债整理尚未取得明显成效，加之前文所述的新四国银行团对英法等西方国家对华借款的限制，寻求筑路外资并不顺利，中英之间仅谈成了 1933 年的完成粤汉铁路借款，但该借款款项由中英庚款董事会拨出，并不是英国银行对华提供的新借款。1933 年，时任财政部部长宋子文出访美欧，寻求英美等国对华借款，并讨论成立中外金融人士共同参加的新组织以代替新四国银行团，但出于避免刺激日本及对中国金融界前景的忧虑，英国方面并未赞同宋子文的提议。回国后，宋子文等在 1934 年 6 月组建中国建设银公司，由孔祥熙担任董事长，宋子文为执行董事，从事中外投资与建设实业。该公司成立后，即与国民政府铁道部及中英银公司协商，组建银行团提供完成沪杭甬铁路的借款。

中英银公司也希望参与完成沪杭甬铁路借款。该公司 1898 年成立后，对华铁路投资较多，参与了京奉铁路、沪宁铁路、沪杭甬铁路、广九铁路、湖广铁路、津浦铁路等借款，但南京国民政府成立后，该公司尚未参与新的铁路借款，故需要寻找机会稳固其在华铁路投资的市场地位。且 1898 年时，作为中英银公司主要股东之一的怡和洋行就曾与清政府签订过修筑沪杭甬铁路的协议。同时，上海附近也是英国在华经济利益较大的区域，据上海英国商会统计，1931 年时英国企业在华投资中，在上海地区投资的数额为 164272504 英镑，占总额 179506649 英镑的 92%，[①] 沪杭甬铁路的全线贯通对英商扩大在华利益亦十分重要。

1934 年 2 月 12 日，中英银公司代表蒲素白向时任军事委员

---

① 雷麦：《外人在华投资》，第 292 页。

会南昌行营秘书长杨永泰表示，中英银公司愿意为江浙一带的铁路修筑提供垫款，如先完成沪杭甬铁路，所需费用在 1000 万元以内，则中英银公司可以提供垫款，倘若完成沪杭甬铁路与兴筑苏嘉（苏州至嘉兴）铁路同时进行，大概所需费用为 1500 万元，则必须发行债券，因而建议先修筑沪杭甬铁路剩余部分，待其运营获利后，辅之以改善运营管理制度，以此作为修筑苏嘉铁路的基础，并进一步提出调整京沪、沪杭甬两路的管理委员会人员与组织章程。① 蒲素白此举，有利于中英银公司扩大在华铁路投资，而其改善铁路管理组织的要求亦有助于节省运营成本，提高运营收入，以充当垫款的偿还基金，偿还拖欠已久的旧铁路借款。蒋介石认为可以先修筑沪杭甬铁路未完成部分，再修筑苏嘉铁路。②

1934 年 6 月，时任国民政府铁道部部长顾孟馀向中英银公司接洽借款，但因中方估算所需费用为 1500 万元有余，即用于清偿 1908 年中英沪杭甬铁路借款中尚未偿还的部分，以及修筑该路尚未完成的部分，此数额超过了中英银公司所能垫付的上限，故双方未能达成一致。③ 同时，交通银行表示可以提供 1000 万元借款以修筑沪杭甬铁路，但不包括偿还旧债，中英银公司继而提出与中国、交通两行共同组建银行团提供完

---

① 《蒲素白致杨永泰函》（1934 年 2 月 12 日），《蒋中正"总统"档案文物》，档案号：002-080200-00147-123，第 5—9 页。

② 《蒋介石批示》（1934 年 2 月 22 日），《蒋中正"总统"档案文物》，档案号：002-080200-00429-154，第 2 页。

③ 《铁道部建设沪杭甬铁道全线》，《汉口市民日报》1934 年 7 月 21 日，第 2 版。

成沪杭甬铁路借款。[1]

而也是在 1934 年 6 月，中国建设银公司成立，该公司的股份在创立之初的 1000 万元股本中，中国银行占 200 万元、交通银行占 150 万元，因而中交两行是该公司的大股东（中央银行亦有股款 150 万元）。[2] 该公司对实业投资兴趣较大，成立伊始即表示希望投资沪杭甬铁路建设。中英银公司对中国建设银公司的成立及活动持较为积极的态度，认为若中外银行界共同参与对华借款将降低外商银行的风险，意味着"铁路和公共设施工程以及其他领域企业应该在中外合作的基础上逐步增加融资的时机已经到来，外国资本在中国的投资将更加安全"，而与其共同参与沪杭甬铁路借款则是"朝着此方向迈出的一步"。[3]

由此，在铁道部的协调下，由中国建设银公司和中英银公司组建银行团，共同承担完成沪杭甬铁路借款。铁道部希望采取此方式的另一个重要原因，在于此有助于探索英国对华借款的新模式，推动英国银行打破新四国银行团对华借款的约束。乔治即认为，该借款为英国参与中国铁路建设融资新起点的标志，因为这将是"根据中国政府与一个由中国和英国各占 50%银行权益的银行团达成的协议在中国发行债票的借款"。[4]

1934 年 7 月初，借款协议框架拟订。对于借款的数额、利

---

① Despatch from Commercial Counsellor, July 11, 1934, FO 371/18079, pp. 31-32.

② 郑会欣：《中国建设银公司股份的演变》，《历史研究》1999 年第 3 期，第 108 页。

③ Mr. Beale to Sir A. Cadogan, June 11, 1934, FO 371/18078, pp. 232-235.

④ Despatch from Commercial Counsellor, July 11, 1934, FO 371/18079, p. 32.

息、用途等商讨较为顺利。各方商定，借款数额为国币 1600 万元，由中国建设银公司与中英银公司各承担一半，还本付息年限 18 年，年息 5.5%，按票面 90.5%实收，债票在上海发行，以银元为货币单位。借款用途为赎回 1908 年沪杭甬铁路借款尚未清偿之余额、提拨最高 80 万元清偿政府积欠苏浙两铁路公司之未偿余额、完成沪杭甬铁路（包括修建钱塘江大桥）修筑，其中钱塘江大桥所需费用一半由银行团承借，另一半由浙江省政府提供。① 据铁道部估算，1908 年沪杭甬铁路尚未清偿数额为 30 万英镑，约合国币 450 万元，建筑费用 750 万元，偿还苏浙铁路公司股息债票数额 80 万元，总额为 1280 万元，而借款可得 1448 万元，余下款项用于购买车辆与铁路材料。②

　　在谈判中存在分歧的是借款担保、购料与管理问题。在担保问题上，中英银公司希望借款以北宁铁路收入的盈余作担保。但顾孟馀坚持以贯通后的沪杭甬本路收入为担保，若不足，则以铁道部基金补充，若仍不足，就以中国政府可支配的资金补充，最后采用此方案。在购料问题上，铁道部拒绝在合同中写明以中英银公司为购买铁路材料的代理商，中英银公司随后提出，在合同之外增加一项换文，规定在质量、价格相同的情况下，由银行团建议以英商代理购料，铁道部与中国建设银公司都接受了此点。而在管理问题上，中英银公司提出以沪宁铁路管理局的总工程师和会计师在沪杭甬铁路管理中担任相

---

① 《中华民国二十三年中国政府完成沪杭甬铁路五厘半借款合同》（1934 年 10 月 6 日），台北"国史馆"藏《国民政府档案》，档案号：001-120022-00001-004，第 9—25 页。藏所下略。

② 《铁道部长顾孟馀提案》（1934 年 10 月 6 日），《国民政府档案》，档案号：001-120022-00001-001，第 9—13 页。

同职务，但中国建设银公司与铁道部反对，最后双方达成妥协，沪宁、沪杭甬铁路仍维持现行联合管理模式，但由中英两方各派人员组成新的管理委员会。①

在上述问题达成协议后，1934 年 10 月 6 日，铁道部与银行团就合同其他细节达成一致并签订草约，当天顾孟馀将完成沪杭甬铁路借款合同谈判情况向国民党中央执行委员会政治会议汇报，中政会第 429 次会议审议通过。② 1934 年 10 月 25 日，国民政府立法院第 3 届第 77 次会议审议后也通过了借款合同。③ 由于 1908 年沪杭甬铁路合同中规定若要提前偿付剩余借款，则需要在下一次付息（即 5 月 30 日）前 6 个月通知，故 1934 年 11 月 29 日，国民政府铁道部与中国建设银公司及中英银公司在南京签订《中华民国二十三年中国政府完成沪杭甬铁路五厘半借款合同》。④

不过，借款合同签订后，白银风潮爆发，上海金融市场动荡，银根紧缩，银行团建议债票延迟到 1935 年 3 月后再行发售，铁道部同意此方案，并与浙江省政府一道积极推动钱塘江大桥动工。⑤

---

① Despatch from Commercial Counsellor, July 11, 1934, FO 371/18079, pp. 32-35.

② 《中国国民党中央执行委员会政治会议致国民政府函》（1934 年 10 月 17 日），《国民政府档案》，档案号：001-120022-00001-001，第 5—8 页。

③ 《立法院呈国民政府》（1934 年 11 月 9 日），《国民政府档案》，档案号：001-120022-00001-004，第 6—8 页。

④ 《中华民国二十三年中国政府完成沪杭甬铁路五厘半借款合同》，《国民政府档案》，档案号：001-120022-00001-004，第 9—23 页。Mr. Howe to Foreign Office, December 1, 1934, FO 371/18079, p. 167.

⑤ 《抄行政院第 1305 号密函》（1935 年 5 月 7 日），《国民政府档案》，档案号：001-120022-00001-009，第 4—7 页。

　　眼见因银根紧缩，借款债票无法发行，1935 年 2 月 4 日，中英银公司致电英国外交部，提出考虑到上海金融市场的危机并未缓解，建议完成沪杭甬铁路借款改发英镑债券，发行地点仍为上海。① 不过，即便是英镑债券，在当时的条件下也难以发行。4 月 17 日，中英银公司再度致电英国外交部，表示中国政府在 1934 年 11 月 30 日发出公告，在 6 个月内偿还 1908 年沪杭甬铁路借款，但在 6 月 1 日前，由于任何一种货币的债票都难以发行，故中方提出由银行团先行垫款，其中中英银公司垫款 262500 英镑，是否可行。② 5 月 2 日，英国财政部表示不会反对中英银公司提供垫款。③

　　在获得英国政府许可后，中英银公司同意提供垫款 22.5 万英镑用作偿还 1908 年沪杭甬铁路借款，而中国建设银公司也同意提供银元 250 万元垫款用于修筑钱塘江大桥。银行团提出，英镑垫款年息 6.5%，国币垫款年息 8%，并要求垫款给 0.5% 佣金，还本付息给 0.25% 佣金。铁道部同意英镑垫款的年息，但以没有先例为由，拒绝提供佣金。银行团则表示现在银根紧缩，若取消佣金，则国币垫款年息要增加为 9%，后铁道部申述财政困难与上海金融市场动荡情形，经双方协商，利率最终定为英镑垫款 6%，国币垫款 8.5%。

　　1935 年 5 月 6 日，铁道部与银行团签订《中华民国廿三年完成沪杭甬铁路五厘半借款之垫款函约》，除上述有关数额

---

①　British and Chinese Corporation（Limited）to Foreign Office, February 4, 1935, FO 371/19239, pp. 16-18.

②　British and Chinese Corporation（Limited）to Foreign Office, April 17, 1935, FO 371/19240, pp. 187-189.

③　Treasury to Foreign Office, May 2, 1935, FO 371/19241, p. 8.

与利息规定之外，还规定银行团将英镑垫款直接交付伦敦汇丰银行，以偿还 1908 年沪杭甬铁路借款未清偿部分，垫款的本息偿付由中国政府担保，以沪杭甬铁路之余利用第一抵押权作担保，在该路每月总收入中提存 20% 作为垫款还本付息之特别准备金，在本垫款本息偿还完毕之前，维持沪杭甬铁路现有管理制度，将来若债票能够发行，则从中偿还垫款，同时将1934 年的完成沪杭甬铁路借款合同展期至 1936 年 5 月 29 日。①

垫款协议签订后，1935 年 5 月 18 日，国民政府以此笔垫款支付了 1908 年沪杭甬铁路借款尚未清偿的部分。② 应当指出的是，国民政府虽然获得了英国的垫款，但此借款仍是银元垫付，且不涉及债票发行，借款模式与此前获得的垫款相差不大，对英争取借款尚未获得实质性突破。

中英在 1936 年达成了完成沪杭甬铁路借款的最终协议。1936 年 1 月，新任铁道部部长张嘉璈通知银行团，表示沪杭甬铁路需要尽快完成，要求于当年 5 月份之前发行完成沪杭甬铁路借款债票。③ 1936 年 3 月，在国民政府与英国债权人商定了整理津浦铁路旧债的方案后，铁道部与银行团开始商定完成沪杭甬铁路债票发行的细节。中英银公司担忧修筑铁路开支浩繁，无法偿还本息，铁道部告知沪杭甬铁路节省开支后每年可得 67.5 万元，全线贯通后每年增加收入 800 万元，足以支付本息，中英银公司方同意提供借款。同时，中英银公司提议，借款的货币修改为英镑，因当时上海金融市场存有相当数量的

① 《中华民国廿三年完成沪杭甬铁路五厘半借款之垫款函约》（1935 年 5 月 6 日），《民国外债档案史料》第 3 卷，第 388—390 页。

② Note from Wai Chiao Pu, July 10, 1935, FO 371/19244, p. 85.

③ 张嘉璈：《中国铁道建设》，第 56—57 页。

外币，而此前湖广铁路债票以英镑债券的形式在上海发行，间接可销往海外，可援引此先例。[①]

同时，在谈判中张嘉璈提出，借款总额可增加 100 万元，用以修筑苏嘉铁路，以将沪杭甬铁路与沪宁铁路连接，由此中国军队可以通过这条铁路运输，而不用通过上海"非武装区"。[②]该路虽然难靠运营收回建设成本，但具有重要的战略意义。中英银公司接受了铁道部建议，增加借款 6 万英镑以修筑苏嘉铁路，进而将总额增至 110 万英镑。日本反对英国为修筑苏嘉铁路提供借款，因为该路有明显的军事战略意义。基于此，中英银公司建议国民政府铁道部放弃此计划，但铁道部不愿放弃，认为虽此时日本对华北地区的渗透较深，但黄河流域及其以南的地区尚未受到日本的严重威胁。而中英银公司考虑到政治风险，拒绝为苏嘉铁路提供借款，最后双方达成妥协，中英银公司名义上增加对钱塘江大桥的承担款 100 万元，比例变为中英银公司承担 70%、浙江省政府承担 30%。另一方面，铁道部可自行支配这一增加的 100 万元，用于修筑苏嘉铁路，但相应的条件是：（1）与浙江省政府达成协议确保协议实施；（2）签订工作合同，沪宁铁路与沪杭甬铁路将共同参与此铁路的管理，铁道部承担相关费用。通过这一方案，中英银公司在苏嘉铁路没有直接经济利益，日本干涉的可能性被降到最低。[③]

1936 年 5 月 8 日，铁道部与银行团就新合同草案达成一

---

① 张嘉璈：《中国铁道建设》，第 56—57 页。

② 1932 年"一·二八"事变后，中日两国于当年 5 月达成协议，上海地区不允许中国军队驻扎。

③ Mr. Hall-Patch to Foreign Office, June 30, 1936, FO 371/20225, pp. 130—141.

致，5 月 11 日，英国财政部同意中英银公司提供英镑借款。[1]
名为《完成沪杭甬铁路六厘金镑借款合同》，借款总额为 110
万英镑，年息 6%，期限为 25 年，按照票面 88% 实收。用途
为：（1）偿还 1935 年 5 月银行团提供的垫款；（2）全数清偿
政府按照 1914 年所订赎路合同旧欠苏、浙铁路公司之未清余
额；（3）完成沪杭甬铁路的修筑，包括建筑钱塘江大桥在内；
（4）建造南星桥支路；（5）支付铁道部所订购之底架价值，
该项价值订明经由中英庚款董事会支付，及关于车身建造之应
需款项。担保为该路的全部收入及钱塘江大桥过路款的 70%，
该路收入半数存入汇丰银行，半数存入中国银行。该路管理委
员会 5 人，1 人为铁道部部长，另有 2 人由铁道部指派，2 人
由银行团指派。[2] 借款合同签订后，铁道部于 1936 年 6 月从此
项借款中提款偿还了 1935 年 5 月银行团的垫款。[3]

完成沪杭甬铁路借款是南京国民政府获得的第一个以英镑
发行债券且不通过庚款担保的新借款，此前汇丰银行尚未参与
过在中国由国民政府发行的英镑借款债券，故此举表明其对中
国债信信心的恢复，也体现了英方与新四国银行团和列强之间
的利益博弈。

实际上，中国方面也提供了对英方较为有利的条件，主要
体现在购料问题上。此前铁道部与中英银公司就曾达成同等条
件下优先由英商代理购料的换文，而后借款则以英镑提供。英

---

[1]　Mr. Hall-Patch to Foreign Office, June 30, 1936, FO 371/20225, pp. 130–141.

[2]　《完成沪杭甬铁路六厘金镑借款合同》（1935 年 5 月 8 日），《民国外债
　　档案史料》第 10 卷，第 339—345 页。

[3]　《铁道部以垫款在借款内拨还复中国建设银公司公函》（1936 年 6 月 18
　　日），《民国外债档案史料》第 10 卷，第 347 页。

国政府严格控制英镑流出，规定公开发行之英镑借款债券必须用于有益于英国实业之事，因而新合同签订后，中英银公司据此致函铁道部，要求涉及完成沪杭甬铁路的车辆材料等应尽先向英国购买，即便有的材料未能在英国购得，也应向英镑区国家购买，铁道部对此表示赞同。[1]

铁道部与银行团最早计划在 1936 年 6 月 10 日公开发行完成沪杭甬铁路借款债券，但 1936 年 6 月初，两广事变爆发，陈济棠、李宗仁等将两广部队改编为中华民国国民革命抗日救国军，开进湖南。政治军事局势的紧张再度引发了上海金融证券市场的动荡，中英银公司希望将债票发行日期推迟到政治局势稳定之后，但铁道部和中国建设银公司均不同意，担心此次新借款合同会再像 1934 年的合同那样长期延迟，对中国政府未来的信贷也不利。经过各方的商讨后，决定继续发行债券，借款章程于 6 月 12 日发布，发行价格为 94 英镑。由于时局不稳，金融市场对此类投资较为谨慎，因而市场反应平平，而发行价格也对销售情况不利，发行当天，善后借款债票价格为 82 英镑，沪宁铁路借款债票价格为 68 英镑。6 月 14 日，基金委员会召开第一次会议，会上张嘉璈表示会继续推动债票发行，其销售情况将会随着市场的日趋稳定与铁路管理的改善而逐步好转。[2]

1936 年 6 月 15 日，铁道部收到全部款项，总计 96.8 万英镑（票面 110 万英镑，以八八折实收，折扣 13.2 万英镑），其

---

[1] 《戴维森为完成沪杭甬铁路借款应向英购料致铁道部长译函》（1936 年 6 月 26 日）、《铁道部为沪杭甬铁路购料事复戴维森函》（1936 年 6 月），《民国外债档案史料》第 10 卷，第 348—349 页。

[2] Mr. Hall-Patch to Foreign Office, June 30, 1936, FO 371/20225, pp. 130—141.

中 382206 镑 11 便士用于清偿前银行团垫款，48125 镑（即 80 万元）用于清偿苏浙两铁路股本与公债。[1] 因英国对英镑信贷的限制，该借款并未用于国内施工。[2]

款项到位后，铁路施工开始。此前钱塘江大桥已于 1935 年 4 月 6 日开始动工修建，到 1937 年 9 月建成，1937 年 11 月，绍兴至曹娥江段建成通车。此时因日军的入侵，杭州地区已告急，沪杭甬铁路已完成的部分对人员物资的运输与转移起到了重要作用。1937 年 12 月 24 日杭州沦陷，钱塘江大桥亦于 12 月 24 日被炸毁，完成沪杭甬铁路借款谈判的主要参与人张嘉璈感叹：“目睹耗若干岁月完成之工程，毁于数分钟间，战争之有害于人群有如此者。”[3] 1938 年后，随着铁路的全线沦陷，完成沪杭甬铁路借款的还本付息遂告停止。

第三节　中英广梅浦襄铁路借款交涉

1936 年中英达成的完成沪杭甬铁路是在中国发行的英镑借款债票，是英国对国民政府借款的初步进展。而 1937 年 7 月底 8 月初，中英先后签订的广梅铁路借款合同（300 万英镑）与浦襄铁路借款（400 万英镑）合同，是英方第一次摆脱新四国银行团，单独在伦敦市场为国民政府公开发行债票的借款。在广梅铁路借款交涉中，中英围绕改组中央银行与盐余担保问题的博弈，也是同时期其他外债交涉案例所未有的。关于

---

[1]　《京沪沪杭甬铁路管理局陈报借款收支情形呈》（1936 年 7 月 14 日），《民国外债档案史料》第 10 卷，第 349—350 页。

[2]　张嘉璈：《中国铁道建设》，第 58 页。

[3]　张嘉璈：《中国铁道建设》，第 58 页。

广梅、浦襄铁路借款案，目前学界较少有专文讨论，仅在部分论著中有所提及，且对交涉情况与所定条件的介绍大多采引自时任国民政府铁道部部长张嘉璈的记述，相关内容更为丰富的英国外交档案尚未被充分利用和对照互证。①

本节拟考察以下问题：中英提出广梅浦襄铁路交涉的背景为何；中英的交涉如何摆脱新四国银行团的束缚；围绕借款条件做出何种交涉，结果如何，对中英关系与外债交涉有何影响。

（一）广梅铁路借款的背景

广梅铁路即广州到梅县的铁路，自石滩经惠阳、老隆、兴宁而至梅县，全长约 460 公里。全民族抗战前夕国民政府向英国提出广梅铁路借款，与加强对广东的控制和推进铁路备战计划有关。

广梅铁路位于广东省境内，广东军阀陈济棠盘踞多年，与南京国民政府中央貌合神离，1936 年 6 月两广事变爆发，7 月 14 日，陈济棠被免职，因"倒陈"有功的余汉谋被任命为广东绥靖主任，7 月 28 日，国民政府行政院决议改组粤省政府，任命黄慕松为广东省政府主席，曾养甫为广州市市长。由此国民政府中央实际控制广东，蒋介石对此表示，"到粤以来，军

①　袁煦筠在介绍张嘉璈日记的史料价值时提到了其有关广梅铁路借款的部分记录，但并未专门研究此案。见袁煦筠《胡佛研究所藏张嘉璈日记手稿本的学术价值》，《史林》2014 年第 1 期，第 169—175 页。郑会欣在梳理孔祥熙 1937 年争取欧美借款时提到了广梅与浦襄铁路的借款。见郑会欣《争取西方的援助：孔祥熙 1937 年欧美之行》，《史学月刊》2011 年第 1 期，第 59—69 页。此外，提到广梅与浦襄铁路借款的部分著作有：宓汝成编《帝国主义与中国铁路（1847—1949）》；金士宣、徐文述《中国铁路发展史：1876—1949》，中国铁道出版社，1986；萨本仁、潘兴明《20 世纪的中英关系》。

事政治，皆能如计处理，颇称顺利，实为从来所未有。"① 张嘉璈也认为："从此广东日与中央意见一致，于增进国际信用，及铁路发展，均有裨助。"②

在两广事变处理完毕后，1936 年 9 月 10 日，蒋介石与铁道部部长张嘉璈一起赴广州，讨论两广善后及广东交通建设事宜，蒋介石首先提出了兴建广州到梅县的铁路。蒋介石对张嘉璈表示，"收拾西南人心，必先自建设始，最要为兴筑铁道，与黄埔开港"。③ 而选择建设广梅铁路原因有二：其一，铁路沿线城市较为发达，有较大经济价值。其二，铁路建成后此路可延展至赣州与潮安，由此与浙赣铁路和潮汕铁路相连，构成粤闽浙赣四省贯通的铁路网络，并最终通过京赣铁路与南京相连，既可进一步加强中央对广东乃至华南地区的控制，又具有战略意义，一旦日本发动全面侵华，封锁中国东部海岸线，则国民政府的政治中心南京与西南各省仍可维持交通。④

在华南地区新修铁路不是两广事变解决后才被提出的，在1935 年 12 月 16 日，北平冀察政务委员会委员长宋哲元未经铁道部同意便任命了北宁和平绥两路局局长。1936 年 1 月初，刚上任铁道部部长的张嘉璈即赴北平与宋哲元等人斡旋此事，后赴张家口、天津、青岛、济南等地考察铁路运行情况，并与日本驻天津武官多田骏等人接触。⑤ 考察后，张嘉璈深切感到

---

① 参见王英俊《日军侵粤前夕的广东军政关系》，《民国档案》2019 年第 2 期，第 122—132 页。
② 姚崧龄编著《张公权先生年谱初稿》，第 146 页。
③ 姚崧龄编著《张公权先生年谱初稿》，第 149 页。
④ 姚崧龄编著《张公权先生年谱初稿》，第 149 页。
⑤ 姚崧龄编著《张公权先生年谱初稿》，第 137—139 页。

必须尽快新筑铁路以稳定抗战大后方。1月底，他向国民政府提议，趁着中日关系尚未全面破裂，"先就华中及西南各省之铁路交通，预为规划"。① 随着铁路公债整理的顺利推进，大规模铁路借款成为可能。1937年2月15日，在国民党五届三中全会工作报告中，蒋介石提出"五年铁道计划"，"于五年中展筑路线8868.7公里，平均每年须筑1774公里"。② 行政院责令铁道部负责制定详细建设计划。3月，张嘉璈正式拟定了"铁路五年计划"，其中计划第四年修筑广梅铁路，作为华南地区铁路网的重要组成部分。一旦日本发动全面侵华并封锁华南海岸线，中央与广东省仍可通过此铁路网保持交通。③

正因为修筑广梅铁路有备战的意图，故国民政府担忧日本可能干涉，这源自中日"二十一条"中提到日本有南昌至潮州间的铁路筑路权，而潮汕铁路又有日商曾提供过借款。④ 故蒋介石与张嘉璈商量后，起初拟组织广东商人为主的华资公司主导广梅铁路的建筑，将此路定为商办性质，铁道部负责协助，所需筑路费用由财政部发行广梅铁路公债2500万元来筹集。铁道部计算后认为发行内债能筹到的资金有限，且仍需外币以在国外购料，故必须向外商借款。考虑到广梅路在广东境内且起自广州，而英商在广九铁路和粤汉铁路都有投资，此前

---

① 张嘉璈：《中国铁道建设》，第66页。

② 《铁道部五届三中全会工作报告》（1937年1月），《中华民国史档案资料汇编》第5辑第1编《财政经济》（9），第91页。

③ 姚崧龄编著《张公权先生年谱初稿》，第166页。

④ 1904年4月14日签订的《爱久泽直哉包筑潮汕铁路合同》与8月30日签订的《包办机器造路一切详细合同》将潮汕铁路的建造与材料采购权交给了日本三五公司。参见广东省地方史志编纂委员会编《广东省志·铁路志》，广东人民出版社，1996，第346页；宓汝成编《中国近代铁路史资料（1863—1911）》第3册，第932—939页。

又有 1936 年中英完成沪杭甬铁路借款的先例，国民政府决定仿照完成沪杭甬铁路的模式向英商汇丰银行寻求英镑借款。[①] 关于是否寻求外债筑路，国民政府内部存在分歧，铁道部政务次长同时兼广州市市长的曾养甫希望仿照成渝铁路模式成立公司商办，由铁道部派人加入该公司以作协助，发行内债筹资，对争取英国的借款兴趣不大。[②]

对英国而言，中国的借款请求正合其意，因为此时英国的在华铁路投资和所占权益正受到日本、德国、法国等国的强烈冲击。

英国是最早对华铁路投资的国家之一，[③] 但随着 1920 年新四国银行团的成立，各国银团对华铁路借款须协同行动，不得单独在本国为中国发行新的铁路债券。实际上各国很难达成一致，特别是日本出于不让中国获得更多借款的目的，多次抗议各国对华铁路借款，再加上中国对新四国银行团的抵制，故新四国银行团建立后英国对华铁路投资进展较受影响。1931 年，英国持有中国政府的铁路债券约 7040 万美元，在日本之后位居第二。[④]

---

① 张嘉璈：《中国铁道建设》，第 56—59、75 页。

② Mr. Hall-Patch to Foreign Office, January 7, 1937, FO 371/20972, p. 16.

③ 中国第一条铁路淞沪铁路便有英国的直接投资。1898 年，怡和洋行与汇丰银行合组中英银公司，目的即是争夺铁路投资与实业借款权利，到 1914 年，在中国政府铁路外债的债权国中，英国持有的债券约占总数的 3/5，几乎 2 倍于法国。参见〔美〕雷麦《外人在华投资》，第 105 页。

④ 在新四国银行成立之前，日本就要求南满及东蒙铁路权益不受新四国银行团管辖，成立后，日本一直在寻求绕开新四国银行团，扩大对东北与华北的铁路投资，如 1921 年四洮铁路借款、1924 年洮昂铁路借款、1925 年吉敦铁路借款及随后的会宁延长线等，由于英法美并未正式承认这些线路为新四国银行团的管辖范围外，日本的做法是不签订正式借款合同而先垫款筑路，正式借款合同到以后才订结。因而日本的对华铁路投资增加较快。参见〔美〕雷麦《外人在华投资》，第 258、392—393 页。

日本的投资主要在中国的东北与华北地区，这并不是英国在华经济利益的核心区域。而德国在长江流域的大量铁路投资却引发英国的担忧，20 世纪 30 年代前中期国民政府与德国在工业军事与经济贸易领域有诸多合作。1934 年至 1936 年，英法美日等国的银行受制于"新银团原则"，对华铁路借款进展缓慢。此时，德国以奥托·沃尔夫公司（Firma Otto Wolff）为核心，相继与中国达成了玉山至南昌、南昌至萍乡及株洲至贵阳三笔铁路借款协议，总价值 5731 万 6000 马克。值得一提的是，1934 年 4 月签订的玉山至南昌铁路协定中的抵押担保规定改变了以往外国对华铁路借款必掠取铁路管理权的做法，时任中国银行总经理张嘉璈认为，这体现了不损害中国主权的情况下吸引其他国家投资的尝试。①

此外，1936 年 8 月，铁道部与比利时银行团签订宝鸡至成都铁路材料借款合同，共借款 4 亿 5000 万比国法郎，12 月，与法国银团订立成渝铁路借款草约，后者提供借款 2750 万元，相比之下，英国除了完成沪杭甬铁路借款之外，仅在 1936 年 12 月 11 日与国民政府达成京赣铁路借款，共计 45 万英镑（另有 45 万英镑通过中英庚款提供）。② 但上述借款毕竟

①　具体规定为：德国沃尔夫公司只参与财务监督，而不参与铁路管理，且中国银团与奥托公司各出 800 万元，分作建设基金和购买铁路器材与技术费，中方亦没有提供抵押品作为担保，而是由中国银团发行 1600 万新铁路债券作为现金借款的抵押。而德国政府对奥托公司投资额的 70% 进行担保。参见〔美〕柯伟林（W. C. Kirby）：《德国与中华民国》，陈谦平等译，江苏人民出版社，2006，第 226—227 页。

②　与广梅铁路不同，中英京赣铁路通过中英庚款委员会借款，而非直接在伦敦市场发行借款债票。故不通过新四国银行团，而中法成渝铁路借款中，中方是以私营公司名义借款而非政府名义，故也不受新四国银行团限制。参见姚崧龄编著《张公权先生年谱初稿》，第 166 页。

数额有限，并不足以缓解英国对其在长江中下游流域的经济利益受损的担忧，故英国也希望增加对华铁路投资。一方面恢复其在中国铁路外债中的地位；另一方面制定符合其利益的铁路借款模式，广梅铁路借款正好给英国提供了这样的契机。[①]

虽然中英都有广梅铁路借款的意愿，但因具体交涉时双方各有考虑，借款谈判也经历了一番波折。

（二）　中英协商规避新四国银行团的阻碍

1937 年 1 月 2 日，张嘉璈与中英银公司代表台维森（Alec L. Davidson）、汇丰银行代表盖士利及已任英国驻华大使馆商务参赞的霍伯器会面，正式提出广梅铁路借款计划。借款总额为 270 万英镑，方案分为五条：（1）发行英金公债 270 万镑，按九折发行，扣除银行经理费及其他手续费用后，可得 230 万镑，分两部分发行，在伦敦市场发行英镑债券 130 万镑，以作为购料之用，在中国香港市场发行港币债券 2500 元至 3000 万元，作为内地建筑费之用；（2）以广东省盐税附加税年约 270 万元为付息基金，不足时由铁道部补足；（3）借款期限为 20 年，5 年后开始还本，共 15 年还清，由广梅铁路运营收入及盐税附加税拨付；（4）广梅路完成后与广九路衔接；（5）设立基金委员会保管基金。[②]

最初中英并没有就借款条件逐条谈判，而是将焦点放在摆脱新四国银行团的限制上。

---

① 中方提出广梅铁路借款后，英方就认为"由于比利时人正在延伸陇海线，德国人正在华中地区站稳脚跟，法国人在九龙站稳了脚跟，因此英国应该建造这条铁路"。Mr. Hall-Patch to Foreign Office, January 7, 1937, FO 371/20972, p. 15.

② 姚崧龄编著《张公权先生年谱初稿》，第 160 页。

前文已述，新四国银行成为英国对华铁路借款的阻碍，而英国早就有将其取消的内部讨论。在 20 世纪 30 年代前期，英国政府内部意见不一，不过，李滋罗斯结束访华回国后建议英政府取消新四国银行团，爱迭斯的态度也发生了转变。1936 年 10 月，爱迭斯与新四国银行团日本代表就银行团框架下对华投资进行协商，英方希望能取消"公开招标"程序，即不再以各国协商一致作为对华铁路借款的先决条件。① 11 月，英国也提出了替代方案，由新四国银行团各国分别投资其感兴趣的一条或多条铁路，可在数额与条件等方面相互协商，但日美法均未同意此方案。②

张嘉璈 1 月 2 日提出在伦敦和香港分别发行广梅铁路借款债券的方案时，并未直接提到如何规避新四国银行团的问题。不过，盖士利很清楚，借款想要顺利达成就必然涉及新四国银行团各成员平等参与的问题，他在 1937 年 1 月 4 日向爱迭斯表示，虽然新四国银行团相关问题没有被提到，但"如果存在困难，相信你会提出建议，以保持大门敞开"。③

而霍伯器则对此问题较为谨慎，在 1 月 2 日与张嘉璈会面之时，他就明确对张嘉璈表示，因为南京国民政府成立后新筑铁路借款尚无在伦敦发行英金公债的先例，在伦敦发行 270 万英镑借款债券有困难，同时，香港作为中国政府公债市场的能力未经检验，为保障后续债券顺利发行，此次发行的公债必须

---

① Suggest Dissolution of the China Consortium, January 25, 1937, FO 371/20994, pp. 12–18.

② Mr. Eden to Sir H. Knatchbull Hugessen, February 23, 1937, *DBFP*, Ser. 2, Vol. 21, pp. 123–124.

③ Sir W. C. Cassels to Sir Charles Addis, January 4, 1937, FO 371/20972, p. 8.

成功。① 他又在 1 月 3 日与 5 日先后与宋子文和曾养甫进行了交谈，但曾养甫依旧对向英国借款兴趣不大，他对霍伯器表示德法等国亦可向国民政府提供修筑广梅铁路的借款，而宋子文则强调现行新四国银行团规则对在伦敦市场发行中国铁路借款债券的阻碍，他也提到了广梅铁路修建与运营需要交给有广东地方背景的公司。②

综合各方情况后，1 月 7 日，霍伯器向英国政府汇报其看法。总体上，他认为由于德国、法国、比利时等国在华铁路投资均有扩大，鉴于此，英国应当对华提供广梅铁路借款。③ 同时，在先后与张嘉璈和曾养甫谈话后，霍伯器发现中方内部存在的分歧，他指明"曾养甫与张嘉璈不合，张嘉璈的铁道部部长的权力正被曾养甫削弱"。即便对张嘉璈的方案有疑虑，但霍伯器还是建议在适当修改后支持此方案以巩固张嘉璈在铁道部的地位，进而为以后英国对华铁路投资打下基础。④

不过，由于南京国民政府成立后新谈成的铁路借款中并无直接在伦敦市场公开发行铁路债券的先例，加之新四国银行团协议的阻碍，在张嘉璈的借款方案提出之时，宋子文就认为在伦敦市场发行借款债券可能性不大。⑤ 而广东地方领导人余汉谋与黄慕松⑥也于 1 月 16 日致电蒋介石，希望以加征本省盐税为基金，发行公债筹措工程经费，由省政府会同铁道部委托中

---

① Mr. Hall-Patch to Foreign Office, January 7, 1937, FO 371/20972, p. 15.

② Mr. Hall-Patch to Foreign Office, January 7, 1937, FO 371/20972, p. 16.

③ Mr. Hall-Patch to Foreign Office, January 7, 1937, FO 371/20972, p. 16.

④ Mr. Hall-Patch to Foreign Office, January 7, 1937, FO 371/20972, p. 16.

⑤ Mr. Hall-Patch to Foreign Office, January 7, 1937, FO 371/20972, p. 15.

⑥ 余汉谋时任广东绥靖公署主任，黄慕松时任广东省政府主席。

国建设银公司，仿成渝铁路办法，组建粤赣铁路公司主持路务，并招商股，官商合办，并表示"此种办法经营不需国币，可分中央南顾忧勤"。[1]

中方对新四国银行团阻碍疑虑重重，英方也比较谨慎。李滋罗斯在 1 月 15 日致电霍伯器，告知英国政府对广梅铁路借款的态度，基于张嘉璈的方案制定的英方条件，原则上可同意借款，并令霍伯器向曾养甫解释英国提供借款的优势。不过，根据新四国银行团的原则，因香港当时在英国殖民统治下，故无法在香港公开发行此债券，而如果在伦敦发行，则银行团的其他成员根据"公开招标"原则均可参与此借款。虽然预计借款数额只占全部铁路建设用款的三分之一，出于经济利益考虑英国推测其他国家可能不会参与，但英国政府也担心，若出于政治原因日本银团决定参加，届时中国政府会不同意。[2]

1 月 18 日，爱迭斯将英国政府的回复电告盖士利，表示可与张嘉璈就借款条件展开谈判，同时，爱迭斯表示，"不要认为新四国银行团的问题是无法解决的"。不过，他显然过于乐观了。同日，盖士利同张嘉璈会面时表示，英国可以提供广梅铁路借款，但按照新四国银行团的原则，必须通知其他各国。[3] 张嘉璈得知此情，便意识到借款需要通知日本，他当场回复盖士利，国民政府无法允许日本参与广梅铁路借款，若新

---

① 《广东省政府为发行广东铁路建设公债与行政院财政部来往电》（1937 年 1 月），《中华民国史档案资料汇编》第 5 辑第 1 编《财政经济》（3），第 227 页。

② Sir F. Leith-Ross to Mr. Hall-Patch, January 15, 1937, FO 371/20972, p. 47.

③ Sir Charles Addis to Sir W. C. Cassels, January 18, 1937, FO 371/20972, p. 37.

四国银行团问题不解决则无法继续谈判。[1]

　　日本的干涉一向是国民政府所抵触的。前文已述，蒋介石在第一次与张嘉璈商议广梅铁路建设的资金来源问题时就已考虑如何规避日本的干涉。而日本确实也对广梅铁路借款感兴趣。1月20日，爱迪斯致电日本横滨正金银行代表，要求日本银团放弃投资广梅铁路借款的权利，同时也对美法两国银团代表提出类似要求。[2] 日本不仅没有同意，反而在1月25日令其驻南京总领事当面询问张嘉璈广梅铁路借款的有关情况，并提出日本可提供资金和技术支持，要求加入广梅铁路借款。[3] 而1月26日曾养甫和宋子文与盖士利及霍伯器会面时，曾养甫再度声明他不支持张嘉璈提出的直接在伦敦发行借款债券的方案，因为国民政府对新四国银行团持抵制态度，同时宋子文也表示，在目前情况下，张嘉璈的方案可行性不大，建议英国以别的方式参与中国建设银公司成立的私营公司以承建铁路。霍伯器则表示英方接受谈判是基于张嘉璈1月2日的方案，在商议其他替代方案前必须先等待此方案的协商结果。[4]

　　此时英国政府对如何摆脱新四国银行团束缚的具体方案存在分歧。[5] 英国决定首先考虑通过技术手段规避新四国银行团的限制。霍伯器提出减少英镑借款额、在广州发行公债或在上

---

[1] 　Mr. Hall-Patch to Foreign Office, January 19, 1937, FO 371/20972, p. 49.

[2] 　Sir Charles Addis to Kano, January 20, 1937, FO 371/20972, p. 67.

[3] 　姚崧龄编著《张公权先生年谱初稿》，第162页。

[4] 　Mr. Hall-Patch to Foreign Office, January 27, 1937, FO 371/20972, p. 86.

[5] 　英国外交部远东司司长奥德与英国外交部远东司代理顾问普拉特即有不同意见，前者认为应当谨慎行事，不应立刻退出，后者则认定银行团的存在对英国在华投资构成严重阻碍，非退不可。Financing for Proposed Canton-Meihsien Railway, January 22-24, 1937, FO 371/20972, pp. 54-65.

海发行英镑公债、将广梅铁路视为广九铁路的支线等方案，但很快被李滋罗斯否决，他在 1 月 28 日要求霍伯器向张嘉璈解释，目前通过新四国银行团程序是在伦敦发行广梅铁路借款债券的唯一方式，而英国也不会同意日本对借款施加的政治条件。[①]

得知英方的态度后，张嘉璈也同意继续谈判，但前提是英方断绝日本的参与。[②] 但 2 月 4 日美法两国银行团代表回复英国，不同意英国单独对华提供广梅铁路借款，日本更在 2 月 9 日令驻广州总领事向曾养甫表示愿意参加广梅铁路借款，并可提供一切所需材料。[③] 2 月 10 日，英国财政部也要求霍伯器转告张嘉璈，目前无法立即在伦敦市场发行借款债票。[④]

事已至此，中英双方只得商讨其他规避方式。2 月 12 日，张嘉璈与霍伯器、盖士利会谈，商讨以何程序规避日本在新四国银行团框架下的参与，张嘉璈要求先不在伦敦发行债票，由汇丰银行先垫付借款，以计划发行的广梅铁路借款债票为抵押，等新四国银行团合同取消后，再公开发行，延迟发行期限为两年。对此汇丰银行表示赞同，但要求中方提供中央层级的普通盐税余款（简称"普通盐余"）以作为担保，张嘉璈表示将会同财政部部长孔祥熙商议此问题。[⑤] 会谈完毕后，汇丰银行致电时任英国外交副大臣贾德干，希望英国政府提供一封

---

① Sir F. Leith-Ross to Mr. Hall-Patch, January 28, 1937, FO 371/20972, p. 51.

② Mr. Hall-Patch to Foreign Office, February 5, 1937, FO 371/20972, pp. 94–96.

③ 姚崧龄编著《张公权先生年谱初稿》，第 164 页。

④ Sir C. W. Orde to Mr. Hall-Patch, February 10, 1937, FO 371/20972, p. 107.

⑤ Minutes of the Interview on February 12, 1937, February 12, 1937, FO 371/20972, p. 259.

确认信，保证借款协议签署后两年内将在伦敦发行英镑债券。不过由于此时解散银行团的谈判尚未有结果，英外交部只能给汇丰银行口头保证。[1]

中英达成英方先垫款后发行债票的处理方案以规避新四国银行团程序，可继续就借款条件展开谈判。但张嘉璈认为，此时正是推动解散新四国银行团的机会，由此可更大规模吸引外国资本参与中国的铁路建设，并彻底断绝日本的干涉。2月17日张嘉璈致电外交部次长陈介，请其转告驻英大使郭泰祺，希望能乘广梅铁路借款谈判之机促使英国解散新四国银行团，清除英国对华投资的障碍。[2] 而英国确实也自2月中旬起与美国和日本交涉解散新四国银行团。在英国的坚持下，日本与美国先后向英国表示同意由其单独承担广梅铁路借款，并同意就新四国银行团合同取消一事进一步交涉。[3] 5月6日，新四国银行团理事会议在伦敦举行，会上虽未达成取消新四国银行团协议，但同意将广梅铁路借款作为例外，由英国单独对华借款，

---

① Sir Alexander Cadogan to Sir F. Leith-Ross, March 3, 1937, FO 371/20972, p. 121-122.

② 《张嘉璈致陈介电》（1937年2月17日），《外交部档案》，档案号：020-041106-0018，第8页。

③ 在美国内部尚在讨论新四国银行团问题时，日本却在2月19日首先表示同意英国单独承担广梅铁路借款，但为了使这一特殊情况尽可能符合银行团的原则，采取英国银行团正式邀请其他国家银行团参加、后者拒绝参加的程序。日本如此快地转变态度是中国和英国都没有想到的，郭泰祺对日本"如此大方"的举动"殊出意外"，爱迭斯则认为日本的同意可能是"他们在河北或察哈尔的铁路提出类似要求的前奏"。Sir Alexander Cadogan to Sir F. Leith-Ross, February 19, 1937, FO 371/20972, p. 120；《驻英大使郭泰祺致外交部电》（1937年3月20日），《外交部档案》，档案号：020-041106-0018，第20页。

并可在伦敦市场发行借款债券。[①] 由此，新四国银行团对中英广梅铁路借款的限制被打破。

（三） 围绕中央银行改组与盐税担保的中英博弈

虽然 1937 年 5 月 6 日新四国银行团理事会议上才正式授权英国单独对华提供广梅铁路借款，但此前中英有关借款条件的谈判就在进行。英国方面的理由是，只有当条件谈妥后才会涉及其他国家银行团是否同意依照此条件参加借款的问题。[②] 2 月 12 日中英达成先垫款后发行公债的程序后，中英继续谈判借款的条件。谈判主要围绕中央银行改组与盐税担保两个问题展开。

英国政府在 1937 年 1 月 15 日最早就广梅铁路借款一事（李滋罗斯给霍伯器的电报）表态时就谈到了这两个问题。英方认为不必分为伦敦和香港两个市场，可全部在伦敦市场发行。在英国当时的规定下，在伦敦发行的借款债券只允许用于加强英镑地区国家的外汇资金或为购买英国商品融资。虽然中国并不严格属于英镑区，但英财政部原则上会考虑批准同时涵盖购买材料与建设成本的借款，前提是中方同意将在英国实际不用于购买材料的英镑收益转移到中央银行的货币储备中，除了维持汇率外不会提取。中央银行收到英镑后，将为当地的建设支出提供相应的法币。英国做出让步后，要求了解中国中央银行的改组何时完成。但关于担保问题，英方要求中央层级的盐余担保，而非粤区盐税附加税。[③]

---

①   Sir Charles Addis to Sir C. W. Orde, May 10, 1937, FO 371/20994, p. 111.

②   Provision of Consortium Agreement, February 5, 1937, FO 371/20994, p. 19.

③   Sir F. Leith-Ross to Mr. Hall-Patch, January 15, 1937, FO 371/20972, p. 47.

英方的安排有其深层考虑。1 月 15 日，爱迪斯向汇丰银行经理格兰朋透露在伦敦市场发行英镑借款债券的"实际效果是让中国成为英镑区的一员"。[1] 就中国中央银行改组的要求而言，英方希望借此加强对中国币制的影响，英国在 1935 年就中国币制改革交涉时就曾明确要求中国改组中央银行，增强其独立性。[2] 虽然英国没能把中国拉入英镑集团，但仍企图控制中国币制，施加更大的影响，推进中央银行改组便是其中重要手段。1935 年国民政府法币改革规定中央、中国、交通三个银行可以发行法币，而英美两国多次向中国提出改组中央银行，使之成为独立的管理法币发行与控制通货机关，以维持法币的币值稳定。1936 年初，孔祥熙即组建包括英美财政顾问在内的专家委员会讨论改组中央银行为中央准备银行的方案，6 月，《中央准备银行法草案》拟订完毕，后送国民党中央政治会议审议，但迟迟没有公布并实施。[3] 而收到李滋罗斯的指示后，霍伯器认为既然要求英镑借款的一部分被用作货币储备，就建议英政府此后所有对华新借款都应以完成中央准备银行的组建为条件。[4]

---

① Sir Charles Addis to V. M. Grayburn, January 15, 1937, FO 371/20972, p. 36.

② 英国最早介入中国的法币改革，并派李滋罗斯来华商议法币改革相关问题，英国提出的方案是：中国放弃银本位，发行可兑现外币但不可兑换银元的纸币，由中央银行专门负责发行纸币，中国只有以英镑为其币制的基础，英国才可提供借款援助，纸币与英镑的汇率不超过 1 元等于 1 先令 2.5 便士，在实施币制改革之前，英国可提供一笔借款作为外汇储备，但中国应当提供足够的担保，并改组中央银行，控制借款只用于币制改革、改革预算等。在币制改革方案宣布的初期，英国也积极交涉，但后来因美国与日本的反对，英国既没能如期对华借款，也没能把中国拉入英镑集团。参见吴景平《英国与 1935 年的中国币制改革》，《历史研究》1988 年第 6 期。

③ 洪葭管主编《中央银行史料（1928.11—1949.5）》上卷，第 250—253 页。

④ Mr. Hall-Patch to Foreign Office, January 21, 1937, FO 371/20945, p. 66.

就盐余担保而言，前文已述，德国在 1934 年对华铁路借款中就采用了对中方较为有利的担保方案，英国自然不希望沿用德国所定的担保模式，而希望确立对英国较为有利的担保方案。此外，1936 年下半年以来，孔祥熙对中国的盐务部门进行改革，一直有解雇盐务稽核所外国人员的想法，令英国非常担忧，故英国希望通过盐税担保，维持对中国盐务管理系统的控制。①

不过，此后中方主要关注于绕开新四国银行以防日本的干涉，并没有立刻回应。在 2 月 12 日中英达成规避新四国银行团原则的方案后，2 月 22 日，张嘉璈与余汉谋也就以外债筹集资金修筑广梅铁路的筹款方法达成一致。② 由此中英关于改组中央银行与盐余担保的谈判继续进行。

关于中央银行改组问题，英方态度很快发生转变。这个问题之前英方就关注过，1937 年 2 月 23 日，霍伯器向英国外交部与财政部表示，如果国民政府实行通货膨胀政策，并无法改组中央银行，那么一切对华借款谈判应当立即中止。③ 但关于此问题，英国政府和远在中国的霍伯器产生了分歧，李滋罗斯和奥德商讨后达成一致，认为中央银行改组涉及很多问题，长期拖延会使汇丰银行此前的努力付诸东流，也不利于英国接下来的对华投资。3 月 3 日，英外交部致电霍伯器，表示"任何强加给中国人可能认为是附加条件的东西，来换取这笔相对

---

① Sir Charles Addis to Mr. O. J. Barnes, October 30, 1936, FO 371/20973, p. 36.

② 《张嘉璈日记》手稿本，1937 年 2 月 22 日，美国斯坦福大学胡佛研究所藏张嘉璈档案，第 16 盒。下略藏所。

③ Mr. Hall-Patch to Foreign Office, February 23, 1937, FO 371/20945, p. 112. 1935 年国民政府法币改革后，发行权集中在中央、中国、交通三个银行，后加入中国农民银行，中央银行改组为中央准备银行的计划，是为了健全中央银行制度，集中发行准备，防止纸币的滥发而导致恶性通货膨胀。

较小的借款，是弊大于利的；是否以及以何种方式将借款谈判与中央银行改组的进展联系起来是由银行决定的"，言外之意即是不要再把广梅铁路借款与中央银行改组联系起来谈。[①] 但霍伯器却不同意外交部的观点。3月8日，霍伯器回电，坚持汇丰银行在谈判时应加上中央银行改组这一条。[②] 3月16日，英国财政部再电霍伯器，表示中央银行改组问题不应与借款谈判具体挂钩。李滋罗斯3月20日也给霍伯器发电文，明确表示借款的前提是英镑收益（或从收益中偿还的垫款）用来加强中央银行的储备，而不需要中央银行完成改组。[③] 英方最终同意不把中央银行改组与广梅铁路借款挂钩交涉。

但关于盐余担保，英方却不愿意让步。中英谈判之初，虽然张嘉璈1月2日的借款方案中提到可将粤区盐税附加税做担保，但实际上孔祥熙就没有明确同意盐税作为广梅铁路借款的担保，而南京国民政府成立后的新借铁路外债中也没有盐余担保的先例。[④] 不过英方始终坚持以盐税作担保。3月1日，盖

---

① Foreign Office to Mr. Hall-Patch, March 3, 1937, FO 371/20945, p. 126.

② Mr. Hall-Patch to Foreign Office, March 8, 1937, FO 371/20972, p. 178.

③ Sir F. Leith-Ross to Mr. Hall-Patch, March 20, 1937, FO 371/20972, p. 199.

④ 1937年1月7日曾养甫与霍伯器会面时，告知孔祥熙在盐税担保上向他曾做了一些口头保证，而他则把这一点作为正式承诺转达了张嘉璈，故张嘉璈在1月2日的方案中才提到以粤省盐税附加税担保付息，但孔祥熙并不愿意提供正式的书面保证。因而曾养甫询问霍伯器可否改由其他财政收入担保，但被拒绝。即便不借外债筑路，而是依靠国内发行公债的方案，孔祥熙也不同意广东方面在1937年1月16日提出的直接加征盐税的办法，而是换成由广东省加大盐务缉私力度，使全年征收的盐税超过财政部的预期，并将此部分以补助费的名义拨付广东省，以作为公债发行基金。Mr. Hall-Patch to Foreign Office, January 7, 1937, FO 371/20972, p. 16;《广东省政府为发行广东铁路建设公债与行政院财政部来往电》（1937年1月），《中华民国史档案资料汇编》第5辑第1编财政经济（3），第227—228页。

士利与张嘉璈会面，直接要求将广东省盐税附加税担保改为普通盐余作担保，而在当天早些时间，张嘉璈已经与财政部次长徐堪商定，认为若用广东盐税附加税作担保则投资者不愿意，而用普通盐余作担保则财政部有所不便，故改为"粤区所征盐税项下提拨经济建设专款部分作为基金，令盐务稽核总局依照还本付息表之规定按期照拨"，张嘉璈遂以此回复盖士利，并拒绝改为普通盐余担保。① 3 月 3 日，张嘉璈与孔祥熙会面，鉴于广梅铁路借款部分收益可充作外汇基金，对法币有利，孔祥熙同意借款担保中大致可表述为"增收盐税"，不作"附税"或"普通盐余收入"，实际上同意了盐税担保。② 得到孔祥熙的同意后，3 月 8 日，张嘉璈与盖士利再谈，张嘉璈允诺，垫款两年后发行债票，每年担保利息数目无论多少，如有不足则由政府补足之。③ 但盖士利仍不满意，在 3 月 12 日与张嘉璈的谈话中，他仍希望写明"若粤区盐税附加税不足，则由盐务署补足之"。④

3 月 20 日，驻英大使郭泰祺将美日同意英国单独承担广梅铁路借款的情况汇报外交部，外交部立刻转给财政、铁道两部。⑤

得到此消息后，3 月 22 日，张嘉璈再度会晤盖士利，就借款的条件展开全面谈判。综合此前中英双方对改组中央银行和盐余担保的态度，会后双方达成一致。与 1 月 2 日的方案相

① 《张嘉璈日记》手稿本，1937 年 3 月 1 日。
② 《张嘉璈日记》手稿本，1937 年 3 月 3 日。
③ 《张嘉璈日记》手稿本，1937 年 3 月 8 日。
④ 《张嘉璈日记》手稿本，1937 年 3 月 12 日。
⑤ 《驻英大使郭泰祺致外交部电》（1937 年 3 月 20 日），《外交部档案》，档案号：020-041106-0018，第 20 页。

比，借款总额由 270 万英镑改成了 300 万英镑，由伦敦、香港两地发行改为全部在伦敦发行，期限由 15 年变为 30 年。就借款用途而言，100 万英镑于英国购料，剩余 200 万英镑存入中央银行作为外汇基金，由中央银行支付相应法币作为建筑用款。就盐税担保而言，建筑期内利息由盐余项下支付，完成后由铁路收入项下支付；5 年后开始还本，由铁路收入项下拨付，不足时由盐税收入余款拨付本借款利息后补足之。①

为确保会上达成的盐余担保能得到孔祥熙的同意，张嘉璈于 3 月 27 日派铁道部常务次长曾镕甫赴上海，当面与孔祥熙协商，请其务必允以盐税担保利息。② 同日，霍伯器也与孔祥熙会谈，孔祥熙告知财政部有更大的借债计划，而霍伯器表示广梅铁路借款和孔的借款计划并不冲突，如果同时谈成更大的借款，广梅铁路的盐税担保可以并入其中。③ 由此，孔祥熙还是做出了一定的妥协，财政部在 27 日当天致电铁道部，同意付息基金在粤区盐税增收项下提拨建设专款部分充之，如有不敷，由财政部如数拨补足额。④ 3 月 31 日，霍伯器致电孔祥熙，告知不用于购买铁路材料的英镑收益用作中央银行外汇储备，并发行等值法币的方案，4 月 1 日，孔祥熙回复表示同意，并出具书面证明。⑤ 4 月 7 日，国民党中政会正式通过广

---

① 姚崧龄编著《张公权先生年谱初稿》，第 167 页。

② 《张嘉璈日记》手稿本，1937 年 3 月 27 日。

③ Minutes of the Conversation between H. H. Kung and Mr. Hall-Patch, March 27, 1937, FO 371/20973, pp. 197-198.

④ 《财政部为同意担任偿付广东铁路建设公债利息等致铁道部公函稿》（1937 年 3 月 27 日），《中华民国史档案资料汇编》第 5 辑第 1 编《财政经济》（3），第 229—230 页。

⑤ H. H. Kung to Mr. Hall-Patch, April 1, 1937, FO 371/20973, p. 262.

梅铁路公债。[①] 4 月 9 日，张嘉璈请汇丰银行代表盖士利拟订借款合同。[②]

不过很快，盐余担保再生波折，1937 年 3 月 31 日，财政部要求各区盐税项下另征收盐税附加税作为经济建设专款，以五年为期。[③] 故张嘉璈主张借款付息基金中若粤省所增盐税不敷，可提经济建设专款之盐税附加补足。[④] 4 月 20 日，在得知这一情况后，正在草拟合同的盖士利询问张嘉璈，经济建设专款五年到期后如何办理付息。张嘉璈与时任财政部次长徐堪商议后，决定在合同中加入"如不足时由盐税余款下补足之"。[⑤] 实际上同意中央层级的盐余担保。

谈判看似进展顺利，5 月初广梅铁路借款合同草案就被寄往伦敦。[⑥] 但因盐余担保问题再生波折，合同迟迟无法签字，谈判一度陷入僵局。

1937 年 5 月 1 日，国民政府立法院通过并颁布《民国二十六年广东省铁路建设公债条例》，按照中英 2 月 12 日达成的协议，该公债并没有在证券市场公开发行，而是准备交给汇丰银行作为广梅铁路借款提前垫款的抵押。但条例第 7 条规定："本公债付息基金，由财政部在粤区增收盐税项下提拨建设事业专款部分充之，如有不敷，由财政部如数拨补足额。其还本

---

① 《张嘉璈日记》手稿本，1937 年 4 月 7 日。

② 《张嘉璈日记》手稿本，1937 年 4 月 9 日。

③ 《1937 年在盐税项下加征所谓建设专款》，南开大学经济研究所经济史研究室编《中国近代盐务史资料选辑》第 2 卷，南开大学出版社，1991，第 232 页。

④ Mr. Hall-Patch to Foreign Office, April 19, 1937, FO 371/20973, p. 234.

⑤ 《张嘉璈日记》手稿本，1937 年 4 月 20 日。

⑥ 张嘉璈：《中国铁道建设》，第 78 页。

基金，由铁道部在广梅铁路营业进款项下拨充之，如有不敷，由铁道部如数拨补足额。"[1] 之前张嘉璈承诺加入的盐余补足一条被删去，主要原因在于孔祥熙反对。

孔祥熙在 1937 年 4 月 6 日出发赴英国，他拟订了庞大的借债计划，仅对英国就借债 1 亿英镑（后改为 2000 万英镑），意图以低息外债偿还高息内债，如此每年即可节省大约 8000 万元的利息。而如此庞大的借款必然要以关税和盐税作担保，故要统一安排盐税担保。[2] 他不希望因举借新债而打破盐税征收体系，甚至影响其通盘整理内外债的计划，他要求在公债条例中用"增收"盐税而非"附加"。[3]

5 月 3 日，在得知已公布的公债条例中没有加入中央层级的盐余担保后，英方立刻与中方交涉。霍伯器与张嘉璈商讨解决方案，提出希望"建立一个由外国人领导或控制的征收所得税和统税的税收机关，或设立名义上由海关控制并雇佣外国

---

① 《民国二十六年广东省铁路建设公债条例》（1937 年 5 月 1 日），《中华民国史档案资料汇编》第 5 辑第 1 编《财政经济》（3），第 232 页。

② The Ambassador in France（Bullitt）to the Secretary of State, June 3, 1937, *FRUS, 1937, The Far East*, Vol. 4, pp. 603 - 605. 当时国民政府共有 15 笔尚未偿还完并需要以盐税为担保的借款，可分为三类，第一类是旧合同关系的借款，分别是 1898 年英德借款、1901 年庚子赔款、1908 年英法借款、1911 年湖广铁路借款、1912 年克里浦斯借款、1913 年善后大借款、1922 年九六公债、1923 年青岛盐田库券；第二类是南京国民政府成立后旧债整理的借款，分别是 1936 年整理后的 1921 年威克斯借款与 1921 年马可尼借款，1937 年整理后的 1919 年芝加哥借款与 1919 年太平洋拓业公司借款；第三类是国民政府所借的款项，分别是 1934 年中德玉萍铁路借款、1935 年四川善后公债、1936 年四川善后公债。孔祥熙在签订广梅铁路借款合同时向英方提供了相关资料。参见《民国外债档案史料》第 2 卷，第 47—69、324—325 页；Canton-Meihsien Railway Construction Loan, July 30, 1937, FO 676/284.

③ 张嘉璈：《中国铁道建设》，第 77 页。

人的税务机关",① 张嘉璈对此不置可否。5月9日,盖士利再度向张嘉璈要求,粤区增收盐税项下提拨建设事业专款不足时,由财政部补足,改为由"普通盐税余款补足之",否则不予签字。② 5月12日,张嘉璈电告在伦敦的孔祥熙,请求其同意加入普通盐余担保。③ 孔祥熙长时间没有回复,5月26日,张嘉璈再电催孔祥熙请求尽快同意签订借款合同。④ 5月29日,孔祥熙回复张嘉璈,表示"铁路借款英欲正式以关盐担保,此事关整个问题,似不宜枝节处理",仍旧不同意以普通盐余担保付息。⑤ 5月31日,孔祥熙致电蒋介石,表示不可因广梅铁路借款而开整个盐税担保铁路借款之先例。⑥

中方迟迟不能签字,加之此前沪宁铁路借款没能按期还本,英方产生了不信任,英国报纸也指责中国财政不健全及铁路信用之系于政治情形。⑦ 且广梅铁路借款在新四国银行团之外进行,英政府不愿就伦敦发行英金公债出具书面确认,汇丰银行提前垫款也需要稳定的确实担保以降低风险。6月5日,盖士利对张嘉璈表示,汇丰银行不再仅要求以盐余担保付息,还要求

---

① Conservation between Mr. Hall-Patch and Chang Kia-ngau, May 3, 1937, FO 371/20973, p. 251.
② 《张嘉璈日记》手稿本,1937年5月9日。
③ 《张嘉璈致孔祥熙电》(1937年5月12日),《1937年孔祥熙出访欧美期间与国内各方往来电文选》,《民国档案》1992年第1期,第24页。
④ 《张嘉璈日记》手稿本,1937年5月26日。
⑤ 《孔祥熙致张嘉璈电》(1937年5月29日),《1937年孔祥熙出访欧美期间与国内各方往来电文选》,《民国档案》1992年第1期,第25页。
⑥ 《孔祥熙致蒋介石电》(1937年5月31日),《蒋中正"总统"档案文物》,档案号:002-090103-00012-184,第1页。
⑦ 《张嘉璈日记》手稿本,1937年6月5日。

以盐余为担保偿还本息。[①] 张嘉璈得知后十分焦急，一面对盖士利保证，蒋介石已经电催孔祥熙，广梅铁路合同会尽快签字;[②] 一面致电孔祥熙，仍希望按之前的条件，表示可以同意以盐税担保付息，但"至（还）本则无论如何必须以铁路收入为担保，否则一经开例，其他合同必将无法办理矣"。[③] 但英方坚持不让步，6 月 18 日，孔祥熙电告张嘉璈，借款交涉因英国对铁道担保不信任，要求加盐税担保本息而搁置，谈判陷入僵局。[④]

　　眼见辛苦谈来的借款合同面临胎死腹中的危险，更担心由此其他铁路项目不能顺利筹到款而影响"铁路五年计划"，张嘉璈决定采取策略推动合同签字。

　　张嘉璈明白，此时再去劝说孔祥熙毫无意义，因而考虑通过蒋介石促使孔祥熙同意。但若直接去找蒋介石，一则口说无凭，二则此前蒋介石已经催过孔祥熙一次，必须找到更合适的理由。张嘉璈决定利用英国方面的强硬态度。6 月 21 日，张嘉璈同时致电李滋罗斯和爱迭斯，一改之前的说法，表示目前谈判停滞，希望取消盐税余款担保，相信铁路收益，由于此前张嘉璈一直答应盖士利尽快推动孔祥熙同意借款，故此时张嘉璈的态度转变令英国方面颇为意外，6 月 22 日，李滋罗斯回电明确拒绝，爱迭斯也致电张嘉璈表示本息担保中必须加入盐税余款。[⑤] 英方甚至认为，取消盐税担保的想法其实来源于张

---

① 《张嘉璈日记》手稿本，1937 年 6 月 5 日。

② 《张嘉璈日记》手稿本，1937 年 6 月 12 日。

③ 《张嘉璈致孔祥熙电》（1937 年 6 月 16 日），《1937 年孔祥熙出访欧美期间与国内各方往来电文选》，《民国档案》1992 年第 1 期，第 26 页。

④ 《孔祥熙致张嘉璈电》（1937 年 6 月 18 日），《1937 年孔祥熙出访欧美期间与国内各方往来电文选》，《民国档案》1992 年第 1 期，第 26 页。

⑤ Sir Frederick Leith-Ross's Reply, June 22, 1937, FO 371/20973, p. 181.

嘉璈，而非孔祥熙。①

英方的激烈回应正中张嘉璈之计，7月6日，张嘉璈借与蒋介石当面讨论铁路建设问题的机会，请蒋电孔祥熙令其同意签订修改后的广梅铁路借款合同，并将英国的强硬态度告知，蒋介石当即应允。② 7月7日，蒋介石致电孔祥熙令其签订广梅铁路合同。③ 当日，卢沟桥事变爆发，局势骤然紧张，即便合同签订，广梅铁路借款债券能否顺利发行又成为问题。7月20日，孔祥熙向蒋介石表示，希望先发行广梅铁路债券，由国内各界尽量认购，以壮声势。④

应当说，单纯从策略的角度来讲，张嘉璈的争取方式相当"巧妙"。⑤ 但这引发了孔祥熙的强烈不满，7月10日，孔祥熙致电蒋介石，表示同意签订借款合同，但仍力陈盐余担保本息的弊病。⑥ 同时，孔祥熙也在电文中指责张嘉璈，由于他的行为，伦敦市场今后对所有铁路借款的本金和利息都提出要有盐税担保，这严重打乱了他的借款计划，若能让他在不受干涉的情况下谈判，伦敦就不会坚持把盐税作为本金担保。⑦

---

① Treasury to Mr. Hall-Patch, June 28, 1937, FO 371/20973, p. 194.
② 《张嘉璈日记》手稿本，1937年7月6日。
③ 《孔祥熙致蒋介石电》（1937年7月10日），《蒋中正"总统"档案文物》，档案号：002-090103-00011-030，第1页。
④ 《孔祥熙致蒋介石电》（1937年7月20日），《蒋中正"总统"档案文物》，档案号：002-090105-00002-367，第1页。
⑤ 事后，张嘉璈也主动向霍伯器表示，他6月21日的电报中突然反转的态度就是为了引发英方的激烈反对，并借此说服蒋介石，让蒋介石迫使孔祥熙同意以盐余担保本息。Mr. Hall-Patch to Foreign Office, July 19, 1937, FO 371/20973, p. 86.
⑥ 《孔祥熙致蒋介石电》（1937年7月10日），《蒋中正"总统"档案文物》，档案号：002-090103-00011-030，第1页。
⑦ Mr. Hall-Patch to Foreign Office, July 19, 1937, FO 371/20973, p. 86.

7月30日，国民政府财政部部长孔祥熙、铁道部常务次长曾镕甫与中英银公司代表培诺（Bernard）、中国建设银公司代表李德熿一同在伦敦签订英文广梅铁路借款合同。[①] 但因战事扩大，原定在华签订的中文合同一直没有签订。[②]

经过7个月的谈判，最终达成的借款条件与1月2日张嘉璈的方案相比有多处不同，与3月22日张嘉璈与盖士利商议的条款基本相同。实际上英方的全部要求在最终的合同中基本得以体现。英文合同与张嘉璈所记述的合同内容相差不大，但英文版更加细致。[③] 英文合同共25条，借款期限30年，数额为300万英镑，年息5%。就借款用途而言，合同第13条规定，中国境内支出的借款收益存到中国的中央银行，由发行准备委员会负责，只能用于维护法币的稳定。中国中央银行收到英镑后，将提供等值的法币作为中国的支出费用。就担保方式而言，合同第3条规定，在铁路建设期间，利息由从中国中央政府的盐业收入盈余中支付，而铁路建设完成后的利息应首先从铁路收入中支付，若不足，则差额应从中国中央政府的盐业收入的上述盈余起于该日期支付。第4条规定，五年后开始还本，本金的偿还应首先从铁路收入中支付，若不足，则应以普通盐余补足，盐税优先用于付息，其次用于还本。[④]

---

① 张嘉璈：《中国铁道建设》，第78页。

② 《交通部公函》（1939年10月9日），《外交部档案》，档案号：020-041106-0017，第5页。

③ 张嘉璈所记述的合同内容，参见张嘉璈《中国铁道建设》，第78—79页。

④ Canton-Meihsien Railway Construction Loan, July 30, 1937, FO 676/284. 英国外交档案中的英文广梅铁路借款合同与台北"国史馆"所藏《外交部档案》中的《广梅浦褒铁路借款发行债券展期》案卷里所附的英文广梅铁路借款合同内容一致。

　　合同第 20 条规定，铁路的建设和控制将属于中国政府，但中国政府可以在中英银公司和中国建设银公司同意的情况下，将铁路的建设和运营委托给它认为合适的中国公司。这一定程度上保留了国民政府对铁路的控制权。但同时，该合同也像此前以盐税担保的诸多借款合同（如 1896 年英德借款）一样，其第 5 条规定"不得筹集或创建任何优先于该借款或与该借款平等的借款或抵押，或以任何方式削弱或损害其对中国政府普通盐余的担保"，合同也附上了国民政府当时所有盐税担保借款情况。这明显不符合孔祥熙所希望的整合盐税担保的计划，但合同中为之后的借款整合也留下一定的空间，其第 22 条规定"如在借款发放前，中国政府希望将该借款与其他用于铁路建设或其他经济目的的借款合并，应与本协议的其他各方接洽，征得它们的正式同意和批准后，对本协议进行相应的修改和修订。"①

　　有意思的是，这笔孔祥熙本来极力反对的借款，却成了后人评价他访英之行的主要成果之一。在合同签字后，孔祥熙就立刻要求中国建设银公司和汇丰银行尽快处理借款事宜，在宋子文看来，"如果孔祥熙不想丢脸的话，他显然必须在回国之前获得某种借款"。②

---

①　Canton-Meihsien Railway Construction Loan, July 30, 1937, FO 676/284. 同时合同规定，如果自借款之日起 6 年后的任何时候，中国政府希望赎回全部未偿还的借款或按照第二附表尚未到期的借款的任何部分，可以在第 10 年以前以债券面值 4% 的溢价赎回，在第 10 年以后，可以在第 16 年以前以债券面值 2.5% 的溢价赎回。在第 16 年之后，无须支付溢价，但在每次额外赎回的情况下，中国政府应提前 6 个月向公司发出书面通知，该等赎回应通过在普通提款日对债券进行额外提款的方式生效。

②　Mr. Hall-Patch to Foreign Office, July 23, 1937, FO 371/20973, p. 86.

英文合同签订后，中国建设银公司主导下建立了广东铁路股份有限公司，开始全面推进广梅铁路建设，8月初正式开工，但随后由于抗战局势紧急，债票并未发行，9月初筑路工程也被迫停止。[①] 合同规定债券发行期限不得逾两年，[②] 到期后，国民政府交通部会同财政部向行政院申请展期两年，行政院于1939年9月29日开会通过。[③]

中英广梅铁路借款谈判是在国民政府努力整理铁路外债、恢复债务信用、西方国家考虑扩大对中国投资以掠取和占有更多相关权益的大背景下进行的，其借款数额无法与粤汉铁路、津浦铁路等相比，债票也因战事全面爆发没有发行，故后人对它并不重视。广梅铁路借款为南京国民政府成立后的"第一次借贷高潮"，其谈判却是一波三折，原因在于中英各有所图，双方既有共同的利益诉求，也有激烈的冲突。

广梅铁路借款能够谈成，借款债票获准在伦敦市场上公开发行，这体现了英国金融市场对中国借款的信心，与国民政府整理旧债而恢复的债信有关，不过，这种信心是有限度的，实际上虽然整理后的旧铁路债票在伦敦市场价格攀升，但在谈新

---

① 《广梅铁路停止建筑》，《国际劳工通讯》第4卷第11期，1937年，第98页。

② 合同第15条规定：如果在发行借款的招股说明书公布前发生了任何政治或经济危机，中国政府股票的市场和价格受到影响，以致公司认为无法按本协议中所述条款成功发行借款，则公司可获准进一步延长期限，但不得超过本协议签订之日起两年的时间，以履行其合同。与此同时，公司可以采取措施，根据不时商定的协议，提供分期偿还借款等初步垫付款项。如果在此期限内借款未获批准，则本合同将失效，公司的任何预付款将立即到期，并将从上述中国政府盐业收入的盈余中偿还，每次注销应计利息为6%，不包括任何其他补偿或报酬。

③ 《广梅浦襄铁路发行债券展期》（1939年10月9日），《外交部档案》，档案号：020-041106-0017，第5页。

借款时英国仍不相信中国的铁路债信（事实上此前沪宁铁路也确实无法还本），仍坚持要求盐税担保本息。借款最终能够达成，主要还是政治因素的推动，出于国民政府备战计划的需要和形势恶化的逼迫。时任英国驻华大使许阁森（H. Knatch-bull Hugessen）就判断"建造（广梅铁路）的动机似乎主要是政治上的"。[1] 而蒋介石考虑广梅铁路借款时也是从中英关系角度出发，"盖倭寇未击破以前之期，非与英国澈底合作不可，而且非有相当之权益与将来之希望引之，英必不愿与我国诚意合作也，故在此十年之内，国防设备与对外局势未能独立自主以前，惟有以相当利益与将来希望，引英与我澈底合作，以安其心。"[2] 这也解释了他为什么同意用盐税担保广梅铁路借款本息。张嘉璈也认为，广梅铁路借款的谈成是"外交上之一大转变"。[3]

关于盐税担保的分歧体现了国民政府行政院下各部门的不协调，孔祥熙一再要求张嘉璈耐心等待其对英庞大的借款计划的谈判结果，[4] 银行家出身的张嘉璈自然也明白普通盐余担保对外债的负面影响，[5] 但一方面为了"铁路五年计划"的完成，另一方面也希望借此解散新四国银行团与推进整个铁路信

---

[1] Sir H. Knatchbull Hugessen to Foreign Office, January 14, 1937, FO 371/20972, p. 25.

[2] 《蒋介石日记》（手稿），1937 年 3 月反省录。

[3] 姚崧龄编著《张公权先生年谱初稿》，第 169 页。

[4] 实际上因英国顾忌英日关系，仅同意给中国金融借款 2000 万英镑，后来也没有兑现。

[5] 张嘉璈曾向孔祥熙表示他了解盐余担保本息的危害，他也明白中短期信贷以换取国内债券作为铁路融资的办法存在风险，见《张嘉璈致孔祥熙密电》（1937 年 6 月 16 日），《1937 年孔祥熙出访欧美期间与国内各方往来电文选》，《民国档案》1992 年第 1 期，第 26 页。

贷的正规化。① 这都令他没有耐心等待孔的谈判结果。铁道部与财政部都有自己的目标与诉求，在处理实际问题时面临冲突。

（四）中英达成浦襄铁路借款

浦襄铁路即津浦铁路之乌衣修筑至平汉路之花园站，再由花园站展筑至襄阳之老河口，全长 460 余英里。相比于广梅铁路，浦襄铁路在经济与政治上的作用更大。从经济角度而言，沿线经济相对富庶，有助于沿线物产的运出、对外贸易的繁荣，且有助于陕西与长江流域的交通；从政治意义而言，铁路完成后，南京至武汉的路程，由 3 日（轮渡）缩减至 10 小时（铁路）；从军事意义上讲，倘若黄河以北被日军侵占，津浦与平汉两线的南段仍可交通，则有助于加强长江流域的防御力。②

广梅铁路借款的顺利交涉为中英进行浦襄铁路借款交涉打下基础。1937 年 2 月 18 日，在与汇丰银行达成广梅铁路债票抵押方案后，张嘉璈向爱迭斯提出借款修筑浦襄铁路，方案基本上延续了广梅铁路。由于此前中英之间就有浦信、宁湘铁路的旧合同，故英国对沿线情况比较了解，也愿意提供铁路借款，以维护其在长江流域的商业利益。③

广梅铁路借款合同拟订完毕后，因双方协商以盐余为担保，本就不愿以盐余担保广梅铁路借款的孔祥熙更不愿再增加盐余担保的新借款，故孔祥熙多次致电张嘉璈，等对英大额借款谈成后再签订浦襄铁路借款。但是，全民族抗战爆发后，浦

---

① Chang Kia-ngau to Sir Charles Addis, April 23, 1937, FO 371/20973, p. 53.
② 姚崧龄编著《张公权先生年谱初稿》，第 164—165 页。
③ 姚崧龄编著《张公权先生年谱初稿》，第 164 页。

襄铁路的战略意义凸显，广梅铁路借款合同签订后，1937 年 8 月 4 日，中英也签订了浦襄铁路借款合同。[1]

合同规定，借款数额为 400 万英镑，年息 5%，期限为 30 年，铁路建设期内，由普通盐余项下拨付，建筑完成后，由铁路收入拨付，5 年后开始还本，先在铁路收入项下拨付，不足之数由盐余收入支付利息后再行拨付。借款用途为：偿还华中铁路公司旧浦信铁路借款垫款 30 万英镑，旧订的浦信铁路借款协议作废，其余 370 万英镑为建设铁路用款及材料用款，其中 220 万英镑存在伦敦，用作法币的发行准备，由中央银行在国内发行相应法币，用作铁路建设。[2] 借款债券依旧在伦敦发行。不过，与广梅铁路借款一样，浦襄铁路借款也因战事扩大而未能发行债票。[3]

第四节　其他中英铁路借款情况

除上述 3 项铁路借款外，中英又签订了京赣铁路借款合同，与这时期其他新铁路借款不同，京赣铁路借款分为两部分，其一为本币借款，由中国的银行团出借 1400 万元。其二为外币借款，共 90 万英镑，其中一半由中英庚款提供，另一半由英商怡和洋行、汇丰银行提供，英商提供的 45 万英镑用于购料。

---

[1]　张嘉璈：《中国铁道建设》，第 78 页。

[2]　《浦襄铁路建筑借款合同》（1937 年 8 月 4 日），台北"国史馆"藏《行政院档案》，档案号：014-080400-0038，第 7—24 页。下略藏所。

[3]　《交通部公函》（1939 年 1 月 7 日），《行政院档案》，档案号：020-041106-0017，第 24 页。

京赣铁路具有重要的战略价值。1936 年初，蒋介石、张嘉璈表示，一旦与日本发生战争，南京到上海的铁路被切断，则需有一条从南京撤往后方的运输线路。于是决定利用江南铁路网，以宣城为起点，向南经宁国、徽州，再向南经休宁、祁门，进入江西，经浮梁、乐平而到达贵溪，全线长度为 298 英里，名为京赣铁路。因建设此路需国内建设工款 3400 万元，购料款 90 万英镑，故铁道部寻求借款。[①]

由于京赣铁路实际上是此前英商中英银公司在 1914 年与北京政府签订的南京至宁湘铁路的东段，加之铁道部此时财力不足，需要中英庚款董事会一面提供一半借款，一面为剩余的部分提供担保，故铁道部向英国寻求借款。

1936 年 7 月，国民政府铁道部向怡和洋行提出购料借款，怡和洋行愿意提供借款，但就借款的担保进行了交涉。最早铁道部提出的借款担保是铁路运营收入和财政部的盈余，但怡和洋行认为上述收入并不稳固，后铁道部与中英庚款董事会达成协议，以此前铁道部与该会签订的借款合同中今后逐年应还该董事会之数，再续借给本部，后以此款为担保向怡和洋行借款。[②]

怡和洋行同意此担保方案，但最初汇丰银行不愿加入一同提供借款，汇丰银行认为，本借款中，中国银行团的利息（9%）高于整理后的津浦铁路等借款，且中英庚款的担保不仅提供给英镑借款，也提供给国币借款，故实际上负担较大，仍不保险。怡和洋行对其表示，提供国币借款的中国银行团各银行，

---

①　姚崧龄编著《张公权先生年谱初稿》，第 155 页。

②　Department of Overseas Trade to Foreign Office，August 1，1936，FO 371/20223，pp. 130–138.

存款的年利率平均为 7%~8%，故所定利率并非不合理；关于担保问题，怡和洋行随后与铁道部交涉，争取到了中英庚款担保项下的优先支付权，由此，汇丰银行也同意加入借款。①

1936 年 12 月 4 日，铁道部与汇丰银行及怡和洋行签订《京赣铁路购料借款合同》，共 15 条，规定借款 45 万英镑，借款期限为 10 年，周息 6%，每半年付息一次，由铁道部委托怡和洋行为代理人，代购修筑铁路相关的材料与设备，并支付 3% 的经理费用。铁道部在 12 月 11 日与中英庚款董事会订立合同，对英镑借款担保一事进行了规定，此前完成粤汉铁路之利息照常拨付，应付本金之数（国币 1877 万元），转借铁道部，用以作为京赣铁路借款的担保，而怡和洋行与汇丰银行享有优先权，此外京赣铁路全部财产收入为第二担保。②

京赣铁路自合同签订后便开始修筑，到 1937 年底前，安徽段 168 英里中完成 99 英里，江西段 124 英里中完成 31 英里。日本发动全面侵华后，宣城于 1937 年 11 月失陷，京赣铁路随即被拆毁。③ 1938 年 6 月前，该项借款到期本息共计 35101.6 英镑，均由交通部京赣卸日钢轨售款项下支付。1938 年交通部与怡和洋行、汇丰银行达成协议，将尚未动用的购料款用作湘桂铁路衡桂段的建设。1939 年 11 月 30 日，交通部与中英庚款董事会签订合同，将此前京赣铁路的担保用作湘桂

---

① Mr. Hall-Patch to Foreign Office, November 7, 1936, FO 371/20223, p. 197.

② 《铁道部汇丰银行及怡和机器公司购料借款合同》（1936 年 12 月 4 日），《民国外债档案史料》第 10 卷，第 397—402 页；张嘉璈：《中国铁道建设》，第 70—71 页。

③ 姚崧龄编著《张公权先生年谱初稿》，第 156 页。

铁路借款。[1]

此外，1937年广梅铁路借款洽商基本完成之时，5月底，英国银行团也考虑了进一步扩大对华铁路借款计划，总额为1500万英镑，将广梅铁路延伸至江西省贵溪市、广东省三水市、广西省梧州市，并覆盖浦襄铁路的借款，实际上将英国在华投资和控制的铁路延伸至福建、江西、广西、湖南四省境内。[2] 显然，此计划必会遭到日本和法国的反对，因为它抢占了其在华的"势力范围"，法国不希望英国修建进入广西的铁路，日本则不愿英国介入福建的铁路投资和权益攫取。[3] 随着抗战的全面爆发，此计划未及交涉。

第五节　中英 2000 万英镑金融借款交涉

这一时期，除了铁路借款外，中英金融借款交涉也有所进展。法币改革前后国民政府向英国寻求金融借款未能成功，但并未放弃此想法。国民政府虽然在1935年11月进行了法币改革，但因其发行大量内债，面临巨大的内债负担，1935年末国民政府的负债滚存达到1269370032.53元，1936年国民政府进行内债整理，以新债偿还旧债的方式，发行统一公债14.6亿元，换偿尚需偿还的33种内债，虽然让财政部每年减少了8500万元的债务费支出，但1936年的财政支出中，内国公债费用仍达

---

[1]　《交通部关于京赣铁路购料移借湘桂路衡桂段经过简介》（1943年），《民国外债档案史料》第10卷，第403—404页。

[2]　姚崧龄编著《张公权先生年谱初稿》，第171页。

[3]　New railway projects in China, June 11, 1937, FO 371/20973, p. 148.

1.42 亿元。[①] 由此，国民政府考虑新借外债，或以出口信贷的方式购料，或仍以借新债还旧债的模式减少财政负担。

法币改革后，国民政府的关税与盐税收入逐年上升，关税收入由 1935 年的 3.16 亿元增加到 1937 年的 3.43 亿元，盐税收入由 1935 年的 1.85 亿元增加到 1937 年的 2.18 亿元。[②] 截至 1937 年 4 月底，中央银行、中国银行、交通银行三行存在中国香港和海外的外汇储备达到 169725174.94 美元。[③] 孔祥熙认为中国的财政情况有所好转，有能力寻求更大规模的外债。[④]

1937 年 4 月，孔祥熙赴英参加英王加冕典礼时，提出向英大额借款计划，后与英国就对华提供一笔金融借款进行多次交涉。这笔借款是法币改革后中国向英国争取的第一笔用于维持货币与缓解财政困难的金融借款（1935 年 11 月至 1936 年 2 月英国关于对华借款的讨论仍属于法币改革的后续事宜，此借款是法币改革全部结束后进行的新金融借款交涉），体现了这一时期中英外债的诸多特点。

此外，孔祥熙访英时，除了提出向英借款之外，也在更广泛的领域寻求合作，涉及军事人才合作、军事顾问来华、购买军备尤其是海军装备等方面，希望进一步密切中英关系，以加

---

① 王宗培：《一月来之内国公债》，《银行周报》第 20 卷第 3 期，1936 年 1 月 28 日；《中华民国二十六年国家普通岁入岁出总预算》，《民国外债档案史料》第 2 卷，第 30 页。

② 《历年各种主要税款收入预算数与实收数之比较》，《国民政府财政金融税收档案史料（1927—1937）》，第 288 页。

③ 《1937 年外汇资产分存美国、英国等地区的情况》，《中华民国货币史资料》第 2 辑（1927—1949），第 276 页。

④ Sir F. Leith-Ross to Mr. M. Norman, May 6, 1937, FO 371/20945, p. 190.

强应对日本侵略的能力。[①]

在孔祥熙出发前，1937 年 3 月 30 日，国民政府出席英王加冕代表团的成员行政院秘书长翁文灏、浙江兴业银行总经理徐新六二人先行与英国驻华大使许阁森、中央银行顾问罗杰士（Rogers）、英国出口信贷担保局官员柯克帕特里克（Kirk-patrick）会面。翁文灏提出国民政府希望在英国筹借 1000 万英镑的出口信贷，参照此前英国对苏联借款的先例，[②] 借款用于中国的铁路、建筑、纺织等多个行业在英国的购货购料，因而被称为"一揽子借款"（Blanket Credit），许阁森表示他无权决定此事，但可以向英国政府汇报，并建议中方在赴英期间与英国政府商谈，与会各方也认为中英都需要考虑更为详细的借款条件。[③]

与此同时，英国在华官员也通过各种途径了解借款情况。1937 年 4 月 2 日，弼乐向英国外交部汇报，孔祥熙希望借出席英王加冕典礼之机，在英国洽商一笔借款，以为国民政府战略目标而设计的铁路购买设备等物资。[④] 此外，中国代表团成员也与汇丰银行接洽，请其在伦敦市场为中国政府发行 5000

---

① 《孔祥熙致蒋介石电》（1937 年 5 月 22 日），《蒋中正"总统"档案文物》，档案号：002-080106-00057-003，第 4 页。

② 1936 年 7 月英国同意向苏联提供 1000 万英镑信贷，年息五厘半，借款债券在伦敦发行，用途为订购英国货物。《英苏通商借款内容：信用保证一千万镑，购订军需外之商品》，《贸易》第 90 期，1936 年，第 20 页。

③ Sir. H. Knatchbull Hugessen to Foreign Office, April 16, 1937, FO 371/20945, pp. 164-165.

④ Mr. Beale to Foreign Office, April 2, 1937, FO 371/20945, p. 142；翁文灏著，李学通、刘萍、翁心钧整理《翁文灏日记》（上），中华书局，2014，第 128 页。

万—1亿英镑的借款债券。[1] 为了解中方对借款的确切态度，4月2日，许阁森在孔祥熙出发前与其会面，告知此前与汇丰银行接洽的借款数额太大，无法实现。孔祥熙则表示，他并没有很明确的借款计划，只是希望在伦敦时就借款问题进行初步接触。但许阁森同时了解到，梅乐和与英籍中国海关官员魏尔达（Stanley Wright）将与孔祥熙一同前往伦敦，并携带了1934年向英方提出的1.5亿英镑大额借款的资料。许阁森认为，不论孔祥熙态度如何，翁文灏希望与英方尽快达成1000万英镑的出口信贷，因而英国政府应对此有所考虑。[2]

1937年5月3日，英国出口信贷担保局的中国小组委员会（China Sub-Committee）召开会议，讨论翁文灏所提的1000万英镑出口信贷方案。

该委员会认为，对华信贷具有政治性质，会对英中及英日关系产生影响，需由英国外交部考虑。同时，英国对华信贷与对苏联信贷情况不同，因为偿还贷款由苏联政府统一负责，不依赖任何特定的铁路、市政或工厂的资产，且苏联大多以借款直接购买英国工农业制成品。而英国对中国的信贷则涉及铁路、建筑等多个行业在英国购料，难以保证借款有效使用。此外，英国出口信贷担保局对国民政府的偿付能力极为缺乏信心，对其财政体系与中国市场的实际情况也缺乏了解。若向中国提供包含多个行业的信贷，必然涉及国民政府多个部门的活动，而英国对国民政府各部门能否协作一致亦并无信心，且不

---

[1] Sir. H. Knatchbull Hugessen to Foreign Office, April 16, 1937, FO 371/20945, pp. 164–165.

[2] Sir. H. Knatchbull Hugessen to Foreign Office, April 16, 1937, FO 371/20945, pp. 164–165.

同行业对借款的担保及还款期限有不同的要求，以统一的规定执行并不合理。同时，1000万英镑的数额也超出了该委员会计划的对外信贷上限（最多200万英镑）。最终，该委员会决定目前不能向中国提供与英国对苏联信贷类似的1000万英镑信贷，同时认为，只能给国民政府垄断程度较高且债信较好的产业提供信贷，而最符合此特征的铁路借款，因担保问题不能令英国满意，也不能提供信贷。[①] 英国此次虽然拒绝对华信贷，但这一阶段其对华经济政策有所调整，中英就铁路借款与信贷的一系列协商说明英国对华借款的态度更加积极，有助于双方新的金融借款谈判。

出口信贷方案未能达成，中方寻求其他用途的借款。

孔祥熙到达英国后，首先向较熟悉中国事务的李滋罗斯提出金融借款。1937年5月5日孔祥熙同李滋罗斯会谈，提出金融借款的方案，数额为2000万英镑，用途为整理内债，借款年利息为5%，低于当时中国内债近8%的平均年利息，以低息外债借款提前偿还高息内债增加财政盈余，借款以关税余款作担保。李滋罗斯表示，2000万英镑的数额太大，当下伦敦市场最多可筹集1000万英镑的借款。此外，英国政府只允许向英镑集团国家提供英镑借款，中国并不属于英镑集团，即使同意这笔对华借款，也要以中方组建集中货币发行权的中央准备银行及与英国就海关管理制度达成一致等事项为条件，并需考虑新四国银行团各国尤其是日本的态度。孔祥熙表示，希望能讨论英国加大对华借款的可能性，国民政府向美国出售白

---

① Proposal to Arrange a Blanket Credit of £10 millon for the Chinese Government, May 5, 1937, FO 371/20945, p. 184.

银时曾答应保持法币独立，① 因而无法加入英镑集团，但借款可以存在英国，作为法币的外汇储备，相应地在国内发行法币，以赎回未到期的内债。李滋罗斯答应为中国代表安排与英格兰银行、英国财政部等部门的相关负责人见面，商谈借款具体条件。②

随后，中英两国政府代表进一步协商借款条件。5 月 11日，赴英代表团成员、时任广州市市长兼铁道部次长曾养甫、驻英大使馆参赞郭秉文与英国外交部官员普拉特、财政部官员韦利会谈。曾养甫表示，中国希望只向英国直接借款，而不通过新四国银行团。韦利回复称，英国在讨论对华借款时必须考虑日本的态度，借款成功的条件之一是中日保持良好关系，建议让日本政府了解英国对华借款的谈判情况，并提出中方组建的中央准备银行应聘用英籍顾问，海关与盐务管理体制和人员需要与英国协商，此次借款关税担保的次序位于此前国民政府发行的内债之前等条件。曾养甫表示，前两个条件都可考虑，但因对内债持有人已有用关税偿付的承诺，担保次序难以调整。最后，与会各方达成一致，接下来可由曾养甫与汇丰银行商谈借款的具体方案。③

得到英国政府许可后，中国代表与借款实际提供方汇丰银行就借款方案进行磋商。5 月 14 日，曾养甫、郭秉文与汇丰

---

① 1936 年 5 月 15 日，中美两国财政部以换文和备忘录的形式达成《中美白银协定》，5 月 17 日，孔祥熙发表声明，国民政府将保证币制独立，不与世界任何货币连锁。The Consul General at Shanghai（Gauss）to the Secretary of State, May 18, 1936, *FRUS, 1936, The Far East*, Vol. 4, pp. 481-482.

② Sir F. Leith Ross to Mr. M. Norman, May 6, 1937, FO 371/20945, p. 190.

③ Note of Conversation between Mr. T. K. Tseng, Dr. P. W. Kuo, Sir John Pratt and Mr. Waley, May 11, 1937, FO 371/20945, pp. 212-214.

银行代表巴恩斯和帕德菲尔德（R. E. N. Padfield）会谈。曾养甫提出，国民政府希望汇丰银行在伦敦为其发行2000万英镑借款债券，还本付息期限为25年，用途为维持法币稳定，以关税为还款担保。鉴于1937年前4个月中国关税盈余为5000余万元，全年预计为1.5亿元，足够提供还款担保。汇丰银行方面向曾养甫表示，目前一次性发行2000万英镑借款债券有困难，建议分两次发行，每次数额为1000万英镑，并希望通过新四国银行团提供借款。曾养甫同意分两笔各发行1000万英镑借款债券，但拒绝通过新四国银行团借款，并表示中国同意维持现行海关管理制度。[1] 中国两次明确拒绝通过新四国银行团借款，意在使英国积极推动取消新四国银行团，以打破其对各国尤其是英美对华借款的限制。

在初步交涉后，孔祥熙希望通过强调借款的良好前景推进谈判。5月18日，孔祥熙与英格兰银行总裁诺曼就借款的具体条件进行会谈。孔祥熙表示，当下法币的外汇储备充足，中国国内各行业建设都需要大量资金。若能通过借款1.2亿英镑，相应在国内发行法币20亿元，可收回目前国民政府的全部内债，每年可节省预算法币8000万元，这笔钱则可投资各领域的产业。诺曼提出借款的两个条件，一是新四国银行团问题得到满意安排，二是中央准备银行顺利组建并运行。孔祥熙认为新四国银行团很快就会解散，但对第二个条件表示不理解。因为当时中国财政情况正在改善，关税收入逐步增加，足

---

[1]　Note of Conversation between Mr. T. K. Tseng, Dr. P. W. Kuo, O. J. Barnes and R. E. N. Padfield, May 14, 1937, FO 371/20945, pp. 217-220.

以担保借款的偿还，且海关收入是以海关金①为单位，并不受法币的影响。而诺曼则表示，借款收益掌握在健全而独立的中央银行手中有助于增强投资人对借款偿还的信心，并进一步提出海关管理制度应维持现状。孔祥熙表示会考虑上述问题。②英国多次提出中方应组建中央准备银行，希望国民政府将货币发行权集中于此，形成唯一的"中央银行"，③这样可防止法币滥发导致通货膨胀，以确保英国借款可偿付。同时，若英国向该行派遣顾问，便可通过影响该行的活动对国民政府的财政金融体系施加影响。

收到中国的借款请求后，英国认为可借此在中国中央银行改组及海关管理制度等财政领域施加更大影响，故决定可以提供借款。5 月 21 日，英国外交部代表卓别林、财政部代表费希、英格兰银行代表诺曼与汇丰银行代表巴恩斯在英国财政部召开会议讨论对华金融借款的条件。借款的数额为 2000 万英镑，分两期募集，每期募集 1000 万英镑。借款所得存在伦敦充当法币发行准备金，以供中国在国内发行法币，收回内债。借款必须满足 7 项条件：（1）借款发放前，中央准备银行应组建完毕；（2）借款所得英镑将支付给中央准备银行，由其

---

① 海关金简称"关金"，是国民政府于 1930 年 1 月采用的海关税收的计量单位。1931 年 5 月，中央银行以海关金单位为标准发行"关金券"，缴纳人以此缴纳关税。参见张家珍、陈令令、袁峰编著《海关词汇手册》，中国海关出版社，2012，第 7 页。

② Mr. Norman Young to Sir F. Leith-Ross, May 21, 1937, FO 371/20945, pp. 268-272.

③ 法币改革后国民政府规定中央银行、中国银行、交通银行三行均有法币发行权，后加入中国农民银行，四行均有发行权。至 1942 年，国民政府改变四行分工，将发行权集中于中央银行。

在伦敦的分行账户持有，仅用于通过外汇交易维持法币稳定；（3）中国将在国内发行相应法币以偿还内债；（4）中方为中央准备银行聘用英籍顾问，借款的使用需与该顾问达成一致；（5）借款以关税为担保，并在招股说明书中明确规定，现行海关管理制度、英籍海关总税务司及海关其他外籍雇员均不变动；（6）关税担保次序为借款位于中国内债之前；（7）国民政府保证平衡预算。[①] 关于第 6 条，汇丰银行认为中国接受的可能性不大，因而建议若担保次序中借款位于内债之后，则可在担保中加入烟草税，并加入烟草税税率不变的附加条件。汇丰银行同时认为，应告知新四国银行团各国英国对华金融借款的谈判情况，并提出希望在 10 月之前取消新四国银行团。英国不愿继续拖延的原因在于希望以金融借款为条件迫使中方尽快组建中央准备银行，因为独立的中央准备银行将有助于中国稳固金融体系，可为英日美法等国在华的新"合作"方式打下基础。汇丰银行表示，如果上述条件与新四国银行团问题都有满意的安排，则可告知中国，本银行将在当年秋季在伦敦为国民政府发行 1000 万英镑借款债券。[②] 在这笔金融借款中，汇丰银行是借款的提供者，故更注重借款的经济收益及风险，而英国政府则通过借款攫取其他方面的权益。虽然由汇丰银行提供借款，但实际上这笔借款具有英国政府的政治借款性质。

对中国而言，借款用于法币的发行，以外汇交易的方式维持法币稳定，实际上已具有此后中英平准基金借款的功能。在

---

① Mr. Young to Mr. Chaplin, May 21, 1937, FO371/20945, pp. 227-230.

② Mr. Young to Mr. Chaplin, May 21, 1937, FO 371/20945, pp. 228-230；《孔祥熙致蒋介石电》（1937 年 6 月 6 日），《蒋中正"总统"档案文物》，002-080106-00057-003，第 7 页。

法币执行外汇汇兑本位的情况下，由英镑借款承担发行准备金的功能，国民政府可通过货币发行、收回内债的方式缓解财政困难，也能降低通货膨胀的压力。对英国而言，有关中国组建中央准备银行及聘请英籍顾问、海关雇佣英籍职员、政府预算改革等借款条件，在法币改革之前的中英借款谈判中双方进行过沟通，基本涵盖了英国在财经领域涉及的在华权益。且借款应在同中央准备银行英籍顾问协商后再使用这一条件，使英国在一定程度上掌握了借款的支配权，在借款充当法币发行准备金的情况下，英国实际控制了中国的货币发行权。因而，上述条件中英双方均愿接受。

中国对英国所提条件除关税担保次序外基本接受。5 月 25 日，曾养甫向李滋罗斯转达孔祥熙对英国 7 项条件的回复。孔祥熙表示，中央准备银行会尽快组建，如果借款数额为 2000 万英镑，他将大力推动该银行的章程条例迅速通过，若数额只有 1000 万英镑，则难以如此。关于组建中央准备银行并雇佣英籍顾问与海关雇佣英籍职员的有关条件也可同意，只是在表述和手续上会有所修改，以避免引发国内舆论的批判。但关于第 6 条，即关税担保次序的条件，中国不能答应，因为此前已向国内债权人保证关税的优先偿付次序，且以当前的关税收入预计，即便次序在内债之后，也足以为本次借款的还本付息提供担保。此外，中国不愿与日本就此次借款进行沟通，但不反对英国将借款谈判情况向日本通报。李滋罗斯则表示，当前只能先发行 1000 万英镑借款，而担保问题需与汇丰银行协商。①

① Currency Loan for China, May 25, 1937, FO 371/20945, pp. 245-248; Foreign Office to Sir. H. Knatchbull Hugessen, June 8, 1937, F3246/4/10, pp. 5-6.

随后，孔祥熙向蒋介石汇报借款谈判情况。6月6日，孔祥熙致电蒋介石请示意见，他将英国的条件归纳为三点，分别是中央准备银行的组建并雇佣英籍顾问，海关总税务司由英国人担任并在海关雇佣英籍雇员，确保借款收支平衡。[1] 为推动借款尽快达成，孔祥熙在6月8日再次致电蒋介石，表示当下国民政府财政收支仍有困难，而此次的2000万英镑借款已属于空前之举。[2] 同日，蒋介石回电称，总税务司由英国人担任一节，只可改为"中国税务司如雇外人，则先雇英人"，且只能做口头承诺，不能签订文字，其余两点亦只能做口头约定，否则中国财政将有被英国束缚的危险。此外，蒋介石希望询问英国，可否再对华提供1000万至2000万英镑的信贷。[3] 蒋介石意识到英国提出的诸多条件旨在全面加剧对华财经领域的渗透，但还是基本同意借款条件，以此换取英国加大援华力度。

与此同时，英国也商定了有关借款的进一步态度。6月7日，英国外交部代表贾德干、财政部代表韦利与英格兰银行代表费希、汇丰银行代表巴恩斯、新四国银行团英国代表爱迭斯等人在贾德干的办公室举行会议，专门商讨对华金融借款。财政部认为，汇丰银行应当向中国施压，以获得借款的海关担保优先次序，也可加入烟草税或盐税担保。除此之外，各代表一致同意，就借款数目而言，1000万英镑已经是伦敦市场单次所能筹集的最大数目，且必须在中央准备银行建立后才能发行

---

① 《孔祥熙致蒋介石电》（1937年6月6日），《蒋中正"总统"档案文物》，002-080106-00057-003，第7页。

② 《孔祥熙致蒋介石电》（1937年6月8日），《蒋中正"总统"文物档案》，002-080106-00057-003，第8—9页。

③ 《蒋介石致孔祥熙电》（1937年6月8日），《蒋中正"总统"文物档案》，002-010200-00176-026，第1—2页。

债券，同时不希望金融借款影响铁路借款。会议决定向中国传达以下态度：（1）广梅铁路借款谈判当时因是否以盐余担保而陷入停滞，英国提出必须尽快完成铁路借款谈判，否则将影响金融借款的谈判；（2）必须与汇丰银行协商解决海关担保次序问题；（3）在新四国银行团仍未解散的情况下，爱迭斯将继续与新四国银行团各国讨论对华铁路借款问题，并提出金融借款问题；（4）英国外交部将敦促美日法等国协商取消新四国银行团一事。①

中英双方随后就借款的条件基本达成一致。6月11日，曾养甫与巴恩斯会谈，后者再度寻求借款的海关担保次序优先于内债。曾养甫强调海关担保次序不可更改，因为这会损害国民政府的信用，对英国投资人的信心亦有打击。② 汇丰银行最终答应此点，并在此后的借款条件中将有关海关担保次序的第6条删去。③ 6月13日，曾养甫致电韦利，传达蒋介石不同意就英国所提条件签订文字条约的态度，询问可否以口头保证为准。④ 6月21日，韦利回复表示，英国同意以口头承诺外加会谈记录的形式作为双方谈判结果的呈现方式。⑤

至此，中英双方就借款条件的协商达成一致。中英双方均有让步，但显然，中国让渡的权益更多，英国可借此进一步加强对华金融领域的控制和渗透。但中国此次推动了取消新四国

①　Record of a Meeting Held in Sir A. Cadogan's Room, June 7, 1937, FO 371/20946, pp. 22-23.

②　Memorandum of An Interview between Mr. T. K. Tseng and Mr. O. J. Barnes, June 11, 1937, FO 371/20946, pp. 62-63.

③　Mr. Waley to T. K. Tseng, July 21, 1937, FO 371/20946, p. 209.

④　Mr. Waley to Mr. Chaplin, June 14, 1937, FO 371/20946, p. 38.

⑤　Mr. Waley to T. K. Tseng, June 21, 1937, FO 371/20946, p. 39.

银行团，为此后获得更多的借款做了铺垫。

就在中英就借款条件谈判取得进展之时，中英金融借款引起了日本的关注。此前李滋罗斯曾担忧借款对英日关系的影响，他在 1937 年 5 月 26 日致电贾德干，认为日本对英国对华金融借款的反对可能会比铁路借款更为强烈，建议在决定对华提供金融借款前先争取日本的支持。[①] 5 月 31 日，贾德干回复李滋罗斯，英国外交部会向美法日三国告知对华金融借款的情况，并提议新四国银行团在当年秋季解散，以保证借款债券顺利发行，同时也要考虑以何种机制或方案代替新四国银行团。[②] 此后，日本表达了对中英金融借款的关注以及不满。6 月 3 日，日本驻英国大使馆财政专员以个人身份向韦利询问英国对华金融借款的进展，韦利详细说明了借款谈判的情况，包括借款的数额、用途以及条件，并表示希望尽快与日本就解散新四国银行团一事进行谈判。[③] 不过，6 月 14 日，英国驻日大使多兹（Dodds）向外交部汇报，日本对英国对华金融借款强烈不满，其指出国民政府所得借款并不一定用于偿还内债，而是用于军费开支，且提出由日本人担任中国海关副总税务司。[④]

鉴于此情况，英国外交部决定正式向新四国银行团各国政府通报对华借款的情况，并商讨新四国银行团解散一事。[⑤] 6 月 19 日，英国政府向美日法三国政府递交备忘录，告知中英

[①]　Sir F. Leith-Ross to Sir A. Cadogan, May 26, 1937, FO 371/20945, pp. 258-259.

[②]　Sir A. Cadogan to Sir F. Leith-Ross, May 31, 1937, FO 371/20945, pp. 260-261.

[③]　Mr. Waley to Sir F. Leith-Ross, June 3, 1937, FO 371/20946, pp. 13-14.

[④]　Mr. Dodds to Foreign Office, June 14, 1937, FO 371/20946, pp. 35-36.

[⑤]　Comments of Mr. Chaplin, June 9, 1937, FO 371/20946, p. 41.

金融借款的详细经过，强调若借款可以促成建立中央准备银行和维持海关制度，将对各国对华贸易都有益处，并保证中国所得的借款收益用于偿还内债，以平衡预算。同时英国希望各国尽快就解散新四国银行团进行谈判，若未能在当年秋季解散，则希望各国政府对本国银行团施加影响，允许该借款债券秋季在伦敦市场发行。① 虽还是按照新四国银行团原则行事，但此时英国不再像 1935 年底时那样顾虑日本的反对，而是向各国表明不要插手英国对华借款。

美国政府很快回复英国，同意英国的计划，也同意着手谈判解散新四国银行团。② 但日本方面没有很快答复，在收到备忘录后，日本大藏省次官津岛寿一向多兹询问可否以为中央准备银行聘用日籍或美籍顾问作为借款条件。英国外交部回复表示，聘用外籍顾问是出于技术而非政治上的考虑，当下聘用英籍顾问将有助于英镑借款的有效利用，因而不会以日籍或美籍顾问为借款条件。③ 日本大藏省认可英国的观点，但同时表示必须防止借款用于商定以外的支出事项。因借款存在用于军费支出的可能性，日本军方可能对外国向中国提供借款产生敌意，故希望英国对华借款仅限于铁路领域。④ 日本政府关于此次中英借款的讨论持续时间较长，迟迟没有正式回复英国 6 月 19 日的备忘录。⑤ 1937 年 7 月 7 日卢沟桥事变爆发，日本发动

---

① Memorandum, June 19, 1937, FO 371/20946, pp. 81-84.

② The Secretary of State to the Ambassador in the United Kingdom (Bingham), June 24, 1937, *FRUS, 1937, the Far East*, Vol. 4, p. 608.

③ Mr. Dodds to Foreign Office, June 23, 1937, FO 371/20946, p. 95; Foreign Office to Mr. Dodds, July 1, 1937, FO 371/20946, pp. 128-129.

④ Mr. Dodds to Foreign Office, July 2, 1937, FO 371/20946, p. 143.

⑤ Mr. Dodds to Foreign Office, July 1, 1937, FO 371/20946, p. 124.

全面侵华，已不可能支持英国对华借款。

日本发动全面侵华战争后，英国也面临是否继续向中国提供金融借款的问题。实际上，此前部分在华英商就反对英国对华金融借款。怡和洋行与英国路透社东亚分社在 1937 年 5 月 25 日致电英国政府，表示向中国提供金融借款不可取，原因如下：（1）借款在中国会被视作对政府中蒋介石派的支持，由于政府中存在强大的反蒋团体，蒋介石派可能无法继续掌权；（2）孔祥熙是反日派，借款可能会影响中国与日本改善关系；（3）借款不会直接有助于英国与中国的贸易，以往的铁路借款中的部分收益可用于购买英商的铁路材料，有利于英国企业，但此次借款的收益可能主要用于收回内债，节省的资金则用于购买美国飞机和德国武器，并非英国产品；（4）维持法币稳定自然符合所有与中国进行贸易的国家的利益，但如果需要金融借款，则应由相关国家共同负责，英国单方面提供支持不切实际；（5）英商在中国市场与其他国家竞争的优势之一，是在从事对华进出口贸易时可通过其持有的大量英镑进行汇兑，因而很多情况下，中国政府与企业倾向于同英商进行贸易。如果中国政府通过借款持有大量的英镑，则可能会减少与英商的业务往来。[1]

英国外交部此时也不支持继续此项借款。7 月 8 日，英国外交部在一份备忘录中详细分析借款的利弊得失。其中指出，对中国而言，借款有助于节省财政预算，减轻政府财政负担，同时，中资银行的资金流动性会增强，债券的市场价格会提

---

[1]　Embassy Office to Foreign Office, May 25, 1937, FO 371/20945, pp. 243-244.

高，进而压低政府的长期负债率，有助于缓解中国的财政经济状况。不过，该备忘录认为，国民政府大概率会以节省下来的资金为基础发行新的内债，以弥补因军费过高而产生的财政赤字。因为在当时，衡量国民政府财政部部长能力的标准就是看其能筹集多少军费，因此国民政府有很大的概率会将此次借款以各种形式用于军事开支，对缓解政府的财政困难并无多大的效果，很快，国民政府就会将借款使用完毕，并多负担1000万至2000万英镑的外债。从政治角度衡量，能否争取到借款可能会影响孔祥熙在国内的政治地位，但若以此前所谈的条件获得借款，则可能会增加国民政府内与蒋介石和孔祥熙有矛盾者的不满，甚至影响蒋介石的政治地位。同时，继续对华借款必然会影响英日关系，因而不提供借款更加安全。就英国可以通过借款获得的中国组建中央准备银行与维持现行海关制度等利益而言，英国外交部认为，当前虽然中央准备银行的章程条例已经提出，但能否具体实施仍存疑。即便没有借款，当中国发现海关缺少外籍人员便无法正常运转时，便会重新聘用外籍人员。此外，英国外交部也担心提供金融借款后，新的铁路借款债券将无法在伦敦市场发行，这会影响在华英商的利益。[①]1937年5月28日，英国新任首相内维尔·张伯伦上台，他推行对日妥协政策，中日全面开战后，英国对借款更加谨慎。

7月15日，英国驻华大使馆商务参赞霍伯器致电英国财政部，表示目前中日战事已全面打响，英国对华借款会引起日本的强烈不满，建议推迟金融借款的谈判，待形势稳定再

---

①   Currency Loan for China, July 8, 1937, FO 371/20946, pp. 157-163.

议。[1] 7 月 20 日，贾德干致电李滋罗斯，告知 7 月 8 日备忘录的主要内容，认为当下向中国提供金融借款弊远大于利，希望英国政府要么终止金融借款，要么考虑如何避免借款的政治风险。[2] 同时，英国外交部也在 7 月 23 日警告汇丰银行，对华金融借款谈判需要慎重进行。[3] 在此情况下，李滋罗斯虽然认为英国政府强行终止借款将严重损害英国在中国的利益和影响力，但他也承认，当前中日已全面开战，借款无法达成是出于市场的原因，而非英国政府的态度。[4]

此时汇丰银行对借款的担保也提出不满。7 月 16 日，巴恩斯告知李滋罗斯，潘穆尔·戈登公司（Panmure Gordon）提供的一封信件显示，此前中国提供的每年 3000 万元的关税支出数字并不准确，实际上中国海关每年还向国民政府支出 1000 万元的其他特殊用途款项，因而关税可能不足以担保金融借款的还本付息。李滋罗斯则表示汇丰银行应争取金融借款的海关担保次序位于部分中国内债之前。[5] 不过，由于中国一再坚持担保次序不可变动，汇丰银行未能争取成功。

除担保问题之外，此时汇丰银行对整个金融借款方案也表示忧虑。7 月 30 日，汇丰银行将最新谈判结果告知孔祥熙，借款名为重组借款（Refunding Loan），借款收益存入中央准备银行伦敦分行的英镑账户中，仅用于兑换外汇与维持货币稳

①　Mr. Hall-Patch to Treasury, July 15, 1937, FO 371/20946, pp. 197–199.

②　Sir A. Cadogan to Sir F. Leith-Ross, July 20, 1937, FO 371/20946, pp. 164–172.

③　Currency Loan for China, July 23, 1937, FO 371/20946, p. 211.

④　Sir F. Leith-Ross to Mr. Orde, July 29, 1937, FO 371/20946, pp. 232–233.

⑤　Chinese Loans, July 17, 1937, FO 371/20946, pp. 191–192.

定。相应发行的法币将用于收回内债，借款收益的使用将在中央准备银行的英籍顾问的建议下进行。关税为还本付息担保，次序在现有内外债之后。借款偿还完毕之前，中国维持海关管理制度不变。在确保担保充足及消除新四国银行团障碍后，汇丰银行在伦敦债券市场允许的情况下愿意提供这笔借款。[①] 虽然借款的基本条件未变，但此时日本已经发动全面侵华，日本不可能轻易与英美法谈妥新四国银行团的处理方案。而伦敦债券市场对战时中国的还债能力持怀疑态度，此时签订的广梅、浦襄铁路借款债券即因战事未能发行，金融借款能否顺利提供同样尚不可知，故实际上汇丰银行也表达了希望搁置借款的态度。

8 月 3 日，孔祥熙收到借款条件，表示会详细研究。[②] 8 月 13 日淞沪会战爆发，中国金融中心上海陷入战火。此时英国外交部仍希望向国民政府传达从政治上考虑的反对意见，并终止借款谈判。李滋罗斯则在 8 月 30 日对英国外交部表示，尽管借款存在很多弊端，但如果终止借款，则会被视为英国在中日冲突中支持日本、反对中国，在利用中国的困难局面蓄意回绝，故建议先搁置而非直接终止金融借款，待局势稳定后再行讨论。[③] 但此后战事进一步扩大，此次金融借款谈判搁浅。

小 结

全民族抗战爆发前，国民政府与英国谈成了 3 笔新筑路借

[①]　Mr. Padfield to H. H. Kung, July 30, 1937, FO 371/20946, pp. 240-241.

[②]　H. H. Kung to Mr. Padfield, August 3, 1937, FO 371/20946, p. 268.

[③]　Sir F. Leith-Ross to Mr. Orde, August 30, 1937, FO 371/20947, pp. 18-19.

款，另有 1 笔购料借款，虽然实际获得的新借款只有 155 万英镑（除中英庚款提供的借款之外），但此时期的中英铁路外债仍具有重要意义，当然也有不足。

完成沪杭甬铁路借款是南京国民政府时期英国银行向中国提供的第一笔在中国市场发行的铁路借款，既是国民政府吸引外资投资实业的尝试，也为英国扩大在华铁路投资打下了基础。广梅铁路是英国在明确提出退出新四国银行团后进行的第一个借款谈判，故英国旨在制定符合其利益的借贷模式。中英之间始终存在分歧，但最终签订了英文版合同。广梅铁路借款也给英国提供了摆脱新四国银行团束缚的契机，虽然最后只是被当作"例外"（而非先例）来处理，但也迈出了突破银行团限制的很大一步。对中方而言，虽然谈成的担保条件不如中德铁路借款那样优厚，但中方的铁路管理权一定程度保留了下来，且伦敦市场又重新打开，随其一起提出的浦襄铁路借款协定也在 8 月 4 日签字。不过，中方在盐余担保上的让步则留下了隐患，法国银团在谈贵昆铁路借款时就明确提出也要以普通盐余担保。[①] 孔祥熙也一针见血地指出，盐余担保危害国家财政体系甚大。[②]

虽然广梅、浦襄铁路债票因抗战全面爆发而中止发行，但却是抗战时期国民政府争取英国更大规模借款的基础。而且部分借款模式成了后来中英借款的"先声"，比如英国特别提出的将不用于购买英国材料的英镑收益转移到中央银行的外汇基金中，以发挥稳定外汇的类似平准基金作用的模式，就被 2000

---

① 《张嘉璈日记》手稿本，1937 年 7 月 6 日。
② 《孔祥熙致蒋介石电》（1937 年 7 月 10 日），《蒋中正"总统"文物》，档案号：002-090103-00011-030，第 1—2 页。

万英镑金融借款所沿用，也为抗战时期英国对华提供平准基金借款打下了基础。同时，在广梅铁路借款的刺激下，一直对铁路投资不太积极的美国也开始讨论通过铁路借款扩大对华投资。[①]

1937 年中英 2000 万英镑金融借款谈判时日本提出反对意见，但反对本身并不是借款未能达成的决定性原因。这笔借款虽未能达成，但其交涉过程体现了中英对借款新模式的探索。借款用于优化债务结构、缓解财政负担，以英镑借款充当法币发行准备金也是法币改革后新的方式。而此一阶段中英就金融借款的手续与运作进行的充分沟通，也为全民族抗战时期中英平准基金借款打下了基础。

不过，英国对华借款的态度更加积极，就必然意味着英国要求的附加条件更多，意图从中攫取更多相关权益。英国在 1937 年对华 2000 万英镑金融借款谈判时提出带有对华财政"监督"色彩的诸多条件，原因在于英国不仅要保证借款能按期偿付，也希望借此扩大在华权益，稳固在华特权。英国明白，当时中国缓解财政困难与密切中英关系的需要较为迫切，正是提出附加条件以稳固并扩大在华特权的时机。

南京国民政府建立后，虽然英国承认中国的民族主义趋势不可逆转，但在东亚地区，英国也忌惮日本的强大实力。加之第一次世界大战结束后英国从全球收缩的大战略，故 20 世纪 20—30 年代尤其是九一八事变后，英国对中国事务始终保持较为谨慎乃至消极的态度。通过英国对华金融借款一案的考察

---

① 张嘉璈认为，中英广梅铁路借款的谈判客观上激起了美国对中国铁路投资的关注。见姚崧龄编著《张公权先生年谱初稿》，第 170 页。

表明，1936—1937 年，英国在政治方面采取较为保守的东亚政策，在经济领域则实行更为积极的政策，希望借此维护和扩大在华经济利益，维持东亚局势和利益平衡。不过，日本发动全面侵华战争后，面对巨大的政治风险，英国还是选择搁置 2000 万英镑金融借款，保持谨慎态度。

第四章　以资索利：全民族抗战前期中英借款交涉（1937—1941）

　　全民族抗战前中英就外债的交涉呈现良好的势头，不仅很多旧债得到整理，也谈成了一些新债，并积极寻求摆脱新四国银行团的借款方式，借款条件比以往有所不同。然而抗战突然全面爆发，中国局势骤变，中英借款交涉也发生变化。

　　全民族抗战前期，中国多次向英国求援，英国对华借款的态度较为谨慎，不愿因此得罪日本，但在日本和英国在华利益频繁发生冲突及美国对华借款后，中英达成了两笔信贷、[①] 两笔平准基金借款，[②] 总额 1800 万英镑。

　　与政治、外交领域（如英日海关协定、天津租界谈判、滇缅路等问题）对日绥靖不同，英国在对华经济援助上较全

---

① 信贷（Credit）即信用贷款，指债权方按约定的利率将货币借出，债务方按约定条件还本付息的信用活动。信贷分很多种类，国民政府向英国寻求的是出口信贷，指出口国政府为了支持本国产品的出口，由本国专业投资机构在政府的担保下向进口国政府或企业提供借款，进口国通过本国出口所得或其他方式所得款项，对该部分借款进行还本付息。一国向另一国提供出口信贷意味着对其债信的信任。参见张米良、郭强主编《国际金融学》，哈尔滨工业大学出版社，2018，第 238—239 页。

② 平准基金，全名平准汇兑基金，是国民政府为维持法币汇率稳定而设立的基金，因法币改革后实行外汇汇兑本位，因而需要专门买卖外汇的机构以维持其汇率稳定，故寻求平准基金借款，并设立平准基金委员会。

民族抗战前有所调整，虽然战争爆发之初仍有犹豫，但决定借款后提供的数额与条件都要优于全民族抗战前，不仅数额更大，且中方原本希望但英方没有提供的出口信贷与平准基金两类借款，在战时英国都同意提供。国民政府通过中英信贷获得所需的物资，也赢得更好的国际环境，借款成为英国在中日战争中尽量寻求平衡，以最大化维护其东亚地区利益的手段。

本章拟研究如下问题：全民族抗战初期国民政府向英国寻求借款的经过，英国政府关于对华借款问题的考虑，中英新借款的运作情况，以及对中英关系的影响。

第一节 全民族抗战爆发后中国向英国寻求借款

1937 年 7 月 7 日，卢沟桥事变爆发，全民族抗战正式打响，国民政府同时积极寻求外国援助，其中英国是国民政府寻求援助的重点国家。

1937 年 11 月 3 日至 24 日，《九国公约》缔约国及与东亚事务有直接关系的 19 个国家在布鲁塞尔召开会议，讨论应对中日冲突的措施，会上并未达成遏制日本侵略的实质措施。在会前，英国代表团就得知，中国代表团希望在会上争取各国同意对华出口信贷及提供其他财政援助。[1] 11 月 22 日，顾维钧和郭泰祺与美英两国代表进行会谈，提出希望获得战争物资，并希望获得出口信贷，而美方代表诺曼·戴维斯（Norman Da-

---

[1] Mr. Edmond to Foreign Office, September 17, 1937, *DBFP*, Ser. 2, Vol. 21, pp. 325-326.

vis）则表示因美国现行的《中立法》，无法向中国提供出口信贷。[1] 11 月 24 日，顾维钧、郭泰祺又与英国代表克兰伯尔尼（Cranborne）及贾德干会面，顾维钧再度表示希望英国能对华提供军事物资与出口信贷等援助，贾德干表示，目前无法对中方的请求做出回应，但表示中国可提出所需援助的具体清单，英国政府再进行讨论。[2]

11 月 29 日，中国向英国政府提出了所需援助的清单，包括飞机、坦克与枪支等武器装备以及军用电话、电线等交通设备，还有为购买上述设备所需要的财政援助，其中财政援助的具体内容为在英国、美国与法国通过银行信贷或面值 100 英镑的债券发行 1 亿英镑的借款，年息 3%，期限为 25～30 年，以关税、盐税或石油特许权为担保，英国外交部随即将此清单转给英国内阁与财政部。[3]

国民政府提供当时最稳定的财源作为担保，并出让石油特许权，即便利息不高，也能保证英方获得较大收益。但若英国政府同意为数量如此巨大、可能用于军事方面的对华信贷提供担保，虽是商业运作模式，仍含有一定的支持中国抗战的政治倾向。

此时英国政府主要考虑日本对其在华利益破坏的影响。此外，在外交上，英国仍需考虑欧洲局势、美国援华态度、东亚军备力量三个因素。只有此三个因素或至少前两个因素有利时，英国才会以借款等手段援华，否则就只能对日本与英国在

---

[1] Sir R. Clive to Mr. Eden, November 22, 1937, *DBFP*, Ser. 2, Vol. 21, pp. 521-522.

[2] Foreign Office Minute（Lord Cranborne），November 22, 1937, FO 371/21018, p. 187.

[3] Memorandum, November 29, 1937, FO 371/21018, pp. 226-228.

华利益的冲突保持隐忍，避免其更大的损失。而当时三个条件均不利于英国援华。1937 年底到 1938 年初，欧洲局势波诡云谲。1938 年 3 月，德国吞并奥地利；4 月英国承认意大利对埃塞俄比亚的主权。美国也因其《中立法》的限制拒绝参加英美法对华信贷。① 英国政府也承认其在东亚的军备力量尚不足以应对与日本的大规模冲突。② 因而英国政府此时也不愿对华借款。英国外交部认为，此时对华提供以英国政府担保的出口信贷会激怒日本，政治风险较大，且战时中国的关盐税等财源不稳定，还债能力不足。英格兰银行则出于担保不足的考虑，也不愿提供大量垫款，较为可行的办法是，英国政府为中国政府在伦敦发行的债券提供担保或由英国政府直接借钱给中国政府，但这需要英国议会的批准。而此时国民政府尚未对日宣战，虽未宣战，但双方已处于战争状态，英国对华提供借款不仅会破坏中立原则，更会对英日关系产生不良影响，考虑到当时东亚地区英国军力不足的情况，英国尚不愿意在此时惹恼日本。③ 英国财政部并未很快给予回复，借款也被搁置。由此，英国拒绝此时对华信贷。

1937 年 12 月初，国民政府在长三角地区对日作战面临严峻形势，急切向英国寻求经济援助。1937 年 12 月 13 日，郭泰祺与英国外交大臣艾登会面，强调中国坚定抗战的决心，并表示外国的援助对中国而言较为重要，因而希望英国向中国提供出口信贷。④

---

① Foreign Office to Mr. Howe, January 11, 1938, *DBFP*, Ser. 2, Vol. 21, p. 646.

② Memorandum, December 11, 1937, FO 371/21018, pp. 236-238.

③ Memorandum, December 11, 1937, FO 371/21018, pp. 236-238.

④ Mr. Eden to Mr. Howe, December 13, 1937, *DBFP*, Ser. 2, Vol. 21, p. 489.

1938 年 1 月 1 日，郭泰祺再度与艾登会晤，商讨整个援华事宜，包括滇缅公路、海关、财政援助等问题，事后郭泰祺向孔祥熙汇报时表示，借款问题可与英方商量，但希望在他与英方交涉的同时，孔祥熙也与英国驻华使馆直接商谈，以互相配合。①

1 月 5 日，郭泰祺与贾德干会晤，告知其美国已答应对华提供 1.5 亿美元借款，英国亦为国际联盟成员，可否予以同样的援助。② 1 月 19 日，郭泰祺与艾登会谈。郭泰祺表示，希望英国提供财政援助，用于维持法币与增加外汇；艾登表示英国政府借贷需要通过英国议会，短期内恐难以达成。③ 同样在 1 月 19 日，孔祥熙致电英国驻汉口领事麦基洛普（MacKillop），请其向李滋罗斯转达，英国在华利益可能会因日本对华侵略加深而受到重大损失，英国在华投资的房产与铁路可能无法获得相应回报，且因英镑与法币以固定汇率兑换，若法币崩溃则在华英商的经济利益也必受影响，此前已达成的 2000 万英镑金融借款虽遭搁置，但其以关税作为担保，至今尚可支持，可以出口信贷的方式先行筹集部分资金，存在英国作为法币的外汇储备，中方将保证不提取。④

然而，英国在通过驻美国大使馆询问后得知，美国并未答

---

① 《郭泰祺致孔祥熙电》（1938 年 1 月 1 日），《蒋中正"总统"档案文物》，档案号：002-080106-00058-002，第 1—4 页。

② 《郭泰祺致孔祥熙电》（1938 年 1 月 5 日），《蒋中正"总统"档案文物》，档案号：002-020300-00041-001，第 1 页。

③ 《郭泰祺致外交部电》（1938 年 1 月 19 日），《蒋中正"总统"档案文物》，档案号：002-080106-00058-003，第 1 页。

④ Mr. MacKillop to Mr. Eden, January 19, 1938, *DBFP*, Ser. 2, Vol. 21, pp. 659-660.

应借款给中国，美国政府也不知道是否有私人或机构借款给中国，且美国也不同意此前中国提出的英法美三国筹集 1 亿英镑出口信贷方案，英国遂也拒绝了中国的请求。① 1 月 22 日，李滋罗斯回复孔祥熙，目前不可能在伦敦市场为中国政府筹集借款，而出口信贷则会涉及政府担保，显然会引起严重的政治困难。②

1938 年 2 月 2 日，国联理事会第 100 次常会决议各国可考虑向中国提供援助。③ 此时英国对援华的态度是，考虑到其在华利益，愿意提供力所能及的援助，但基于当下英国在东亚地区实力不足与欧洲局势紧张的情况，英国尚不愿意激怒日本。

故此时英国政府首先讨论对华借款的可行性计划，2 月 1 日，李滋罗斯代表英国财政部对外交部 1937 年 11 月 29 日关于援助中国的清单进行回复，表示唯一可行的方案是以白银为担保的借款，由中国逐步出售白银以偿还借款。④ 1938 年 2 月 11 日，由英国政府各部门组建的讨论向中国提供援助可能性的跨部门委员会（Interdepartmental Committee on the possibility of rendering assistance to China）在英国外交部召开第一次会议，外交部、财政部、空军部、海军部等部门的代表与经济顾问李滋罗斯等均参会。会上财政部代表杨表示，以英国政府为

---

① Foreign Office to Mr. Howe, January 11, 1938, *DBFP*, Ser. 2, Vol. 21, p. 646.

② Mr. Eden to Mr. MacKillop, January 22, 1938, *DBFP*, Ser. 2, Vol. 21, pp. 664.

③ Mr. Edmond to Mr. Eden, February 2, 1938, *DBFP*, Ser. 2, Vol. 21, pp. 677-678.

④ Mr. Eden to Mr. MacKillop, January 22, 1938, *DBFP*, Ser. 2, Vol. 21, pp. 664.

担保向中国提供信贷难以得到议会的同意，而财政部与英格兰银行都认为中国出售白银换取借款的方案可行性很低，因为中国已经将大量白银出售给美国，余下的数量不大，会上决定对华财政援助问题再行商议。[①]

1938年3月10日，日本扶植下的伪中国联合准备银行开业，发行伪联银券，在沦陷区流通，与日元等价，这既是对沦陷区金融的进一步掠夺，对国统区也造成一定的恐慌。[②]

有鉴于此，3月15日，郭泰祺向英国政府转交了中国提出的新借款方案，在英国政府的运作（非担保）下，通过私人银行为中国政府筹集2000万英镑的贷款，为期15年，并以中国的钨砂和锑等稀有金属为抵押，英国可拥有三年的全部产量，并附加关余作为抵押品。[③]

钨砂和锑都是重要的战略资源，被广泛应用于枪支、炮弹与装甲等军事装备的制造之中，当时中国是世界上这两种金属产量最大的国家之一。英国外交大臣哈利法克斯（Halifax）在3月25日致电英国驻华大使卡尔（A. Clark Kerr）表示，目前不能在伦敦市场为中国公开筹集任何借款，但对能获取中国的钨砂和锑的方案很感兴趣。[④] 3月31日，财政大臣西蒙[⑤]会见

---

① Minutes of the First Meeting of the Interdepartmental Committee on the Possibility of Rendering Assistance to China, February 11, 1938, FO 371/22102, pp. 11–15.

② 〔日〕浅田乔二等：《1937—1945日本在中国沦陷区的经济掠夺》，袁愈佺译，复旦大学出版社，1997，第220—226页。

③ Viscount Halifax to Sir A. Clark Kerr, March 16, 1938, *DBFP*, Ser. 2, Vol. 21, p. 718.

④ Viscount Halifax to Sir A. Clark Kerr, March 25, 1938, *DBFP*, Ser. 2, Vol. 21, pp. 725–726.

⑤ 原外交大臣西蒙在1937年出任英国财政大臣。

国民政府立法院院长孙科与郭泰祺，表示当下对华财政援助最具可行性的方案是英国购买钨砂和锑的商业安排。[①] 4月5日，西蒙向英国首相内维尔·张伯伦表示，因钨砂和锑对英国的国防十分重要，且德国也在致力于掠取中国的钨砂和锑，故建议英国以在未来三年内购买中国绝大部分锑和钨砂为条件，给予中国政府一笔信贷，中方可从出口收益中偿还，借款可用于增加外汇或维持法币，内维尔·张伯伦对西蒙的建议表示认同。[②]

4月28日，国民政府委员宋子文与卡尔会谈。宋子文表示，中国如获外国借款，支撑一年至一年半可无问题，但若无外国借款，则两三个月后恐难以维持，双方也均认同，英国东亚策略的关键，全视能借款与否。[③] 5月7日，卡尔致电英国外交部，敦促英国政府尽早就援华事宜做出决定，并表示赞同以钨砂和锑换取信贷的计划。[④]

5月25日，孔祥熙致电郭泰祺，因英财政部提出由中方提供方案，故提出四项方案：（1）由英方承受最近发行之金公债全部或一部；（2）1908年英法借款，今年可全数还清，拟照原合同续借500万或1000万英镑；（3）根据去年与汇丰银行商议之金融借款2000万镑案，请英方承受抵押或垫借；

① 《郭泰祺致孔祥熙电》（1938年4月1日），《蒋中正"总统"档案文物》，档案号：002-020300-00041-002，第1页。

② Viscount Halifax to Mr. J. D. Greenway, April 5, 1938, *DBFP*, Ser. 2, Vol. 21, pp. 726-727.

③ 《宋子文致蒋介石电》（1938年4月29日），《中华民国时期外交文献汇编（1911—1949）》第7卷，中华书局，2015，第713—714页。

④ Sir A. Clark Kerr to Foreign Office, May 7, 1938, *DBFP*, Ser. 2, Vol. 21, pp. 762-763.

（4）切实商定货物信用款 1000 万英镑案。① 随后，郭泰祺将第一方案以照会的形式发给英国财政部，并在 5 月 27 日访问贾德干，面商第二与第四方案。但英方此时仅对以钨砂和锑作为抵押换取信贷的方案感兴趣，贾德干表示会在下周的英国内阁会议中讨论此方案。②

6 月 1 日，英国内阁外交政策委员会第 30 次会议召开，讨论援华问题。此前哈利法克斯在 5 月 31 日起草了一份有关是否以钨砂和锑换取信贷的方式援助中国的备忘录。该备忘录认为，从国防上讲，英国需要钨砂和锑作为战备物资，当下英国上述金属的储量只有 1000 吨，而德国则已有购买 20000 吨的计划，并在 1937 年已从中国购买了 8000 吨钨砂和 2000 吨锑，而从商业上讲，如果没有英国政府的担保和支持，英国公司不可能同意对华信贷，除了与钨砂和锑有关的方案外，中英银公司此时也可以对华提供小额信贷，以换取修筑滇缅铁路的特许权；对华借款的好处在于，在日本如果征服中国就将毁灭英国在华全部利益的预判下，对华提供援助无疑将有助于中国对日抵抗，即便日本最后取得胜利，而对其消耗越大，日本就越有可能因实力不足而与英国就东亚问题达成妥协，同时也有可能鼓励其他国家进一步援华；而坏处在于，可能会激怒日本，招致更大的报复，且若中国最终战败，则英国提供的借款都将血本无归，此外，美国等国家是否会跟进提供援助也是未

---

① 《孔祥熙致郭泰祺电》（1938 年 5 月 25 日），《蒋中正"总统"档案文物》，档案号：002-020300-00041-005，第 1 页。

② 《郭泰祺致孔祥熙电》（1938 年 5 月 27 日），《蒋中正"总统"档案文物》，档案号：002-020300-00041-006，第 1 页。

知的。① 会上，哈利法克斯同意对华借款，但西蒙不同意，因为这会冒激怒日本的风险，同时英国所需的稀有金属可以通过缅甸获取，首相内维尔·张伯伦则表示需要询问汇丰银行的意见，本次会议并未就是否援华得出决议，而是决定先询问汇丰银行代表格兰朋对借款的看法，以及美国是否会与英国合作进行借款。②

6月2日，英国外交部、财政部与英格兰银行代表和汇丰银行代表格兰朋会谈。格兰朋表示，除非得到英国政府的担保，否则汇丰银行不可能给中国提供任何信贷。③ 费希也不同意对华借款，认为此时援华将引发日本的敌意，让英国面临风险，对中国也没有真正的好处。④

形势愈发危急了。6月27日，卡尔致电英国外交部，汇报日本对英国在长江流域与华南地区所占据产业进行破坏和吞并的情况，再度呼吁英国采取措施，遏制日本吞并英国在华利益的举动。⑤ 6月28日，内维尔·张伯伦、西蒙、哈利法克斯、李滋罗斯等人开会讨论是否对华提供2000万英镑借款。哈利法克斯赞成借款，西蒙则指出，由于立法是必要的，政治

---

① Memorandum, May 31, 1938, *DBFP*, Ser. 2, Vol. 21, pp. 787-790.

② Extract from Conclusions of the Thirtieth Meeting of the Cabinet Committee on Foreign Policy Held in the Prime Minister's Room, House of Commons on Wednesday, June 1, 1938, *DBFP*, Ser. 2, Vol. 21, pp. 785-790.

③ Extract from Conclusions of the Thirtieth Meeting of the Cabinet Committee on Foreign Policy Held in the Prime Minister's Room, House of Commons on Wednesday, June 1, 1938, *DBFP*, Ser. 2, Vol. 21, pp. 785-790.

④ Sir R. Craigie to Viscount Halifax, June 14, 1938, *DBFP*, Ser. 2, Vol. 21, pp. 800-801.

⑤ Sir A. Clark Kerr to Viscount Halifax, June 27, 1938, *DBFP*, Ser. 2, Vol. 21, pp. 801-802.

借款（即有政府担保）不能伪装为商业借款，内维尔·张伯伦要求外交与财政两部分别提交援华问题的备忘录，并在 7 月 6 日的内阁会议上讨论。[①]

7 月 1 日，两部分别拟订了备忘录，仍旧延续此前各自的态度。英外交部认为，如果日本征服中国，并排除其他国家在华利益，则包括香港在内的英国在华经济利益可能将覆灭，采取行动确保英国在中国乃至亚洲的利益的必要性和可能性的好处，超过此举带来的日本怨恨的坏处。[②] 财政部则认为，从政治角度看，提供借款的风险太大，如果英国对华提供借款，但中国不能在一年之内击败日本，则有可能招致日本对英的敌意，日本有可能与德国和意大利结成同盟，英国则面临在欧洲和东亚同时面对敌对行动的危险。[③]

7 月 6 日，英国内阁召开会议，讨论两份备忘录，会上认为，支持和反对对华借款的势力相当，决定推迟到下周的内阁会议再得出结论，先由外交大臣向驻日大使了解日本对英国援华的态度，向美国驻英大使了解美国是否愿意在援华问题上与英国合作。[④] 同日，英国驻日大使克莱琪（R. Craigie）向英外交部表示，英国政府提供信贷将对英日关系产生破坏性影

---

① Memorandum by Lord Halifax on Assistance to China, July 1, 1938, *DBFP*, Ser. 2, Vol. 21, pp. 815–816.

② Memorandum by Lord Halifax on Assistance to China, July 1, 1938, *DBFP*, Ser. 2, Vol. 21, pp. 815–816.

③ Note by Sir J. Simon on Assistance to China, July 1, 1938, *DBFP*, Ser. 2, Vol. 21, pp. 817–818.

④ China: Assistance to, July 6, 1938, CAB-23-94-4, pp. 9–16, the National Archives (UK) (Hereafter similar).

响。① 7 月 11 日，美国驻英大使肯尼迪（Kennedy）也向哈利法克斯表示，美国政府不会加入目前英国对华信贷的计划。②

7 月 13 日，英国内阁再度召开会议。在了解到日本和美国的态度后，哈利法克斯的态度也发生变化，他表示借款可能会带来诸多不确定性，可能会招致日本对香港的行动，而在欧洲局势日益危险的情况下，坚持对华借款是危险的，但他仍表示，如果因英国拒绝对华援助，中国外债违约，则英国不应对此过于苛责。会上最终决定，鉴于严重的国际形势以及向中国提供财政资助的提案可能首先引起日本的反对并采取行动，以及随后在欧洲可能引起的反应，对华借款的提案不应被采纳。③ 在郭泰祺看来，此时英国拒绝援华的原因在于欧洲局势不稳，德国与意大利在地中海地区有侵吞英法利益的计划，西班牙问题表面上有解决之势，实则仍有问题，故他在 14 日致电孔祥熙表示，如国际形势好转或东亚局势有变化，英国仍有可能对华提供借款。④ 而蒋介石此时则担忧，一旦英国对华借款成功，使得日本恼羞成怒，不顾一切进攻华南，则对中国的抗战后方更为有害。⑤

不过，英国拒绝对华提供借款的举动并未有效缓解英日关系。8 月 18 日，日本外相有田八郎对克莱琪表示，虽然英国

---

① Extract from Cabinet Conclusions No. 31 （38），July 6, 1938, *DBFP*, Ser. 2, Vol. 21, pp. 812–817.

② The Ambassador in the United Kingdom （Kennedy）to the Secretary of State, July 11, 1938, *FRUS, 1938, The Far East*, Vol. 3, pp. 535–536.

③ China: Assistance to, July 13, 1938, CAB–23–94–5, pp. 10–14.

④ 《郭泰祺致孔祥熙电》（1938 年 7 月 14 日），《蒋中正"总统"档案文物》，档案号：002-020300-00041-012，第 1—2 页。

⑤ 《蒋中正先生年谱长编》第 5 册，第 563 页。

拒绝中国借款请求的举动有助于英日关系，但随后内维尔·张伯伦等 7 月 26 日至 29 日在英国议会下议院有关英国正在考虑其他援华方式的演讲又引发了日本的强烈不满。[1] 同时，哈利法克斯认为，日本将英国拒绝对华借款的决定理解为英国承认没有能力保护自己的利益。[2] 卡尔也同意这一看法。[3]

而内维尔·张伯伦等人有关英国政府愿意援华的讲话又促使国民政府继续交涉请求援助。9 月 1 日，郭泰祺向英国政府递交备忘录，表示中国政府注意到英国政府高层在议会上有关援华的讲话，希望英国政府能够采取措施，促成对华出口信贷。[4] 郭泰祺表示，中国政府会在 9 月 12 日举行的国联行政院第 102 次会议上，提出此议案。郭泰祺也补充说明，此前英国政府有关信贷的限制条件需要去除，同时也应当公开宣传，以达到提振抗战士气的目的。不过，哈利法克斯对此却反应平平，他向郭泰祺表示，在当前欧洲局势紧张的情况下，可能无法在国际联盟引起各国的积极反应。[5]

9 月 19 日，参加国联会议的中国代表团成员顾维钧向英国代表团递交有关请求英国援华的文件。有关借款方面，中方询问是否可以由另一个国家安排英国对华借款（即英国借

[1] Sir R. Craigie to Viscount Halifax, August 18, 1938, *DBFP*, Ser. 3, Vol. 8, pp. 28-29.

[2] Viscount Halifax to Sir R. Craigie, August 28, 1938, *DBFP*, Ser. 3, Vol. 8, pp. 47-48.

[3] Sir A. Clark Kerr to Viscount Halifax, August 29, 1938, *DBFP*, Ser. 3, Vol. 8, pp. 59-60.

[4] 《致英外长说帖》（1938 年 8 月 31 日），《外交部档案》，档案号：020-041104-0007，第 9—12 页。

[5] Viscount Halifax to Sir A. Clark Kerr, September 1, 1938, *DBFP*, Ser. 3, Vol. 8, p. 65.

给某国，再由该国转给中国），以避免政治上的困难，同时询问中国代表团可否秘密前往伦敦，商讨出口信贷的具体安排。[1] 英国外交部与财政部和出口信贷担保局共同讨论后，在9月23日给予了回复，任何其他国家都不可能在英国借款并将其提供给中国，这类伪装过于单薄，政治困难将无法克服，同时也拒绝中国代表团来伦敦，因为当下英国出口信贷担保局只能根据其可接受的范围提供借款。[2]

　　1938年10月，日军在长江流域的推进，对英美等国在华利益产生严重威胁，10月6日，美国驻日大使格鲁（Joesph Grew）就日本触及美国在华利益一事，向日本递交照会，抗议日本违反在华门户开放原则。[3] 10月17日，郭泰祺与哈利法克斯会晤，向其转交两份备忘录，要求英国像美国一样，采取对日禁运等制裁措施，并鉴于日军向华南挺进对英国在华利益的威胁，希望英国向中国提供大量援助，例如完成滇缅公路，并向中国提供出口信贷以购买卡车。[4] 但面对日本进攻的势头，英国不愿意经济援华。11月1日，在英国议会下议院的辩论中，哈利法克斯认为，在战争结束后，不论哪方获胜，中国的战后重建都需要英国资本的支持，英国政府认为，目前

---

① United Kingdom Delegation to Viscount Halifax, September 19, 1938, *DBFP*, Ser. 3, Vol. 8, pp. 93-94.

② Viscount Halifax to United Kingdom Delegation, September 23, 1938, *DBFP*, Ser. 3, Vol. 8, pp. 102-103.

③ 〔美〕约瑟夫·格鲁：《使日十年：1932至1942年美国驻日大使格鲁的日记及公私文件摘录》，蒋相泽译，商务印书馆，1983，第267页。

④ Viscount Halifax to Sir A. Clark Kerr, October 17, 1938, *DBFP*, Ser. 3, Vol. 8, pp. 142-143.

讨论经济援华是不可取的。①

11 月 3 日，日本首相近卫文麿发表"第二次近卫声明"，号称要建立"确保东亚永久和平的新秩序"，以"中日满三国合作，在政治、经济、文化等方面建立连环互助的关系为根本"，希望"各国正确认识帝国的意图，适应东亚的新形势"。② 此前，日军在 10 月 21 日侵占广州，对英国在华南地区利益造成更大威胁。

虽然英国在华利益受到日本的威胁日益严重，但英国仍对援华问题无动于衷，这让国民政府十分不满。11 月 4 日，蒋介石与卡尔会谈。蒋介石表示，日本占领广州的最大目的，在于彻底打击英国，使中国方面不再相信英国在东亚地区的影响力与控制力，蒋介石询问英国对此态度如何，希望英国明确回答是否愿意援助中国，并表示，如果英国不理睬中国的要求，自此将不再向英国求援，也不再提及任何与英国东亚政策有关之事。③ 针对蒋介石的强硬表态，卡尔表示其所言确为实情，建议英国政府至少应表明不惧怕日本，例如谴责日本对英日商业条约的践踏。④

11 月 18 日，郭泰祺致电哈利法克斯，请英国政府加大援华力度，其中就包括与英出口信贷担保局沟通，尽快为中国提

---

① Viscount Halifax to Sir R. Craigie, November 3, 1938, *DBFP*, Ser. 3, Vol. 8, pp. 132–133.

② 复旦大学历史系日本史组编译《日本帝国主义对外侵略史料选编（1931—1945）》，上海人民出版社，1985，第 278—279 页。

③ 《蒋中正与卡尔会谈记录》（1938 年 11 月 4 日），《蒋中正"总统"档案文物》，档案号：002-020300-00039-008，第 1 页。

④ Sir A. Clark Kerr（Changsha）to Viscount Halifax, November 7, 1938, *DBFP*, Ser. 3, Vol. 8, pp. 195–196.

供滇缅路卡车信贷。郭泰祺表示，目前英出口信贷担保局纯粹从商业角度考虑此问题，向中方索取担保，中国政府有能力指定每月 300 万美元的进口额，作为通过出口信贷担保局进行金融交易的循环信贷，哈利法克斯表示会与英政府其他部门商议此事。[1] 同时，王宠惠也在 11 月 19 日会见卡尔，要求其告知英政府，中国希望英国提供对华经济援助，以及英国针对日本有损其在华利益之举动实施国际公法允许内之报复，发表维持《九国公约》的宣言，同时表示，如果得不到英美的确实支持，中国正考虑对日宣战。[2]

至 11 月下旬，英国外交部也考虑向内阁提出，英国政府出面担保，由汇丰银行向中国提供 250 万英镑充作平准外汇基金，数额随后增加为 300 万英镑，条件是中国承认英日达成的有关中国沦陷区的海关协定。[3]

英国财政部仍不同意对华提供货币借款。在 11 月 25 日，西蒙给英国内阁提交备忘录，表示，当下英国财政界和在华银行不认为法币会立即崩溃，也不会因货币崩溃而对在华英商的经济利益立刻造成损失，即便汇丰银行向中国提供 300 万英镑，

---

[1]　Viscount Halifax to Sir A. Clark Kerr, November 19, 1938, *DBFP*, Ser. 3, Vol. 8, pp. 213-214.

[2]　《王宠惠致蒋介石电》（1938 年 11 月 19 日），《蒋中正"总统"档案文物》，档案号：002-020300-00039-010，第 2—5 页。蒋介石曾在 1938 年 11 月 11 日致电孔祥熙与王宠惠，认为如果对日宣战，则对英美不利，因为日本则可以战时状态为由加大抢占英美在华利益，故在与英方交涉时，可以此为条件。但实际上是否宣战则另当别论。《蒋中正致孔祥熙、王宠惠电》（1938 年 11 月 11 日），《蒋中正"总统"档案文物》，档案号：002-020300-00039-009，第 1—2 页。

[3]　Foreign Office to Sir R. Craigie, November 23, 1938, *DBFP*, Ser. 3, Vol. 8, pp. 222-223.

也会很快消耗完毕，英国届时又将需要再度提供类似的援助，但最终由英国承担损失，这是很不划算的，且借款很有可能被用于军事支出，英国将被视为放弃对中日冲突的中立原则。①

11 月 30 日的英国内阁会议上再度讨论是否援华。哈利法克斯认为应当同意提供货币借款，因为这有助于提高英国在华的影响力，而且借款数额不大，不会引起日本的反感，且若英美共同行动，外交上的风险更小，内维尔·张伯伦虽仍担忧借款会让英国在外交上面临风险，但也同意可以先探询日本对此的态度，以及美国是否愿意同时提供对华借款，会议决定会后寻求两个问题的答案。此外，西蒙提出，若货币借款风险大，则可与出口信贷担保局商讨增加出口信贷以对华借款的方案，会议也决定会后由两部门进行协商。②

此后，三件事的发生促使英国提供对华信贷。其一，日本御前会议在 11 月 30 日决定《调整日华新关系方针》，称长江下游"为日、华经济上紧密结合的地区"，实际上即要求在此区域拥有经济特权。③ 这是日本"东亚新秩序"的具体方针，对英国在华利益造成重大损害。其二，英国政府在 12 月 8 日向议会提交出口担保法案修订案，将原定 5000 万英镑的数额增至 7500 万英镑，并授权英国内阁可因特殊政治事由直接分配 1000 万英镑。虽然随后英国拒绝中方提出的将此 1000 万数额全部给予中国使用的请求，但也表示可考虑向中国分配 200

---

① Note by Sir J. Simon on Assistance to China, November 25, 1938, CAB-24-280-23, pp. 1-4.

② China: Assistance to, November 30, 1938, CAB-23-96-9, pp. 14-21.

③ 张篷舟主编《近五十年中国与日本（1932—1982）》第 3 卷（1938—1939），四川人民出版社，1987，第 201 页。

万至 300 万英镑的份额。① 其三，英国担忧的政治风险也因英美共同对华借款而有所降低。12 月 4 日，克莱琪向英国外交部汇报，认为如果英美联合向中国提供货币借款，或者各自在相近时间内提供对华借款，那么不会引起日本对英战争的风险，且在日本步步蚕食英国在华利益的情况下，英国应采取措施增强中国的抗日力量，也"让日本明白英国还有比抗议更有效的东西"。② 12 月 6 日，哈利法克斯致电林德赛（R. Lindsay），询问美国是否愿意与英国一道对华提供货币借款。③ 英国驻美大使馆参赞马勒（Mallet）于 12 月 11 日告知哈利法克斯，美国政府已决定对华提供 2000 万美元桐油借款，以美国商业公司出口美国商品的信贷的形式提供，并对棉麦借款的偿还条件做出对中方较有利的修改安排。④ 12 月 15 日，美国宣布对华提供桐油借款 2500 万美元。虽然美国没有提供货币借款，但毕竟也提供了其他类型的对华借款，英国不单独冒对华借款的政治风险。

英国对华信贷的外交条件已有较为有利的变化。1938 年 9 月时英法德意签订《慕尼黑协定》，到 1938 年底欧洲局势相对稳定。美国愿意提供借款，虽然此时英国在东亚地区的军事

---

① 《郭泰祺致孔祥熙电》（1938 年 12 月 9 日），《外交部档案》，档案号：020-041104-0007，第 15 页；《郭泰祺致外交部电》（1938 年 12 月 10 日），《蒋中正"总统"文物档案》，档案号：002-020300-00041-014，第 1 页。

② Sir R. Craigie to Viscount Halifax, December 4, 1938, *DBFP*, Ser. 3, Vol. 8, pp. 295-296.

③ Viscount Halifax to Sir R. Lindsay, December 6, 1938, *DBFP*, Ser. 3, Vol. 8, p. 301.

④ Mr. Mallet to Viscount Halifax, December 11, 1938, *DBFP*, Ser. 3, Vol. 8, pp. 300-301.

力量仍未有明显上升，但英美合作援华减轻了英国的顾虑。

此外，现有研究对英国对华信贷决策中贸易因素关注较少，信贷有助于英国提高对华出口额。1938 年 12 月 5 日英国议会上议院辩论中专门讨论了中英贸易相关问题，议员斯特拉博尔吉（Strabolgi）即提出，英国政府应以商业信贷模式向中国提供出口信贷，使得中国加大购买英国产品的规模，以此减缓英国对华出口额的下降。[①] 实际上，七七事变后，英国对华出口额显著降低。1937 年时英国对华出口海关金 4912.9 万元，与 1936 年海关金 4889.7 万元相比尚略有增加，但到 1938 年时，英国对华出口额降至海关金 3083.6 万元，下降幅度约为 37.2%，而 1939 年时情况仍未有好转，出口额为海关金 3142.2 万元。更为重要的是，此前英国对华贸易一直是出超，但到 1939 年时，英国对华进口额达到海关金 3627.8 万元，产生了海关金 485.6 万元的贸易逆差，变为入超。[②] 因而英国需要采取措施扩大对华出口贸易。

综合外交与贸易两个因素后，英国决定援华。不过，英国的第一步迈得相当谨慎。12 月 19 日，郭泰祺与哈利法克斯会面，郭泰祺希望英国跟进美国，对华提供 400 万至 500 万英镑的出口信贷，哈利法克斯表示数额太大，但可落实此前双方协

---

① British Trade in China, December 6, 1938, 20th Century House of Lords Hansard Sessional Papers, Fifth Series, Volume Ⅲ, pp. 345-362. 英国议会记录原件藏于英国国家档案馆，现已数字化。网址：https://parlipapers.proquest.com/parlipapers/docview/t71.d76.lds5lv0111p0 - 0015? accountid = 41097。

② 总税务司署统计科：《海关中外贸易统计年刊》，1937 年，第 48、50 页；《海关中外贸易统计年刊》，1938 年，第 74、76 页；《海关中外贸易统计年刊》，1939 年，第 72、74 页。

商的滇缅公路卡车信贷。[①]

相比于更有可能用于军事支出的出口信贷,英国仍希望首先提供政治风险更小的平准基金借款,12 月 21 日,英国内阁会议上决定,英国首先询问美国是否愿意提供平准基金借款,提供出口信贷的数额由外交部、财政部与出口信贷担保局协商,并视平准基金的情况而定,但两笔借款总额不超过 300 万英镑。[②] 但由于此时桐油借款刚刚达成,美国政府不愿意再与英国一同对华提供平准基金借款,但希望英国跟进美国,对华提供出口信贷。[③] 同时,日本外相有田八郎在 12 月 19 日的讲话中也表示,虽然英国对华提供出口信贷不利于中日冲突的解决,但他倾向于不将其视为政治姿态。[④] 最终英国决定先对华提供出口信贷,1938 年 12 月 21 日,英国出口信贷担保局致函郭泰祺,正式通知中国,愿意为中国政府提供出口信贷,由该局为英商对华出口汽车提供 50 万英镑的担保,条件如下:由中国向英商交付四分之一货款,其余款项由英出口信贷担保局担保,借款期限为 4 年,利息为 6%。[⑤]

至此,在全民族抗战爆发近 17 个月后,中国终于争取到

---

① 《郭泰祺致外交部电》(1938 年 12 月 20 日),《外交部档案》,档案号:020-041104-0007,第 19—22 页。

② China: Assistance to, December 21, 1938, CAB-23-96-12, pp. 1-5.

③ Memorandum by the Acting Secretary of State, December 20, 1938, *FRUS*, *1938*, *The Far East*, Vol. 3, pp. 590-591.

④ Sir R. Craigie to Viscount Halifax, December 20, 1938, *DBFP*, Ser. 3, Vol. 8, pp. 339-340.

⑤ 《郭泰祺致孔祥熙、张嘉璈电》(1938 年 12 月 21 日),《外交部档案》,档案号:020-041104-0007,第 16—18 页;《财政部报告最近办理英国信贷经过情形代电稿》(1939 年 2 月 21 日),《民国外债档案史料》第 11 卷,第 176 页。

了第一笔英国借款。中国方面也更加重视中英关系，蒋介石在
1939 年 1 月 1 日致电宋子文，令其赴伦敦与英国政府协商进
一步援华事宜。[①] 但宋子文表示需进一步了解英方的情况后再
做决定。[②]

第二节　中英信贷交涉

（一）1939 年信贷的签订

英国同意提供信贷后，中英开始就具体条件进行交涉。

中方对英国同意信贷缺乏准备，未能迅速敲定信贷购料具
体计划。交通部得知英国愿意提供出口信用担保后，提出可将
借款用于购买川滇缅铁路钢轨，1939 年 1 月 5 日，李滋罗斯
密告郭泰祺，英国可以为中国提供的出口信贷上限为 300 万英
镑，郭泰祺随后在 1 月 12 日致电孔祥熙，希望形成运用此 300
万英镑的全盘计划，照此与英方交涉。[③] 全盘信贷计划的制定
尚需时日，但同在 1 月 12 日，国民政府财政部电告郭泰祺，
允许以英镑库券偿还余下的四分之三借款，并由中国银行或中
央银行担保，但请照美国借款之例，将利息减为 5%，偿还期

---

① 《蒋介石致宋子文电》（1939 年 1 月 1 日），《蒋中正"总统"档案文
物》，档案号：002-020300-00041-016，第 1 页。

② 《宋子文致孔祥熙电》（1939 年 1 月 3 日），《蒋中正"总统"档案文
物》，档案号：002-020300-00041-017，第 1 页。

③ 《郭泰祺致孔祥熙电》（1939 年 1 月 5 日），《蒋中正"总统"档案文
物》，档案号：002-080106-00058-004，第 1—2 页；《郭泰祺致孔祥熙
电》（1939 年 1 月 12 日），《蒋中正"总统"档案文物》，档案号：002-
020300-00041-019，第 1 页。

限展为 5 年 10 期。[①] 1 月 13 日，英国出口信贷担保局致函郭泰祺，利息只能减为 5.5%，购车期限仍为 4 年，钢轨则可展期，签订合同时应付款项以 500 辆为准，约 12.4 万英镑。[②]

在得知英国政府同意提供出口信贷后，国民政府各部门都开始与英商接洽购料事宜，除交通部购汽车 50 万英镑外，截至 1939 年 1 月底，交通部与英商商洽了购钢轨、电信材料约 150 万英镑，经济部、民生公司与英商商洽了购机器约 90 万英镑，军政部与英商商洽了购颜料电话机约 30 万英镑，共约 320 万英镑。[③] 2 月初，郭泰祺得知英国出口担保法案修订案可能会很快在议会通过后，在 2 月 3 日致电孔祥熙，希望后者尽快告知出口担保的具体手续、如何支付现金及分期偿付等情况。[④] 同时，郭泰祺也在 2 月 9 日致电英国外交部，告知中方已商洽的购料清单，希望英国政府能协调相应部门尽快供给。[⑤] 但国民政府重新调整了购料分配，故未能立即提供清单。2 月 20 日，孔祥熙决定优先满足军政部的购料需求，除此前已谈成的 50 万英镑购卡车与军政部购电话线材料 4.4 万英镑外，尚余 240 余万英镑的可用数额，目前各机构所需购料中

---

① 《财政部报告最近办理英国信贷经过情形代电稿》（1939 年 2 月 21 日），《民国外债档案史料》第 11 卷，第 176 页。

② 《郭泰祺致外交部电》（1939 年 1 月 13 日），《外交部档案》，档案号：020-041104-0007，第 36—37 页。

③ 《郭泰祺致孔祥熙电》（1939 年 2 月 3 日），《外交部档案》，档案号：020-041104-0007，第 33 页。

④ 《郭泰祺致孔祥熙电》（1939 年 2 月 3 日），《外交部档案》，档案号：020-041104-0007，第 33 页。

⑤ Note by Chinese Ambassador, February 9, 1939, FO 371/23409, pp. 249 - 250.

优先满足军政部兵工署本年度储料，其余各部门再行分配。①

　　2月28日，英国新的出口信贷法案正式获议会通过，但截至2月底，国民政府军政部、交通部、经济部等部门及其他机关上报的购料额度达到570万英镑，除去应付的四分之一现款142.5万英镑外，仍需427.5万英镑的出口信贷，远超当下剩余的240余万英镑的额度，因而郭泰祺在3月1日致电孔祥熙，要求重新分配数额。②

　　因战时材料所需较为紧急，故未等中英两国政府签订出口信贷合约，在得到英国出口信贷担保局的保证后，已谈妥条件的购车部分便迅速订立了合同。3月15日，交通部（由驻英大使郭泰祺代为签字）与英商桑内克乐夫厂（Thornycroft）签订《订购载重汽车合同》，合同共7条，交通部订购卡车200辆、半拖车100辆，其余配件若干，货价总额为22万3011英镑5先令4便士。付款程序为：签订合同时立即支付10%，每批货物起运时凭缴轮船提单至少照付该批货价15%，总计先行付款25%，剩余75%的欠款以中国政府在伦敦发行之英镑库券抵付，应由中国银行背书担保，发行总额为18.8万英镑，本金为167258英镑（即欠款部分的数额），周利息5.5%，总利息为20742英镑，期限为4年，每半年还本付息一次，英国出口信贷担保局为合同中的14.1万英镑提供担保。③

---

① 《财政部致交通部电》（1939年2月20日），中国第二历史档案馆藏交通部档案，档案号：二〇（2）-1679，第94页。
② 《郭泰祺致孔祥熙电》（1939年3月1日），《外交部档案》，档案号：020-041104-0007，第29—30页。
③ 《交通部英国桑内克乐夫厂订购载重汽车合同》（1939年3月15日），《民国外债档案史料》第11卷，第178—181页。

购车合同签订的同时，中英第一次平准基金合同也在 3 月10 日签订。① 国民政府希望加快信贷合约的谈判，孔祥熙在 3 月中旬召集各部门开会会讨论，决定以军用为先的原则拟订购料单，但各部门均以本部所需甚急，先后开列了多份清单。② 到 4 月初，英国政府陆续收到超过 5 份国民政府各部门代表的购料清单，英国外交部在 4 月 5 日致电卡尔，要求其向中方索取最急需的购料部分。③ 4 月 8 日，国民政府将重新拟订的最急需的购料清单交给英方，包括各类化学品、药品、工厂设备和电话等，总价约 130 万英镑。④ 随即，中英双方就这批信贷的担保及其他手续展开谈判。

英国出口信贷担保局希望中国提供与中美桐油借款类似的担保方式。⑤ 4 月 11 日，英国使馆一等秘书葛林威（J. D. Greenway）向外交部递交照会，要求中方以中国政府期票进行付款，收益交由设在英国的购料委员会以现金进行采购，中国政府银行为此进行担保，此外中方提供钨砂等稀有金属或其他合适的出口品作为担保，同时英国政府也将为英国出口商提供担保。⑥

---

① 《中英平准汇兑基金借款》（1939 年 3 月 10 日），《民国外债档案史料》第 11 卷，第 142—143 页。

② 《交通部致财政部电》（1939 年 3 月 15 日），中国第二历史档案馆藏交通部档案，档号：二〇（2）-1679，第 142—143 页。

③ Foreign Office to Sir A. Clark Kerr, April 5, 1939, FO 371/23411, pp. 108–109.

④ Viscount Halifax to Mr. Greenway, April 8, 1939, FO 371/23411, pp. 113–114.

⑤ The Governor（HongKong）to Foreign Office, April 15, 1939, FO 371/23411, p. 163. 桐油借款规定的担保方式是中国银行担保，同时将桐油运到美国出售，美国银行为中国提供信贷。《中美第一次（桐油）借款》（1939 年 2 月 8 日），《民国外债档案史料》第 11 卷，第 118 页。

⑥ 《葛林威致外交部照会》（1939 年 4 月 11 日），《外交部档案》，档案号：020-041104-0007，第 53—54 页。

对于以政府期票进行付款，中方并无异议，但关于担保，则有不同意见。① 美籍财政顾问杨格与中央银行英籍顾问罗杰士都不同意此担保方案，认为如此则会减少中国的外汇储备，中国银行的部分外汇将被冻结，而钨砂本就是中国重要的出口物资，② 将其出售可得大量用于充当法币外汇准备基金的外汇，若以此为担保，则会减少可用于维持法币汇率的外汇准备金，不利于中国货币金融体系的稳定，也不利于刚建立的平准基金委员会的运作。③ 罗杰士在 4 月 21 日向英国政府推荐了以云南的锡矿为信贷担保，因为目前出售锡矿所得外汇由云南省政府保留，并未用于法币外汇准备。④ 不过，孔祥熙否定了此方案，因为云南省的财政收入很大程度依赖锡矿出口，且当下国民政府与云南省政府政治关系微妙，⑤ 故不可能要求以锡矿作为信贷担保。⑥

---

① 《孔祥熙致驻英大使馆电》（1939 年 4 月 18 日），《外交部档案》，档案号：020-041104-0007，第 14—15 页。

② 1935 年至 1938 年，中国以各种方式出口（包括易货信贷）钨砂 4.3 万余吨，价值约 1.07 亿美元。薛毅：《英国福公司在中国》，武汉大学出版社，1992，第 215 页。

③ 1935 年 11 月国民政府实施法币改革，法币实际上成为外汇汇兑本位的货币，1939 年 3 月中英签订平准基金借款合约后，成立中英平准基金委员会，负责维持法币与英镑汇率稳定。Viscount Halifax to Sir A. Clark Kerr, April 25, 1939, FO 371/23411, p. 197；《中华民国史档案资料汇编》第 5 辑第 1 编《财政经济》（4），第 314—315 页；《中英平准汇兑基金借款》（1939 年 3 月 10 日），《民国外债档案史料》第 11 卷，第 142—143 页。

④ China Credits, Yunnan Tin, April 21, 1939, FO 371/23411, p. 163.

⑤ 全民族抗战时期，以龙云为代表的云南地方势力与国民政府关系不和，云南省设立经济委员会及企业局，并对进入云南的货物征收特别损耗税，与国民政府争夺云南的经济利益。参见谢本书、冯祖贻主编《西南军阀史》第 3 卷，贵州人民出版社，1994。

⑥ Sir A. Clark Kerr to Foreign Office, May 5, 1939, FO 371/23411, p. 243.

在无法找到代替方案的情况下，英国出口信贷担保局坚持由中国银行提供担保。[1] 卡尔向国民政府解释称，在中美桐油借款中，中国银行同意担保，中英信贷的担保条件不能比此更差。[2] 为尽快获取信贷，中方最终也同意由中国银行作担保，英方在利息方面也做出让步，7 月初，英国政府再度告知中国，利息可定为 5%（与美桐油借款一致），同时，各类材料应依项逐次办理。[3] 随后国民政府财政部拟订了购料次序，先后为军用、交通、国营建设及商营建设，总计约 269.96 万英镑，具体情况见表 4-1。

表 4-1 国民政府提出的第一次中英出口信贷购料清单（1939 年 7 月）

军用	交通	国营建设	商营建设
兵工署购买兵工器材，93.75 万英镑	交通部西南北电话网材料 37.5 万英镑	中央广播事业管理处无线电器材 8.805 万英镑	民丰造纸公司机料 2 万英镑
军政部电话机购料 3.375 万英镑	交通部滇缅叙昆铁路钢轨 37.5 万英镑	经济部附属各机关机购料 55.5303 万英镑	中国毛织厂公司机器 3.75 万英镑
陆军机械化学校战车工厂机器工具 11.25 万英镑	交通部滇缅公路柴油机车拖车 7.5 万英镑	富荣盐场绞制绳机器 9 万英镑	

注：除本表所列物资外，尚有交通部滇缅公路拖车 100 辆、卡车 200 辆，通过英国对华信贷采购，已于 1939 年 3 月订购，故未列入表内。

资料来源：根据《财政部为英国信贷厘定购料次序清单签呈》（1939 年 7 月 10 日），《民国外债档案史料》第 11 卷（第 181 页）整理。

---

[1] Foreign Office to Commercial Secretary（Hongkong），June 1，1939，FO 371/23411，p. 265.

[2] Viscount Halifax to Sir A. Clark Kerr，April 25，1939，FO 371/23411，p. 197.

[3] 《财政部为英国信贷厘定购料次序清单签呈》（1939 年 7 月 10 日），《民国外债档案史料》第 11 卷，第 181 页。

　　7 月 13 日，孔祥熙致电时任中国银行董事长宋子文，请中国银行为英国对华信贷提供担保。[①] 宋子文则回复，中国银行可提供担保，但因战时中行实力渐减，希望对外称中国银行担保，内部实际由交通银行分担，比例为中行六、交行四。孔祥熙将此告知交通银行。[②] 7 月 19 日，宋子文致电蒋介石，表示中国银行董事会已通过提供信贷担保的议案。[③]

　　不过，形势又有变化。7 月下旬英国议会又讨论了新的出口信贷法案，将英国政府可用之出口信贷数额由 1000 万英镑增至 6000 万英镑，专为接济各国购买军备之用。[④] 郭泰祺在 7 月 18 日向英国外交部递交备忘录，要求从新增数额中拨出 500 万英镑借给中国，以购买武器（机枪、迫击炮、高射炮、军机及相关弹药）。[⑤] 但英方不同意提供借款，此时英日正在谈判，英承认日军在中国的"实际控制区域"为战争状态，若为中国提供军火信贷，则会被日本视为"两面派"，不利于完成英日谈判。[⑥]

　　由于新议案尚未通过，故英国并未立刻回应中方的要求，中英就已有的 300 万英镑继续谈判，中方此前提出的清单中的

---

①　《孔祥熙请速为中英信贷担保致宋子文电》（1939 年 7—8 月），《民国外债档案史料》第 11 卷，第 183—184 页。

②　《孔祥熙致钱新之电》（1939 年 7 月 19 日），美国斯坦福大学胡佛研究所藏孔祥熙档案（H. H. Kung papers），档案号：2006C51.6490543，第 102 页。下略藏所。

③　《宋子文致蒋介石电》（1939 年 7 月 19 日），《外交部档案》，档案号：020-041104-0007，第 116 页。

④　《郭泰祺致蒋介石电》（1939 年 7 月 19 日），《蒋中正"总统"档案文物》，档案号：002-020300-00041-031，第 1—3 页。

⑤　Memorandum, July 18, 1939, FO 371/23412, p. 244.

⑥　Viscount Halifax to Sir J. Simon, August 3, 1939, FO 371/23412, pp. 235-236.

共约 300 万英镑的数额，英方要求必须扣除已达成的购车借款数额，因此只能提供 285.9 万英镑的借款。[1]

7 月 19 日英国财政部与出口信贷担保局同意拟订借款合同，但却未能立刻签字。[2] 7 月 29 日，克莱琪致电英国外交部，要求推迟中英出口信贷合同的签订，原因在于，此会刺激日本的反应，且有可能导致日本外相下台，促使更加极端分子上台，不利于英日"天津谈判"，更不利于英国维护其在华尤其是在华北地区所占据的利益。[3] 卡尔也认为应当等待英日谈判结束后再签署出口信贷合约，并建议克莱琪向日方解释，中英出口信贷谈判早在英日谈判之前就开始了，因而不会改变英国对华政策。

英国政府决定采取折中方案。7 月 31 日，英国外交部、财政部、海外贸易部、贸易部、出口信贷担保局等部门代表开会商讨此事，会上决定，向日方表示，对华提供信贷早在 1939 年2、3 月时就已决定，并在议会宣布，这与英日谈判无关，因而决定不会将签字推迟至英日谈判结束，但同时，也以债券发行手续为由，将签约时间拖延两周到三周。[4]

---

① 《郭泰祺致蒋介石电》（1939 年 7 月 19 日），《蒋中正"总统"档案文物》，档案号：002-020300-00041-031，第 1—3 页。

② Draft of the Agreement, July 20, 1939, FO 371/23412, p. 274.

③ Sir R. Craigie to Viscount Halifax, July 29, 1939, FO 371/23413, pp. 35-37. 1939 年 6 月日本以日人在天津租界被杀为由封锁天津租界，6—7 月英日就此问题进行谈判，7 月 24 日缔结《有田—克莱琪协定》，规定：（1）英国承认日本在中国进行大规模侵略战争时，日军有权"铲除任何妨碍日军或有利于敌人之行为与因素"；（2）英国在华官吏与侨民皆不得阻挠日军为达到上述目的所采取的任何行动。此外，英国保证在治安、经济方面与日本合作，并将在英租界被捕的 4 名人士引渡给日本。参见王宗华主编《中国现代史辞典》，河南人民出版社，1991，第 280 页。

④ Minutes of the Meeting for the Credits to China, July 31, 1939, FO 371/23413, pp. 44-49.

7月31日晚，英国外交部致电克莱琪，告知英国海外贸易部8月1日会在议会中公开对华信贷即将签字的消息，要求克莱琪不主动对日本政府解释此事，若日方提起此事，则表示对华信贷一事在本年2月份就已决定且不会用于购买军火即可。[①] 同时英国也向中方表示信贷合约会被延迟签字。8月1日，哈利法克斯与郭泰祺会谈时，表示需要中方提供行政院授权发行债券的文件，以及中国银行授权其伦敦分行代表签署协议的文件，此外，英国出口信贷担保局也有一些法律上的手续需要完成，故信贷合约签字时间可能延迟到两周至三周之后，同时，英国也希望中国不要宣布英国对华信贷一事，以免影响英国与日本的谈判。[②] 国民政府也同意了此要求。[③]

8月13日，国民政府行政院正式批准财政部发行购料公债的方案，并在8月14日国防最高委员会第13次常务会议上通过。[④] 8月16日，郭泰祺告知英方，中方所有手续已准备完毕，希望英方勿再拖延。[⑤] 1939年8月18日，中国政府与英国贸易部在伦敦签订《出口信贷合约》，在签订之前，英方曾要求中国政府对此事不予宣布，也不应对英国对华援助的情况大

---

① Viscount Halifax to Sir R. Craigie, July 31, 1939, FO 371/23413, pp. 39-40.

② Viscount Halifax to Sir A. Clark Kerr, August 2, 1939, FO 371/23413, pp. 126-127.

③ 《郭泰祺致外交部电》（1939年8月15日），《外交部档案》，档案号：020-041104-0007，第124—125页。

④ 《行政院指令》（1939年8月13日），《外交部档案》，档案号：020-041104-0007，第117页；《国防最高委员会秘书厅函》（1939年8月17日），《外交部档案》，档案号：020-041104-0007，第129页。

⑤ Mr. Quo Tai Chi to Viscount Halifax, August 16, 1939, FO 371/23413, p. 261.

肆宣传，以免影响英日其他问题的谈判。中方同意此要求。①

签字代表为：中国政府代表郭泰祺、中国银行代表李德懋、英国贸易部代表郝特森（Hudson），该合同共有 8 条 14 款，并附有公债发行条例。规定如下：（1）总体原则为中国政府在伦敦发行英金购料公债，票面总额以 285.9 万英镑为限，中国银行为此债票照付本息提供担保，英国贸易部在债票加上该部签证；（2）各购料合同最迟不得晚于 1939 年 12 月 31 日订立，出口商须为在英国经营之商人或公司，并应在英国境内制造；（3）英国贸易部与英格兰银行保证此债票的发行手续合法；（4）该借款并不以现金支付，而是公债发行后，以此公债债票抵付购料，公债到期时英商可持债票获得本息；（5）购货手续为中国驻英大使将所需各项货款开列清单及相同数额之债票预约券送交英贸易部核办，贸易部审核通过后，出具证明，担保偿付债票的本息，后将债券交英格兰银行联署发行，所得款额中拨出与发行票面相等数额付入伦敦密特兰银行所立中国政府户名专账；（6）担保安排为若中国政府无法付息，则由中国银行补足，若中国银行也未能按时支付，则由英国贸易部照数补偿，但所补数额即视为中国政府对该部之债务，亦以周息 5% 计算。②

合同签订后，哈利法克斯在 8 月 21 日致电郭泰祺，表示英方无法同意此前中方 7 月 18 日备忘录所提之增加 500 万英

---

① 《郭泰祺致外交部电》（1939 年 8 月 15 日），《外交部档案》，档案号：020-041104-0007，第 124—125 页。

② 《英国出口信贷合约》（1939 年 8 月 18 日），《民国外债档案史料》第 11 卷，第 184—189 页；《中英第一次信贷节略》，洪葭管主编《中央银行史料（1928.11—1949.5）》上卷，第 531 页。

镑出口信贷购军火一案。[1] 郭泰祺表示可俟刚签订的 300 万出口信贷使用完毕后再行向英方洽商。[2]

8 月 22 日，国民政府向英国大使递交照会，表示国民政府授权财政部，按照合同所发债票及处理方式构成国家与政府之无条件义务（即成为中国政府期票），中国银行承担担保责任应构成该行之有效义务。[3] 债票由英格兰银行经理发行事宜。[4] 8 月 28 日，国民政府下发了修正后的《民国二十八年五厘英金购料公债条例》，规定：此公债为抵付在英购料价款，总额为 285.9 万英镑，按票面十足发行；利息为周息 5%，期限为 14 年，每 6 个月付息一次，前 4 年只付息，第五年开始还本；由中国银行经理本公债的还本付息，指定以中国政府出售农矿产得价款为基金，拨交伦敦中国银行以备偿付；票面为每张 100 英镑、500 英镑或 1000 英镑；首由中国银行担保、次由英国贸易部担保。[5] 该公债在伦敦发行，所得款项依照上述合同流程用于购料。国民政府行政院在 10 月 3 日正式任命郭秉文、王景春、李德燏、白纳德、金乃斯为中国驻伦敦贸易委

① 《哈利法克斯致郭泰祺电》（1939 年 8 月 21 日），《外交部档案》，档案号：020-041104-0007，第 147 页。
② 《驻英大使馆致外交部电》（1939 年 8 月 23 日），《外交部档案》，档案号：020-041104-0007，第 146 页。
③ 《外交部致英国大使馆照会》（1939 年 8 月 22 日），《外交部档案》，档案号：020-041104-0007，第 139—140 页。
④ 《英格兰银行关于准备发行债票及担任经理支付条件与驻英大使往来函》（1939 年 8 月），《民国外债档案史料》第 11 卷，第 195—197 页。
⑤ 《国民政府抄发〈修正民国二十八年五厘英金购料公债条例〉训令》（1939 年 8 月 28 日），《民国外债档案史料》第 11 卷，第 198—200 页。

员会委员，负责购料事宜。[1] 至此，中英出口信贷所有签订程序全部完成，1939 年 7 月中旬郭泰祺就将订货合同交给各个厂家，只等出口信贷合约签订，便立即开始购料程序。[2] 需要指出的是，购料公债并非一次全部发行总额，而是在每项货物取得出口护照后，就其所需额度分别发行，利息亦自发行之日起算。[3]

　　与提供平准基金借款以维持法币不同，英国提供信贷意味着对中国提供更为直接的援助。中英信贷的诸多借款条件是英国第一次提供，英国此前对华借款时最关心担保问题，大多要求以确实的税收为担保（要求最多的为关税与盐税），此借款中英国允许由中国银行及出口货物提供担保，虽是战时最具可行性的办法，但也说明英国相对放宽了对华借款的条件，且英国政府愿意提供出口信贷的担保，并在伦敦为中国政府发行购料公债，这也是国民政府第一个在伦敦市场发行债券的新借款，意味着新四国银行团对各国对华借款限制的彻底破产，也让中国可以较为有效地使用信贷，这都是在全民族抗战爆发之前中国希望但未能获得的条件。英国在与日本就天津租界问题进行的后续谈判破裂后，就意识到日本会进一步占有其所据之在华利益，而签订对华信贷是对日本的回应。[4]

---

[1]　《行政院训令》（1939 年 10 月 3 日），《外交部档案》，档案号：020-041104-0007，第 187 页。

[2]　《郭泰祺致外交部电》（1939 年 7 月 26 日），《外交部档案》，档案号：020-041104-0007，第 162 页。

[3]　《郭泰祺致孔祥熙电》（1939 年 10 月 23 日），孔祥熙档案，档案号：2006C51.6490543，第 28 页。

[4]　Foreign Office Memorandum, August 21, 1939, *DBFP*, Ser. 3, Vol. 9, pp. 483-487.《有田—克莱琪协定》签订后，英日就"治安"与经济问题继续谈判，但未能达成一致，1939 年 8 月 20 日谈判破裂。参见徐蓝《英国与中日战争（1931—1941）》，第 302—314 页。

（二）欧洲战场开战后中英围绕信贷使用方式的交涉

双方辛苦谈成的信贷合约很快又生波折。中英达成信贷合约后不久，1939 年 9 月，德国闪击波兰，欧洲重燃战火，英国也面临战争压力，中国拟购的各类物资器械亦为英国所急需，故援华力度减小。9 月 6 日，英国出口信贷担保局即向英国供应部（Department of Supply）表示无法满足中方所列清单中的购料需求，可考虑其他补偿方案。[①]

10 月 30 日，卡尔与王宠惠会谈，卡尔提出，若先前开列清单之中的货物不能购买，中方则可换作其他英国暂时不需要之货物，以充分利用出口信贷。[②] 11 月 3 日，王宠惠与国民政府财政部贸易委员会副主任委员庞舟松和卡尔会谈，对于当下形势的出口信贷利用方案，庞舟松提出四个解决办法。第一，最好照原单尽量供给；第二，如果在英国购料受限，则希望在英国所辖自治领与殖民地补充购货，尤其是距离中国接近之地，以节省运费；第三，若物资购自英国的自治领或殖民地，则中方原订购钢铁、化学品、汽油等相关物资的种类和数量应酌情增加；第四，与军用无直接关系之物资，如化学药品、医药用品及酸碱厂、毛织厂、造纸厂之机器，希望仍照原计划供给。卡尔表示会向英国政府汇报。此外，卡尔提出，英方了解中美正在商洽锡矿借款，询问中国可否接受以其他各类矿产与物产为担保，王宠惠回以可否以此为担保商谈新借款，卡尔则

[①] Mr. Somerville Smith to Mr. Ronald, September 6, 1939, FO 371/23414, p. 134.

[②] 《外交部与英国驻华大使谈话记录》（1939 年 10 月 30 日），《外交部档案》，档案号：020-041104-0007，第 188—191 页。

表示需视国际政治经济军事局势演变情况而定。①

英方虽然给出了变通办法，但原有信贷项下购料必受影响。鉴于此，郭泰祺在 11 月 3 日致电孔祥熙表示，在当前形势下，此前所订购料预计最多能购得一半，且何时起运并无把握，建议国民政府向其他国家购料若干，以免贻误战事。②

由于英国政府颁布禁制物资出口法令，出口物资须领特许出口护照，手续繁重迟缓。截至 12 月底，郭泰祺与丘吉尔首相和李滋罗斯等人多次斡旋，虽中方已签订单金额为 140 余万英镑，但其所申请的 150 起护照中仅得 6 起，连同无须领用护照的 12 起额外购料案，总计不过约 17.2 万英镑，英方表示剩余 144 起护照需逐月签批。③ 1939 年 12 月 29 日，郭泰祺与英国贸易部签订协议，将信贷合约展期半年，至 1940 年 6 月 30 日。④

1940 年 1 月 5 日，郭泰祺与贾德干会晤，表示中方在信贷合约中所可购得之货物仅为所需货物的十分之一，并希望与英国出口信贷担保局协商，由英国油商每年在出口信贷项下供给 50 万英镑汽油，以 5 年为限。⑤ 但英国出口信贷担保局认

---

① 《庞松舟陈报与英方磋商在英购料情形签呈》（1939 年 11 月 5 日），《民国外债档案史料》第 11 卷，第 201 页。

② 《郭泰祺致孔祥熙电》（1939 年 11 月 3 日），孔祥熙档案，档案号：2006C51.6490543，第 28 页。

③ 《王宠惠致杭立武电》（1939 年 12 月 21 日），《外交部档案》，档案号：020-041104-0007，第 211—212 页；《财政部关于美国借款及英国信贷定货情形密函稿》（1940 年 1 月 26 日），《民国外债档案史料》第 11 卷，第 204 页。

④ 《郭泰祺致外交部电》（1939 年 12 月 29 日），《外交部档案》，档案号：020-041104-0007，第 199 页。

⑤ 《郭泰祺致外交部电》（1940 年 1 月 6 日），《外交部档案》，档案号：020-041104-0007，第 194—198 页。

为，石油消耗速度过快，不适合在出口信贷项下提供，且若出于以提供石油信贷而"开发"中国西南的考虑，则需要统筹更大规模的运输、贸易计划，目前情况下难以执行，故拒绝了石油信贷方案。[①]

英方此时考虑的是以各类物资换取中国的稀有金属与其他重要原料。1 月 8 日，王宠惠与卡尔会谈，卡尔表示美国对华经济援助[②]对英国的影响很大，希望了解美国对华援助的情况，并希望中国政府新的信贷项下购货清单尽早送交英方。[③] 1 月 20 日王宠惠与卡尔会谈时，卡尔向中方递交一份备忘录，询问中国政府之钨砂供应量，包括此前在易货协定下运往德国之数量，以及废丝、桐油、茶叶、猪鬃等物资可供给之情况，如果上述货物可供采购，则英政府能以无线电等器材交换。而关于信贷项下的购料，英国政府在当下难以提供原订购种类与数量的货物，但有望将毛线厂及云南造纸厂的机器如期订购运华。[④] 实际上，此前在 1939 年 10 月 18 日，郭秉文就曾向国民政府汇报，当下英国禁止进口产品对中国限制不大，且正值欧战之际，重要的原料价格会上涨，可借此机会增加出口贸易额。英国议会议员蒲斯贝向他表示，若中国提供钨砂、锑、锡等稀有金属，

---

① Proposal to Grant Credits to China for Petroleum under Export Credits Legislation, January 10, 1940, FO 371/23414, p. 265.

② 此时中美就华锡借款一事进行协商，1940 年 4 月 20 日中美达成华锡借款，总额 2000 万美元，由运美锡矿出售额还本付息。参见《中美第二次（华锡）借款》（1940 年 4 月 20 日），《民国外债档案史料》第 11 卷，第 259 页。

③ 《王宠惠致孔祥熙电》（1940 年 1 月 11 日），《外交部档案》，档案号：020-041104-0007，第 203 页。

④ Aide Memoire（1940 年 1 月 20 日），《外交部档案》，档案号：020-041104-0007，第 216—217 页。

英国则可考虑增加给中国的信贷或资助中国在美国等地购料。[1]
12月底时，郭秉文曾向英方提出，原信贷项下军政部订购之特种钢料50万英镑，因此物资亦为英方所需，故中方无法订购，可否由中方提供等值钨砂以作交换，而腾出的信贷额50万英镑则可用于购买其他机器、电料、油料等。既然英方提出了以钨砂易货的方案，国民政府决定将此并案处理。[2]

国民政府贸易委员会在调查后得出可供对英易货的物资数量，桐油10000吨、茶叶20万箱、黄白发丝2000担、黑猪鬃5000担，总计价值256万英镑，可集中在香港或腊戍交货；资源委员会统计后结论为，当下在越南被扣的钨砂有4000吨，除1000吨运往美国、1000吨售予法国、400吨运往苏联外，可拟订1000吨运英国，此外，中德易货已停顿，故当下并无钨砂运往德国。[3] 随后国民政府将上述情况告知英国驻华大使，同时也告知郭泰祺，并令其催促英方，已订货物应加快推进相关手续。[4]

不过，英国方面却又变卦，在英国官方供应委员会（official supply committee）讨论后，认为目前存放在越南的钨砂，正由法国与中国交涉其运存问题，尚不能确定能否运往英国，

---

① 《资源委员会呈经济部文》（1939年11月17日），中国第二历史档案馆藏经济部档案，档案号：4-35735，第25—26页。

② 《资源委员会呈经济部文》（1940年2月5日），中国第二历史档案馆藏经济部档案，档案号：4-35735，第10—12页。

③ 《财政部致外交部电》（1940年2月10日），《外交部档案》，档案号：020-041104-0007，第233—234页；《资源委员会呈经济部文》（1940年2月5日），中国第二历史档案馆藏经济部档案，档号：4-35735，第10—12页。

④ 《外交部致驻英大使馆》（1940年2月17日），《外交部档案》，档案号：020-041104-0007，第241—243页。

且目前英法对钢料供不应求，无法提供给中国，因而否决了钨砂易货一案。①

得知此情况后，郭泰祺以政治理由向英方争取仍在信贷项下供给。1940 年 3 月 20 日，郭泰祺与贾德干会晤。郭泰祺表示，英国援助芬兰力度颇大，但援华却有所停滞，要求将信贷项下购料清单全单提交英内阁商议，以免有关各部辗转商洽造成拖延，以此作为英方仍在积极援华的表现。4 月 3 日，郭泰祺与贾德干会谈时再度要求英方通融供给中国所需货物和材料。②中方的积极争取取得了一定效果，在贾德干催促下，4 月 13 日，交通部电信器材项下钢铁 2000 吨、紫铜 1650 吨，总计 45 万英镑的材料已正式完成出口护照手续，可交付给中国，此项材料亦为英国所需，故实际上是英国政府特别通融后提供给中国的。③

4 月，为应对可能与德国爆发的战争，英国再次寻求获得中国的稀有金属。4 月 17 日，卡尔向国民政府外交部递交备忘录，询问：（1）现在中国已开采的锑数量为多少；（2）该项锑出口目的地在哪；（3）该项锑有何可能再出口至英国，并希望得知中方当下氧化锑的详细资料。④

5 月 2 日，资源委员会汇报，中国当下一年的锑产量约为

---

① 《郭泰祺致外交部电》（1940 年 2 月 16 日），《外交部档案》，档案号：020-041104-0007，第 244—246 页。

② 《王宠惠致孔祥熙电》（1940 年 4 月 8 日），中国第二历史档案馆藏经济部档案，档案号：4-35735，第 3—4 页。

③ 《郭泰祺致张嘉璈电》（1940 年 4 月 13 日），《外交部档案》，档案号：020-041104-0007，第 269 页；《郭泰祺致外交部电》（1940 年 4 月 22 日），《外交部档案》，档案号：020-041104-0008，第 9 页。

④ 《英大使馆节略》（1940 年 4 月 17 日），《外交部档案》，档案号：020-041104-0008，第 5—6 页。

10000—12000 吨，因海防出口发生滞涩，故锑的出口目的地尚待确定，如果运输途中不发生问题，当可于欧战爆发前运往英国，因氧化锑成本过高，已停止收购，英方若需要则可提供所需数量，可设法供应。① 不过，由于此后日本封锁中国对外运输通道，此事亦不了了之。到 6 月，原定信贷额度仍未用完，故中英再度达成协议，将信贷合约展期 6 个月。②

（三）中英 1941 年信贷交涉

1940 年秋，国际局势发生新变化。9 月，日本入侵印度支那；9 月 27 日，《德意日三国同盟条约》在柏林签字，标志着德意日三国轴心的正式形成，表明日本事实上站在英国的对立面。在此形势下，中国向英国提出新借款请求。

10 月 24 日，郭泰祺在与贾德干会晤时向其表示，希望英国提供给中国一笔煤油信贷，1939 年所签信贷的 300 万英镑额度仅剩 40 万，亦盼望能有所增加，仍用于在英购料。③ 10 月 29 日，郭泰祺向英国政府递交备忘录，请求英国向中国提供新借款 1000 万英镑，其中平准基金借款 500 万英镑，信贷 500 万英镑。④

英国财政部此时不同意提供借款，就信贷而言，英国目前面临战争压力，自身需要大量物资，已没有货物可以出口

---

① 《资源委员会呈经济部》（1940 年 5 月 2 日），《外交部档案》，档案号：020-041104-0008，第 11 页。

② 《驻英大使馆致外交部电》（1940 年 6 月 6 日），《外交部档案》，档案号：020-041104-0008，第 18 页。

③ 《郭泰祺致外交部电》（1940 年 10 月 25 日），《蒋中正"总统"档案文物》，档案号：002-020300-00041-036，第 1~4 页。

④ Memorandum, October 29, 1940, FO 371/24691, pp. 314-315.

给中国。[①] 11 月 4 日，蒋介石与卡尔会晤，提出加强中英美合作的方案，包括共同反对日本"东亚新秩序"，联合声明中英美可结为同盟，英美向中国每年供应一定数量的飞机，派遣军事与经济代表团访华，若英美对日作战则中国将派军参与并提供境内机场等内容，有关经济援华方面，蒋介石提出英美联合或各自单独对华借款 2 亿—3 亿美元。[②] 11 月 9 日，郭泰祺与贾德干会晤时，提到因中方所需之物资英国多不能供给，故再次提出（此前在 1939 年 11 月 3 日中方就曾提过）在英镑区（如印度、缅甸、加拿大、澳大利亚）等运用信贷合约购料。[③]

　　蒋介石提出中英美全面合作的方案，有助于推动英方从外交因素考虑提供新借款的必要性。11 月 10 日，英国外交部在交给内阁的备忘录中表示，对华提供借款是英国为数不多的可采取的援华举措，可同意对华提供新借款，包括平准基金借款与出口信贷，但中国在出口信贷项下购买的物资不可与英国所需物资冲突，可在英镑区国家与地区购料。[④] 11 月 13 日，英国内阁会议上决定同意外交部 10 日备忘录中对华提供新借款的提案，并要求以不挑衅的方式通知日本，及向美国解释对华

①　《郭泰祺致蒋介石电》（1940 年 11 月 9 日），《蒋中正"总统"档案文物》，档案号：002 - 020300 - 00041 - 037，第 3—4 页；China Stabilization Fund and Export Credits for China, October 29, 1940, FO 371/24691, pp. 311-312.

②　Sir A. Clark Kerr to Viscount Halifax, November 4, 1940, CAB - 65 - 10 - 8, pp. 58-60.

③　《郭泰祺致蒋介石电》（1940 年 11 月 9 日），《蒋中正"总统"档案文物》，档案号：002-020300-00041-037，第 3—4 页。

④　Memorandum by the Secretary of State for Foreign Affairs, November 10, 1940, CAB-66-13-16, pp. 1-3.

借款的形式，以免影响美国对英的经济援助谈判。[①]

英国贸易部官员利特尔顿（Lyttleton）曾询问哈利法克斯，当下英国能给中国提供可订购的货物本来就很少，为何还要增加500万英镑出口信贷。[②]哈利法克斯表示，借款主要是出于政治上的考虑，而非经济因素，此时英国能提供的途径不多，借款是其中之一。[③]

11月30日，美国宣布对华提供1亿美元借款的决定。[④]中国也希望英国提供数量相近的借款，将要求借款的总额由1000万英镑提高到2000万英镑。12月4日，宋子文在华盛顿与英国财政副大臣菲利普（Frederick Phillips）商谈英国援华事宜，向英国提出新提供平准基金借款1000万英镑，信贷1000万英镑。[⑤]12月6日，蒋介石指示宋子文，鉴于美国本年对华借款总额为1.5亿美元，要求英国对华借款数量上要达到1亿美元（即2000万英镑），其交款办法可以设法使英国战局不受影响。[⑥]

英国此时也面临财政困难，无法提供较大规模的援华借款。1941年英国财政收入21.72亿英镑，支出50.52亿英镑，

①　China：Assistance to, November 13, 1940, CAB-65-10-22, p. 170.

②　Captain Lyttleton to Viscount Halifax, November 21, 1940, FO 371/24692, p. 241.

③　Viscount Halifax to Captain Lyttleton, November 25, 1940, FO 371/24692, p. 242.

④　The Ambassador in China（Johnson）to the Secretary of State, December 1, 1940, *FRUS, 1940, The Far East*, Vol. 4, pp. 702-703.

⑤　《宋子文致蒋介石电》（1940年12月5日），《蒋中正"总统"档案文物》，档案号：002-020300-00041-039，第1页。

⑥　《蒋介石致宋子文电》（1940年12月6日），《蒋中正"总统"档案文物》，档案号：002-020300-00041-040，第1页。

财政支出为收入的 2.32 倍，面临严重的财政赤字，故英国只同意提供中方最初要求的 1000 万英镑借款。① 12 月 7 日，英国政府通知郭泰祺，英国只能提供总额 1000 万英镑的借款，其中平准基金借款 500 万英镑，信贷 500 万英镑。② 12 月 9 日，蒋介石与卡尔会谈，后者告知蒋介石，当下英国同样深陷战局，不可能提供与美国相等之对华借款，此数额已是英国所能提供的上限。蒋介石则表示，理解英方财政困难的情况，但出于提振中国军民抗战士气的考虑，希望英国在对外宣布借款时仍以 2000 万英镑为借款数额。③ 蒋介石对英国只能提供 1000 万英镑的借款颇为不满，他在与卡尔谈话完毕后便在当日致电宋子文，要求其与英方接洽，如果借款总额仅为 1000 万英镑，则暂勿公开发表，即便发表，也应表明此全为平准基金借款，出口信贷另有安排；12 月 10 日，蒋介石又致电郭泰祺，向他下达了同样的指示。④

　　但英国方面没有如蒋介石所愿，英国更关心美国对英国对华借款的意见。此前英国外交部就在 11 月 21 日致电美国驻英大使，告知英国拟对华提供 500 万英镑平准基金

① W. K. Hancock, M. M. Gowing, *British War Economy*, London: Her Majesty's Stationery Office and Longmans, Green and Co. Ltd., 1949, p. 348.

② Memorandum of Conversation, by the Adviser on Political Relations (Hornbeck), December 7, 1940, *FRUS*, *1940*, *The Far East*, Vol. 4, p. 708.

③ 《蒋中正与卡尔谈话纪录》（1940 年 12 月 9 日），《蒋中正"总统"档案文物》，档案号：002-020300-00039-052，第 1 页。

④ 《蒋介石致宋子文电》（1940 年 12 月 9 日），《蒋中正"总统"档案文物》，档案号：002-020300-00041-042，第 1—5 页；《蒋介石致郭泰祺电》（1940 年 12 月 10 日），《蒋中正"总统"档案文物》，档案号：002-020300-00041-043，第 1—4 页。

借款和信贷 500 万英镑以在英镑区购料的计划。[1] 12 月 7 日，美国国务院政治关系顾问亨贝克（S. K. Hornbeck）表示美国对中英的借款计划无异议，也同意在 12 月 10 日之前宣布借款一事。[2] 12 月 9 日，英国内阁会议上决定，12 月 10 日在英国议会公布对华借款 1000 万英镑的决定。[3] 对此，蒋介石也表示接受，12 月 12 日，他致电郭泰祺，表示对借款数额不必过于勉强，以留将来进一步商谈的余地，并令其表达对英方的感谢。[4] 蒋介石也认为，英国借款成功后，"外交情势转佳"。[5]

在英国公布对华借款的当天，郭泰祺就与英国财政部顾问凯恩斯（J. M. Keynes）会晤，后者表示英镑区国家可供中国所需物资甚多，此后可随时增加信贷项下购料数量，郭泰祺也希望中国各机关尽快提供所需物资的清单。[6] 12 月 14 日，外交部致电驻新加坡、悉尼、加尔各答、惠灵顿领事馆，要求其提供所在地区能供给中国的钢轨、桥梁、枕木、机车车辆、车

---

[1] The British Foreign Office to the British Embassy, November 21, 1940, *FRUS*, *1940*, *The Far East*, Vol. 4, pp. 700-702.

[2] Memorandum of Conversation, by the Adviser on Political Relations (Hornbeck), December 7, 1940, *FRUS*, *1940*, *The Far East*, Vol. 4, p. 708.

[3] 《郭泰祺致蒋介石电》（1940 年 12 月 10 日），《蒋中正"总统"档案文物》，档案号：002-020300-00041-047，第 1 页。

[4] 《蒋介石致郭泰祺电》（1940 年 12 月 12 日），《蒋中正"总统"档案文物》，档案号：002-020300-00041-049，第 1 页。蒋介石在 12 月 9 日的日记中，认为"借户向借主尤其向英国人如此做法，似乎太过，自思可笑"，《蒋介石日记》（手稿），1940 年 12 月 9 日。

[5] 《蒋介石日记》（手稿），1940 年 12 月 14 日，上星期反省录。

[6] 《郭泰祺致蒋介石电》（1940 年 12 月 12 日），《外交部档案》，档案号：020-041104-0008，第 31—32 页。

胎、建筑公路器械、电信器材等物资的情况。①

1941 年 3 月 1 日，郭泰祺向英国递交了国民政府拟订的第二笔信贷的购料清单，总价值 920.5 万英镑，其中军政部需求的各项军事物资 500 万英镑，交通部需求的车及钢轨 254 万英镑，资源委员会需求的器械与原料 106.5 万英镑，工矿调整委员会需求的各类设备 60 万英镑。郭泰祺表示，可以按上述次序先后购料。② 该清单说明当下国民政府仍希望通过信贷获得更多的军事战略物资。但英国出口信贷担保局认为此方案可行性不大，数额远超拟订的 500 万英镑，且多数仍是英方所需物资，英方仍仅能向中国提供可出口的物资。③ 不过，英国出口信贷担保局在其他借款条件上做出让步，将借款利率由第一次信贷时期的 5% 降为 3.5%，此利率低于之前所有中英借款。该局认为，这样的利率主要是出于政治因素（以示对中国抵抗日本的支持）而非经济因素的考虑。④

1941 年 6 月 5 日，中国驻英大使馆参事陈维城与英国外交大臣艾登代表中英两国政府签订《中英政府在英镑区域购料五百万镑信贷合约》，该合同共 8 条，规定：借款用于中国政府购买英镑区生产制造之物料，支付购料有关之劳务费用，支付其他相关费用，上述款项由英国政府代中国政府支付；周利息为 3.5%，每年付息两次，五年后开始还本，期限为 20 年；

---

① 《外交部致驻新加坡、悉尼、加尔各答、惠灵顿领事馆电》（1940 年 12 月 14 日），《外交部档案》，档案号：020-041104-0008，第 34 页。

② List of Requirements Received from the Chinese Government, March 1, 1939, FO 371/27591, p. 88.

③ Mr. Magowan to Mr. N. Young, March 14, 1939, FO 371/27591, pp. 86-87.

④ John Keswick to Magowan, March 28, 1941, FO 371/27592, p. 67.

中国政府以猪鬃、茶叶、生丝、锑及其他双方同意之产品，售给英政府同意之英商，以获得英镑，存入密特兰银行海外部，用以偿付借款之本息，中国政府为借款的还本付息提供担保；在伦敦设立中英信贷管理委员会，设6名委员，中英政府各委派3人，负责购料事宜。①

与第一次信贷合约相比，第二次信贷合约英方所提条件和要求对中方有所放松。两者最大的变化在于，中方不再以发行公债的债票交给英商以购料，而是直接由英国政府代中国政府支付相关资金，而中国政府直接通过出口原料获得资金以偿付，因而本次信贷更具备易货信贷的性质。此外，英方在利息（由5%减为3.5%）和还款期限（14年展期到20年）方面做出让步，担保条件方面，英方不再要求中国银行提供担保，而英方此前所提之中国出产原料担保，也在此合同中运用。

由于英镑区域情况较为复杂，除伦敦购料委员会继续在英国购料外，国民政府又委托英商福公司在英镑区经理购料事宜。1941年9月9日，双方签订委托合同，程序为：财政部将中方所需物资告知重庆福公司，再由该公司通知其驻印度代表，该代表与东方供应委员会中各类英属地代表及印度政府供应部洽商，价格不能超过售予英政府的价格。②

太平洋战争爆发后，中英共同加入世界反法西斯同盟，双方关系进一步密切，英国对第一次信贷项下输华货物的限制予以放宽，此前未购物料均允许供给。不过，因太平洋战争爆发

---

① 《中英政府在英镑区域购料五百万信贷合约》（1941年6月5日），《民国外债档案史料》第11卷，第378—380页。
② 《国民政府财政部委托福公司在英镑区购料合同》（1941年9月9日），《民国外债档案史料》第11卷，第380—383页。

后物价上涨，第一次信贷项下正在洽商尚未能购运的拟购料物资价格上涨了 50 万英镑。1943 年 7 月，中英双方又达成协议，在拟议的 5000 万英镑借款中拨出 50 万英镑，用以支付这部分款项。[①]

第一次信贷的购料时限展期到 1945 年 6 月，未完成手续之货物仍以有效期内未使用完毕之公债收条购料。[②] 截至 1948 年 10 月底，已分配总额为 3065174 英镑，共计动用数额为 2988559.75 英镑，各部门使用情况见表 4-2。

第二次信贷在合约签订后额度基本上分配完毕，截至 1945 年 12 月，共分配数额 4998512 英镑，已动支数额 3713940.82 英镑，各部门使用情况见表 4-3。

表 4-2　国民政府第一次中英出口信贷使用情况（1948 年 10 月 28 日）

单位：英镑

部门	兵工署	军政部	交通部	中央广播事业管理处	资源委员会
分配额度	76500	125000	746000	141300	433630
动支额度	76572.77	126786.18	700906.6	136065.9	391450.6
部门	工矿调整处	陆军机械化学校	中国毛纺织厂	卫生署	中央银行
分配额度	447142	150000	50000	80000	815602
动支额度	381102.75	193707.4	51113.5	83838.9	847015.15

资料来源：根据《中英第一次信贷项下各机关分配数及实际动用数目表》，民国丛书续编编辑委员会编《民国丛书续编》第 1 编《财政年鉴三编》，上海书店出版社，2012，第 351—352 页整理。

[①]　《贸易委员会陈报英方同意增拨第一次信贷购料不足款额签呈稿》（1943 年 7 月 16 日），《民国外债档案史料》第 11 卷，第 205—206 页。

[②]　《中国银行总管理处缮送〈廿八年五厘英金购料公债节录〉函》（1947 年 2 月 12 日），《民国外债档案史料》第 11 卷，第 210 页。

表 4-3 国民政府第二次中英出口信贷使用情况（1945 年 12 月）

单位：英镑

部门	中央银行	兵工署	军政部	交通部	中央广播事业管理处	资源委员会
分配额度	1946987	196250	100000	508577	50000	241300
动支额度	2027370.4	30750.31	0	185154.8	19544.5	120324.9
部门	军需署	军医署	卫生署	粮食局	花纱布管制局	第五军
分配额度	729000	14280	107488	330000	550000	11094
动支额度	485901.5	2303.6	90166.3	77014.1	460303.9	7621.5
部门	西北羊毛改进所	福公司周转金	经缅运费	留英实习生、研究生旅杂费用		
分配额度	12000	110000	20000	21536		
动支额度	3015.23	107489.13	0	25257.4		
部门	工矿调整处	资源委员会等机关在印澳等地动支款	福公司劳务费酬金			
分配额度	50000	0	0			
动支额度	37704.65	19018.6	15000			

资料来源：根据《中英第二次借款各机关购料分配及动支数目表》（1945 年 12 月），《民国外债档案史料》第 11 卷，第 387—389 页整理。

抗战胜利后，中英同意第二次信贷动支期限展期到 1948 年 3 月 31 日，1946 年动支 200447.75 英镑，1947 年动支 495322.8 英镑。1947 年因英国经济困难，对华出口受影响，到该年底时仍有 60 余万英镑未能支用，经驻英大使馆与各英商加紧交涉后，截至 1948 年 3 月购料期限到期时仅剩 1.4 万余英镑未支用，后经中英交涉，在购料截止日期后未结束之合同仍可继续由信贷项下开支，额度以 3.25 万英镑为限，不过最终中方所动支额度仍高于此限额，到 1948 年底时该年动支 637253.5 英镑，自 1941 年至 1948 年总计动支 5066619.1 英镑。①

就借款的偿付情况而言，第一次中英信贷，截至 1949 年 5 月，共还本 800578.8 英镑、付息 1400489.4 英镑，本息共计 2201068.2 英镑；第二次中英信贷，截至 1948 年 10 月，共还本 454658.7 英镑，付息 600433.4 英镑，本息共计 1055092.1 英镑。②

第三节　中英平准基金借款交涉

在中英信贷交涉的同时，1939 年与 1941 年中英也分别达成了两笔平准基金借款。关于战时中英平准基金借款，学界现有

---

① 《外交部等办理 1941 年英贷购料结束前后情形有关代电》（1948 年 4 月），《民国外债档案史料》第 11 卷，第 389—391 页；《财政部编关于中英第二次信贷历年动用数额及还本付息表单》（1948 年 10 月 29 日），《民国外债档案史料》第 11 卷，第 392 页。

② 《中国银行国外部抄送五厘英金购料公债还本付息清单及发行数额表函》，《民国外债档案史料》第 11 卷，第 216—218 页；《财政部编关于中英第二次信贷历年动用数额及还本付息表单》（1948 年 10 月 29 日），《民国外债档案史料》第 11 卷，第 392 页。

的研究已勾勒出借款及围绕其的中英交涉的基本框架。① 本节除对以往研究较少关注的交涉情况进行考察外，主要关注以下几个议题：英国为何同意提供平准基金借款，对于此借款中英两国的利益考虑如何，中方是如何回应的，在最终的合同中又如何体现。

英国 1938 年底时先告知中方同意提供信贷，但此时英国政府并未放弃对华平准基金借款的讨论。英国仍希望英美共同对华提供平准基金借款。1939 年 1 月 1 日，克莱琪向英国外交部建议，现在是与美国共同采取措施援华以压制日本的最佳时机。② 1 月 5 日，卡尔致电英国外交部，表示应尽早回复蒋介石 11 月 4 日会谈时提出的问题，并建议英国采取更有力的援华举措。③ 在此情况下，1 月 6 日，英国外交部致电马勒，令其询问美国，是否愿意一道对华提供平准基金借款，此举将有助于中国抵抗日本，并提高法币的汇率，降低外汇流失的风险。④ 但美国不愿对华提供平准基金借款，1 月 11 日，美方向英方回复：罗斯福总统认为对华提供维持货币的借款可能难以在美国国会获得通过，不过，美国愿意在英国宣布对华平准基

---

① 相关成果有：吴景平《英国与中国的法币平准基金》，《历史研究》2000 年第 1 期，第 34—51 页；宋佩玉《抗战前期上海外汇市场研究（1937.7—1941.12）》，博士学位论文，复旦大学，2004；杨雨青《中美英平准基金的运作与中国战时外汇管理》，《南京大学学报·哲学人文科学社会科学版》2010 年第 3 期，第 68—82 页；王丽《抗战时期中英平准基金述略——以美籍财政顾问阿瑟·恩·杨格为中心的考察》，《抗日战争研究》2013 年第 3 期，第 95—106 页。

② Sir R. Craigie to Viscount Halifax, January 1, 1939, *DBFP*, Ser. 3, Vol. 8, pp. 359-360.

③ Sir A. Clark Kerr to Viscount Halifax, January 5, 1939, *DBFP*. Ser. 3, Vol. 8, pp. 363-364.

④ Viscount Halifax to Mr. Mallet, January 6, 1939, FO 371/23409, pp. 178-180.

金借款后采取其他援华行动以跟进。[1]

得知美国不愿与英方一道提供平准基金借款后，英国政府讨论是否单独提供借款。英国首先考虑的是日本的反应。1月16日，西蒙致电克莱琪，询问英国单独对华提供平准基金借款可能在日本引起的后果，以及日本可能会采取的报复行动。后者在1月17日回复，表示日本最大的报复可能是进一步挤占英国在华权益，不过在华英商与英国公民已做好应对准备，"即便有一场风暴，也可渡过难关"。[2]

此时形势的变化，迟滞了英国对华借款的步伐。1939年1月15日，国民政府宣布暂停偿付关税担保外债，引发英方不满，英国表示在对华提供平准基金借款之前，中国必须确保应付外债的顺利偿付。[3] 此前英国政府在酝酿平准基金借款时就提出以国民政府承认英日海关协定为条件，1月25日，英国内阁会议上决定，以此为前提条件对华提供平准基金借款。[4]

---

[1] Mr. Mallet to J. Simon, January 11, 1939, FO 371/23409, pp. 148-149.

[2] J. Simon to Sir R. Craigie, January 16, 1939, FO 371/23409, pp. 150-151; Sir R. Craigie to Sir J. Simon, January 17, 1939, FO 371/23409, pp. 159-160.

[3] Viscount Halifax to Mr. Mallet, January 23, 1939, FO 371/23409, pp. 183-184.

[4] Extract from Cabinet Conclusion, January 25, 1939, FO 371/23409, p. 208. 按，英日海关协定是英国与日本在1938年5月2日达成的关于中国海关的非法协定，其中规定了沦陷区征收的关税款均存入横滨正金银行，用于偿付中国外债的份额汇入总税务司在该行上海分行的户头，由总税务司安排将之兑换为外汇，沦陷区的汇丰银行各支行积存的约2700万法币关税收入全部转入横滨正金银行，以备日后应摊付外债本息。此外，将1937年9月开始停止解付的日本庚款以英镑存入该行。日本同意偿付沦陷区的应摊外债份额。由于国民政府的反对，该协定未能立即执行。参见《日本外务相广田宏（弘）毅致克莱琪第59/A1号照会》（1938年5月2日），中国近代经济史资料丛刊编辑委员会编《一九三八年英日关于中国海关的非法协定》，中华书局，1965，第98—99页。

但中方不接受以承认英日海关协定为获得平准基金借款的条件，2月3日，孔祥熙向英国驻华使馆一等秘书葛林威明确表示，无论如何中国都不会同意英日海关协定，因为这不符合中国的抗日原则。[①]

除了有关海关协定的条件外，英国也希望中方在平准基金的运作、英国银行的风险担保与权益等问题上保证其利益。

为推动中英平准基金借款进程，国民政府请罗杰士赴英疏通借款条件问题。2月3日，罗杰士给英国政府提供了平准基金借款的基本框架，内容如下：平准基金借款的目的在于，通过外汇市场的运作来维持法币外汇汇率的稳定，国民政府保证在此期间采取维持法币汇率的货币政策；由中英委员会管理；金额为600万英镑，其中，中国政府银行300万英镑、汇丰银行200万英镑、麦加利银行100万英镑；英国银行的损失将获得赔偿；平准基金通过买卖英镑维持法币，收益交给中国政府银行，但需向英国银行支付利息；基金结束时按比例分割剩余资产。[②]

2月7日，英国财政部召开会议，讨论罗杰士的方案，参会人员有财政部代表韦利、杨、欧文，外交部代表贺武、璧约翰（John F. Brenan），英格兰银行代表费希，以及罗杰士与李滋罗斯。会议首先讨论借款对象是中国政府还是英国银行，罗杰士和李滋罗斯都建议以中国政府为借款对象，但韦利认为，如果借款给中国政府而其因战争违约，战后重建时其也会因此无法获得英国的新借款，贺武和璧约翰都认为借款给中国的政

---

①   Mr. Greenway to British Embassy, February 5, 1939, *DBFP*, Ser. 3, Vol. 8, pp. 412–413.

②   The Scheme of Rogers, February 3, 1939, FO 371/23409, pp. 213–214.

治风险太大，会引发日本的强烈反对和干预；随后会议讨论了借款是否以中国政府承认英日海关协定为条件，罗杰士建议英国放弃以中方承认英日海关协定作为平准基金借款的条件，他认为即便中国接受英日海关协定，日本也有可能以英国对华借款为由拒绝执行此协定。李滋罗斯则表示中国应当展现出维护外债的姿态，罗杰士表示会与国民政府高层沟通，以其他方式处理外债问题。此后，会议讨论了平准基金的规模，罗杰士建议由 600 万英镑扩大到 1000 万英镑，中英两国银行各提供 500 万英镑，此外，罗杰士同意中国政府提出的由其保证借款不用于购买军火。①

　　2 月 9 日，李滋罗斯向英格兰银行汇报其对平准基金借款的最新看法。他提出了两个问题：其一，是否应要求中国政府为英国银行的借款提供担保；其二，英国是否要求国民政府为外债（尤其是关税担保外债）的偿付提供保障。对于第一个问题，李滋罗斯认为，虽然中国政府直接提供担保能减轻英国政府的风险，但这意味着直接对中国政府提供借款，会冒激怒日本的政治风险，因而最佳方案是由英国政府为英国银行提供担保，以此可以维护英国在华的经济与金融利益为由，也更容易获得英国议会的同意。对于第二个问题，李滋罗斯认为，英国不会给外债违约的外国政府提供新借款，虽然中国宣布停付关税担保内外债，但也对当下的外债偿付做出临时安排，至少

---

① Draft Note of a Meeting Held at the Treasury on Tuesday, 7th February to Discuss the Proposed Stabilization Fund for China, February 13, 1939, FO 371/23410, pp. 8–13；《郭泰祺致孔祥熙电》（1939 年 2 月 10 日），《外交部档案》，档案号：020-041104-0007，第 31—32 页。

本年 7 月前不会违约。[1] 李滋罗斯表示，若将国民政府以关税担保外债的偿付作为英国对华提供平准基金借款的前提条件，则有两种落实方案。其一，要求国民政府同意英日海关协定；其二，要求国民政府继续以其能掌握的外汇偿付外债。从政治层面考量，若将提供平准基金货币援助与维持偿债捆绑，一旦中方拒绝而致借款未能达成，恐招致美国强烈批评。此外，日方或以此要挟，将执行英日海关协定作为英国放弃对华平准基金的交换条件，英国将面临进退两难的局面。故争取以关税担保外债偿付的保障虽属必要，但不宜将其作为对华平准基金借款的条件。他提出，可说服国民政府同意将英日海关协定与提供平准基金借款分开处理，并先落实前者。[2]

不过，局势很快再生变化，促使中英双方加快了借款谈判的进展。1939 年 2 月 10 日，日本进攻海南岛，并称此举是对英国在新加坡、中国香港与澳大利亚等地增加军事力量的抵制，这无疑是对英国在东亚地区利益的直接挑战。[3]

日本在东亚地区加快侵略的步伐，对此，英国的应对是加大了援华力度。2 月中旬，英国财政部与外交部也继续考虑平准基金借款的有关问题。财政部认为，该业务将采取银行业务的形式，而不是向中国政府直接贷款的形式，除了避免激怒日

---

[1]　孔祥熙同意支付 2 月 4 日到期的 1898 年英德续借款的利息 7.5 万英镑，这样至少在 6 月底之前，中国不会因停付关税担保外债而发生实际上的违约。Sir A. Clark Kerr to Foreign Office, January 18, 1939, FO 371 /23422, p. 180.

[2]　Sir F. Leith-Ross to Mr. M. Norman young, February 9, 1939, FO 371/23409, pp. 233-234.

[3]　China: Financial Assistance to, February 22, 1939, CAB-23-97-8, pp. 7- 10.

本的政治风险外，不要求中国政府担保的考虑还在于，避免让平准基金委员会的权力与运作控制在中方手中，可通过议会立法，授权财政部向英国银行的借款提供担保。鉴于中国正面临战争带来的经济困难，且中方有措施保障外债偿付，国民政府同意英日海关协定不作为提供借款的前提，考虑与中方单独就海关与偿债问题寻求解决方案，借款时间为 12 个月，到期后平准基金委员会即结束运作。① 外交部认为，国际联盟此前已有决议要求各国援助中国，既然美国提供了"援助"（桐油借款），那出于维护英国在东亚地区影响与利益的考虑，英国也应提供数额相近的借款，而提供平准基金借款既不会引发日本的强烈反应，又有助于帮助因战争而陷入困难的在华英商，对华经济援助可能是应对日本占有其他国家在华利益的最好办法，也是对日本占领海南岛的警告。②

　　而英国银行界担忧的是借款的风险。英格兰银行认为，战时中国面临巨大的通货膨胀风险并不全是金融层面的因素造成的，也有外交、政治等多方面因素，而这些是英方无法把控的，据此提出建议如下：将平准基金的盈余存入中立银行的单独账户，并指定用于所示目的；若英国银行无法获得应当的利息，就可终止合同；中国政府应承诺，在资产分配方面，英国银行在处置其在基金中的法币资产份额时，不会设置任何立法

① Memorandum by the Chancellor of the Exchequer, February 16, 1939, FO 371/23410, pp. 61-66.

② Memorandum by the Secretary of State on Proposal for a British Contribution to Chinese Currency Stabilization Fund, February 20, 1939, FO 371/23410, pp. 67-69.

或其他障碍。①

2月17日，英国财政部、外交部与英格兰银行代表在李滋罗斯的办公室召开会议讨论平准基金的风险问题，财政部承认英国银行提供平准基金存在风险，故同意提供担保，但由于基金有明确的数额和时限规定，故英国政府不会承担无限责任，且中方保证将资金用于维持法币稳定，从而避免了资金用于购买军事物资的问题，故实际上风险在可控范围内。②

2月中下旬，罗杰士与宋子文等先后与英国财政部和汇丰银行、麦加利银行等商议，将英方提供的平准基金借款数额由300万英镑增至500万英镑（按当时汇率，与美国提供桐油借款的数额2500万美元相同）。③

2月22日，英国内阁会议上决定，将平准基金的启动规模由原定的600万英镑增加至1000万英镑，中英各出资500万英镑，将采取银行业务的形式进行交易，而不是直接向中国政府借款，平准基金借款不以承认英日海关协定与恢复关税担保外债的偿付为条件，但应与中国达成有关外债偿付的临时安排。④

① Mr. N. Norman to Sir Leith-Ross, February 21, 1939, FO 371/23410, pp. 22-24.

② Proposed Stabilisation Fund for China, February 18, 1939, FO 371/23410, p. 20.

③ 《罗杰士致孔祥熙电》（1939年2月13日），《蒋中正"总统"档案文物》，档案号：002-020300-00041-021，第1页；《宋子文致蒋介石电》（1939年2月28日），《蒋中正"总统"档案文物》，档案号：002-020300-00041-027，第1—2页。

④ China: Financial Assistance to, February 22, 1939, CAB-23-97-8, pp. 7-10.

与此同时，中国方面也积极安排偿还旧外债的有关事宜。2 月 24 日，罗杰士致电孔祥熙，为保全已达成的出口信贷，在促成平准基金借款期间，建议国民政府向英方表示可以协商偿付外债的有关方案。① 2 月底，国民政府拟订了本年度偿付关税与盐税担保外债的方案，本年度应付此类外债总计 540 万英镑（关税 350 万、盐税 190 万），国民政府实际控制区域所负担的此类外债仅有 111.5 万英镑（关税 70 万、盐税 41.5 万），本年度国民政府只能偿还 30%，而若新的借款达成，在目前的情况没有明显转变之前，只偿付利息，中方希望这样的临时安排有助于 500 万英镑平准基金借款的尽快公布。② 汇丰银行在 2 月 26 日举行的股东年会中对国民政府偿付外债的安排表示赞许。③ 3 月 2 日，郭泰祺致电哈利法克斯，表示中国愿意采取临时措施，就偿还外债达成合理的安排。④

收到中方的保证后，哈利法克斯在第二天（3 月 3 日）就致电卡尔，告知英方有关平准基金借款的具体计划，方案如下：由汇丰、麦加利、中国、交通四银行总共出资 1000 万英镑，组成法币平准基金，其中汇丰 300 万、麦加利 200 万，中、交总共 500 万，目的是维持法币的汇率；英国财政部为英

---

① 《罗杰士致孔祥熙电》（1939 年 2 月 24 日），《蒋中正"总统"档案文物》，档案号：002-020300-00041-021，第 1 页。

② 《孔祥熙致郭泰祺电》（1939 年 2 月 27 日），《蒋中正"总统"档案文物》，档案号：002-020300-00041-025，第 1 页；《孔祥熙电郭泰祺》（1939 年 2 月 27 日），《蒋中正"总统"档案文物》，档案号：002-020300-00041-026，第 1—3 页。

③ 《香港来电》（1939 年 2 月 27 日），《蒋中正"总统"档案文物》，档案号：002-080106-00058-004，第 4—5 页。

④ The Chinese Ambassador to Viscount Halifax, March 2, 1939, *DBFP*, Ser. 3, Vol. 8, pp. 482–483.

籍银行的本金和利息提供担保；在香港设立五人委员会进行管理，除四银行各委派一人外，由国民政府委派罗杰士为委员；中国政府保证经济金融政策以维持法币汇价的平衡为原则，中国政府及银行应减少外币用途，所需外汇向委员会银行订购而非直接或间接在市场购买，政府银行不阻碍委员会工作，其他方面吸收之外汇除紧急用途外，所有余额在平准基金不足1000万英镑时售予平准基金；中国政府得英国政府同意后，可在基金结束时以当日汇价购回基金中英国银行按照其出资份额可获得的法币。①

收到此方案后，罗杰士与郭泰祺都感到满意，建议国民政府同意。② 3月7日，内维尔·张伯伦在英国议会下议院正式宣布了对华提供500万英镑平准基金借款的决定。③ 3月10日，中国银行、交通银行代表李德僪与汇丰银行代表台维森、麦加利银行代表杨格、葛培、邓根在伦敦正式签订了《中国国币平准基金合同》，该合同共19条，英方的利益诉求与中方的回应在合同中得以体现。数额方面，平准基金总额为1000万英镑，四银行分别将所承担份额拨付该基金在英格兰银行所立账户，中国、交通银行共500万英镑，汇丰银行300万英镑、麦加利银行200万英镑；期限方面，规定期限为12个月，可向后延续，这有助于减小和减少英商银行的风险与损失；基

---

① Viscount Halifax to Sir A. Clark Kerr, March 3, 1939, FO 371/23410, pp. 110-112；《宋子文致蒋介石电》（1939年3月7日），《蒋中正"总统"档案文物》，档案号：002-020300-00041-030，第1—4页。

② 《郭泰祺致孔祥熙电》（1939年3月6日），《蒋中正"总统"档案文物》，档案号：002-020300-00041-029，第1—2页。

③ 《宋子文致蒋介石电》（1939年3月7日），《蒋中正"总统"档案文物》，档案号：002-020300-00041-030，第3—4页。

金运作方面，规定基金应在香港和上海专供法币买卖以维持法币与英镑汇率稳定，购入法币与售得英镑均存入两英商银行账户，不得挪作他用，这避免了中国政府将资金挪作他用（如购买武器）的可能；对于英商银行的利益，合同规定，英镑账户所产生利息或贴息用以偿付两英商银行的利息，英商银行提供的款项周息 2.75%，每半年付息一次，先由英金账户下拨，不足时由中国、交通银行负责补足，虽然利率不高（同在 1939 年签订的中英出口信贷利率为 5.5%），但由于英国财政部也同意对英商银行的损失进行担保，而平准基金本身也存在卖出法币获利的可能性，故英商银行的利益得到保障；设立管理委员会，四银行各出一人，另由国民政府委派一名英籍人员，总共五人，对基金的运作进行管理，英籍人员超过中方人员，表明英方可对基金的运作施加更大的影响和进行控制；基金结束时，英金账户所有余额，除偿付两英商银行的利息外，可用于偿还英国财政部为两英商银行担保而付出的款项，这是对英国财政部提供担保的补偿，若仍有余利，则可用于支付各类手续费用，后可按照提供平准基金的比例交付给华商银行。①

　　同在 3 月 10 日，英国财政部与汇丰、麦加利银行订立合约，对两银行提供的平准基金的本金与付息提供担保。当天，郭泰祺也以对英照会的形式，确认中国政府在平准基金运作期间保证实行维持法币汇率稳定的经济与金融政策，中国政府与银行所需外汇全部向该委员会下属银行购买，当该委员会资产不足 1000 万英镑时，可将政府持有外汇售予该委员会，基金

---

　　① 《中国国币平准基金合同》（1939 年 3 月 10 日），《民国外债档案史料》第 11 卷，第 143—147 页。

结束时，中国政府将英商银行账内所有法币资产以当日汇价用英镑买进。①

此前，英国财政部曾提出，若全额担保，则银行方面可能不会尽全力避免损失，故希望只担保 90% 的本息，但汇丰银行与麦加利银行不同意，财政部最后同意全额担保，不过，汇丰银行与麦加利银行曾要求将借款利率定为 4%，但英国财政部认为，在政府提供全额担保的情况下，利率不能高于 3%。②

合同在 3 月 10 日签订的原因在于，日本也在当日宣布对华北地区实施外汇管制，国民政府将损失大量外汇，希望以合同的签订稳定金融市场，防止法币汇率进一步下跌。③

英国财政部在平准基金借款合约签订后，在英国议会对相关内容进行了解释。在解释财政部为何不直接向平准基金委员会提供借款时，财政部表示已为英国本身的需要提供了很多借款，故不想再额外借出 500 万英镑，汇丰银行与麦加利银行在外汇等业务上有丰富的经验，有助于基金的管理与提高运作效率；英国银行提供平准基金是为了保护英国利益的商业活动，而不是政治活动，因此英国财政部不能向平准基金直接提供借款。在解释为何没有与美国和法国一同借款时，财政部表示，各国政府援华是根据自己的法律和国内政

---

① 《中英两国关于平准汇兑基金借款来往照会》（1939 年 3 月 10 日），《民国外债档案史料》第 11 卷，第 148—150 页。

② Memorandum by the Chancellor of the Exchequer, February 16, 1939, FO 371/23410, pp. 61-66; China Stabilization Fund, March 3, 1939, FO 371/23410, pp. 136-137.

③ Sir A. Cadogan to Foreign Office, March 2, 1939, FO 371/23410, p. 97.

策来独立制定方案，并依据各国自身条件进行合作。① 此外，对华提供平准基金借款也对在华英商与英国对华贸易有利。平准基金借款有助于稳定中国货币币值。一方面，中国货币稳定，有助于维护英商利益；另一方面，若中国货币大量贬值，则中国的产品会以更低的价格售往英国市场，更加不利于英国对华出口。在 3 月 24 日的英国下议院会议上，英国财政大臣西蒙表示，英国需要维护中英贸易，提供平准基金维持中国货币是重要手段，并有助于支持在华陷入困难的英商。议员佩西克·劳伦斯（Pethick-Lawrence）也认为，提供平准基金借款将有助于稳定法币对英镑的汇率，使"中国继续以合理的价格购买英国商品，而且还将防止中国商品在英国的价格降至很低，与英国制造的商品进行不公平的竞争"，故此借款实际上激励了英国贸易。②

英国提供平准基金借款引起了日本的不满。1939 年 3 月 8 日，有田向克莱琪致信，表示，日本方面认为法币目前汇率没有太大波动，没有必要立即设立平准基金，即便设立，拟定的资金也太大，有可能被用于其他方面。③ 英国则向日本解释，平准基金的唯一目的是维持法币的汇率，这对包括日本在内的所有与中国进行贸易的国家都有利。④ 不过，总体上，克莱琪

---

① Draft Brief for Second Reading, March 20, 1939, FO 371/23410, pp. 291–295.

② China (Currency Stabilisation) Bill, March 24, 1939, 20th Century House of Lords Hansard Sessional Papers, Fifth Series, Volume Ⅲ, pp. 1020–1032.

③ Sir R. Craigie to Viscount Halifax, March 8, 1939, FO 371/23410, pp. 193–194.

④ Viscount Halifax to Mr. Dodds, April 5, 1939, FO 371/23411, p. 67.

认为，日本的反应不如想象中激烈。①

平准基金设立之初，对法币外汇汇率的稳定起到了一定的作用，合同签订当天，上海金融市场的英镑汇价即下跌了6角、美元汇价下跌5角。② 中英平准基金委员会成立后的半个月内，法币对英镑汇率亦有稳定作用。③ 但平准基金的运作很快遇到困难。首先，1939年上半年，中国面临严重的贸易入超，尤其是棉花和谷物进口增加最多，导致大量外汇流入提供出口货物的日本国内的出口商及在华棉花厂，平准基金的外汇大量流失。④ 英国财政部也注意到了此情况，5月24日致电罗杰士询问，中国严重贸易入超的原因和日本是否因此从平准基金的运作中获益，以及是否有其他措施防止外汇流失。⑤ 不过，英国此时考虑的仍是建议中国采取出口贸易管制以及开采西部黄金等其他补救措施。⑥ 其次，由于日本5月份采取措施封闭天津租界，租界内的外商银行无法参与外汇交易。5月，日本银行通过各种方式在几天之内套取了平准基金中的400万英镑，到6月中旬时，中国、交通银行的份额仅剩余200万—300万英镑，罗杰士在6月16日致电英国财政部，要求了解英国政

① Sir R. Craigie to Viscount Halifax, March 14, 1939, FO 371/23411, pp. 149-153.

② 《中英设立汇兑平准基金》，《申报》1939年3月10日，第2版。

③ 《平准基金会成立后汇市趋势极平稳》，《新闻报》1939年4月1日，第5版。

④ 张嘉璈：《通胀螺旋——中国货币经济全面崩溃的十年（1939—1949）》，于杰译，中信出版社，2018，第332页。

⑤ Viscount Halifax to Commercial Secretary (Hong Kong), May 24, 1939, FO 371/23411, p. 271.

⑥ Commercial Secretary (Hong Kong) to Viscount Halifax, May 30, 1939, FO 371/23412, pp. 2-5.

府是否会采取补救措施。① 6 月上旬，平准基金委员会认为，鉴于贸易入超过巨，维持法币汇率没有意义，故暂停维持汇价。②

到 7 月中下旬，中英平准基金面临即将售罄的局面。③ 7月 28 日，蒋介石致电郭泰祺，要求郭向英方交涉，增加平准基金借款 1000 万英镑，并再由中国的银行增资 500 万英镑，总计 1500 万英镑。蒋介石表示，平准基金增加后，委员会的运作方式亦需改变，让"敌货及一切禁止进口各货"，无法套取外汇。此外，按照调整后的进口办法，中国可节省 2 亿海关金，即便日本统制华中、华南的外汇，所能控制的金额不过1000 万余海关金，即便黑市的外汇价格波动，但"敌人自用尚嫌不足"，更不会抛出。④

不过，英国方面从经济与政治两个因素考虑，拒绝了中国的请求。从经济因素而言，英国政府认为，当下平准基金的资金迅速耗尽的原因在于，巨大的贸易逆差（包括沦陷区与国统区），以及日本将其控制的关余与盐余基金兑换成外币，加大了外汇流失，因而，如果上述情况不解决，单靠增加平准基金的数量则对法币汇率的维持作用不大（张嘉璈也认为，国民政府忽略贸易和外汇统制的重要性葬送了平准基金⑤），而

---

① Mr. Rogers to Treasury, June 16, 1939, FO 371/23412, pp. 74-75; Demands on Currency Stabilisation Fund, May 25, 1939, FO 371/23411, p. 237.

② 《外汇平准基金委员会决议暂停维持汇价》，《新闻报》1939 年 6 月 9 日，第 1 版。

③ 《外汇平准基金将罄》，《新锡日报》1939 年 7 月 21 日，第 1 版。

④ 《蒋中正致郭泰祺电》（1939 年 7 月 28 日），《蒋中正"总统"档案文物》，档案号：002-020300-00041-032，第 1—3 页。

⑤ 张嘉璈：《通胀螺旋——中国货币经济全面崩溃的十年（1939—1949）》，第 334 页。

中方给出的禁止日本套取外汇的方案太过笼统，无法达到目的；英国可以采取的手段是抗议日本的金融政策对英日商业条约的损害，说服国民政府提高关税。从政治因素而言，此时英日正就天津租界等问题进行谈判，若提供对华借款，则不利于谈判的进展。① 8 月 30 日，英方正式通知郭泰祺，拒绝提供新的平准基金借款。②

9 月欧战爆发后，平准基金略有好转，因英国亦身处战事之中，英镑币值下跌，两个月内法币对英镑的汇率上升了近 80%，平准基金委员会也通过外汇市场回收了 400 余万英镑。但到 1940 年 5 月，情况仍未根本好转，法币的汇率再度下降四分之一，基金仅剩 20 万英镑。③

1940 年 4 月下旬，罗杰士与国民政府及汇丰银行开始讨论增加平准基金借款的新计划，计划增加 300 万—400 万英镑，其中中央银行、中国银行、交通银行总共增加 300 万英镑，英商银行在中资银行提供款项后，再增加 100 万英镑；国民政府财政部和中国银行将为英商银行提供利息 2.5% 的付息担保；当此前的平准基金消耗完毕后，新的基金才会继续使用，两个基金采用相同的管理方式。④

此计划得到了中英两国政府的批准。1940 年 7 月，中央

---

① Chinese Government's Request for Further Support for Their Currency, August 21, 1939, FO 371/23414, pp. 48-51.

② 《郭泰祺电孔祥熙》（1939 年 8 月 30 日），《蒋中正"总统"档案文物》，档案号：002-020300-00041-035，第 1 页。

③ 〔美〕阿瑟·N. 杨格：《抗战外援：1937—1945 年的外国援助与中日货币战》，第 173—174 页；张嘉璈：《通胀螺旋——中国货币经济全面崩溃的十年（1939—1949）》，第 334 页。

④ Governor（Hongkong）to Foreign Office, April 26, 1940, FO 371/24690, pp. 278-279.

银行代表钟秉峰、中国银行贝祖诒、交通银行代表李道南与汇丰银行代表格兰朋在香港签订《中国国币平衡汇兑乙种基金合同》，共计22条，认摊金额为：中央银行300万美元、中国银行60万英镑、交通银行200万美元、汇丰银行100万英镑，总共约1140万美元（约285万英镑），周息有所增加，为2.75%，由中国银行担保付息。① 但该基金始终没动用过。②

前文已述，1940年秋季世界局势发生变化，国民政府因此对英国提出了新借款请求，包括新的信贷和平准基金。

10月24日，郭泰祺在与贾德干会晤时向其表示，希望增加平准基金借款，但贾德干表示平准基金目前比较充足，无增加必要。③ 10月29日，郭泰祺向英国政府递交备忘录，请求英国向中国提供新的500万平准基金借款与500万信贷，并表示中方更重视平准基金借款。④

英国财政部最初也不同意提供平准基金借款，原因有三。其一，即便提供新借款也会被日本套取；其二，中国市面美金已经很多，再增加借款会降低英镑对美元的汇率；其三，目前平准基金运行尚较顺利，没有提供新借款的必要。⑤ 前文已述，蒋介石提交了中英美合作的计划，以让英国重视对华借款

---

① 《中国国币平衡汇兑乙种基金合同》（1940年7月6日），《民国外债档案史料》第11卷，第150—153页。

② 〔美〕阿瑟·N. 杨格：《抗战外援：1937—1945年的外国援助与中日货币战》，第175页。

③ 《郭泰祺致外交部电》（1940年10月25日），《蒋中正"总统"档案文物》，档案号：002-020300-00041-036，第1—4页。

④ Memorandum, October 29, 1940, FO 371/24691, pp. 314-315.

⑤ 《郭泰祺致蒋介石电》（1940年11月9日），《蒋中正"总统"档案文物》，档案号：002-020300-00041-037，第3—4页；China stabilization Fund and Export Credits for China, October 29, 1940, FO 371/24691, pp. 311-312。

的必要性，11 月 13 日，英国内阁会议决定同意对华借款。[1]
12 月 10 日，英国宣布同意对华平准基金新借款 500 万英镑。

　　1941 年 4 月 1 日，中国政府代表宋子文、中央银行代表
李干与英国财政部代表费立浦在伦敦签订《中英新平准基金
协定》，该协定可看作对 1939 年平准基金协定的延续与扩展，
但各项条件对中方较以往宽松一些。首先，提供借款方由英商
银行改为英国财政部，表明英国政府不再顾忌日本的反应，直
接对华经济援助；其次，新的平准基金委员会只有英国财政部
出资 500 万英镑，由中央银行和中国银行保证对尚未偿还之数
在伦敦用英镑向英国政府付息，委员会的运作方式与利息的处
理方式和 1939 年的协议规定类似，利率为 1.5%（1939 年的协
定为 2.75%）；再次，管理委员会仍是五人，但三人为中国人
（1939 年的协定为两人）。此外，协定并未规定新平准基金的
期限，只是规定英国财政部得随时通知中国政府中止本协定，
基金清算办法是：优先偿付利息，后偿付给英国财政部以抵偿
认款，必要时 1939 年平准基金委员会余额可用于抵付英国财
政部认款，若不足，由中国政府清偿英国财政部认款，剩余法
币转入中国政府银行账目，该协定终止后 7 日，1939 年的协
定即终止。[2] 该合同表明英国对华援助的决心与力度都有所
加强。

　　1941 年 4 月 25 日，宋子文致函费立浦，对平准基金的运
作提出新安排，鉴于 1939 年平准基金失败的原因之一在于未

---

①　China：Assistance to，November 13，1940，CAB-65-10-22，p. 170.

②　《中英新平准基金协定》（1941 年 4 月 1 日），《民国外债档案史料》第
　　11 卷，第 348—354 页。

能有效统制外汇，国民政府告知英国，拟成立一个专门的外汇管理机构，负责管理外汇有关事宜，统制外汇的买卖，希望平准基金委员会与该机构充分合作，国民政府也保证实行维持法币汇率的政策。英方表示同意此安排。①

1941年新平准基金协定签订后，1939年基金及其资产应由新协定产生的平准基金委员会管理、统制与运作，而1939年协定中一切条款及管理委员会的权利、义务中止。1941年8月，中英平准基金与中美平准基金合并为中英美平准基金，直到1944年3月终止。② 此外，1942年，随着上海租界区和香港被日本占领，1939年和1941年平准基金项下被封存514864214.3元法币。③

1939年平准基金借款内总共使用2746640.3英镑，余存英格兰银行2253359.7英镑，英国财政部在1945年3月22日将英商银行的认款付清。付息方面，中国银行占65%，交通银行占35%，中国银行垫付196240.7英镑，交通银行垫付105668.1英镑，另中央银行垫付利息265333.8英镑。④ 1941年平准基金的利息共计13036.5英镑，除由平准基金归还2248.1

---

① 《宋子文与费立浦关于新平准基金换函》（1941年4月25日），《民国外债档案史料》第11卷，第354—356页。

② 《中英平准汇兑基金借款》（1939年3月10日），《民国外债档案史料》第11卷，第142—143页；〔美〕阿瑟·N.杨格：《抗战外援：1937—1945年的外国援助与中日货币战》，第405页。

③ 《财政部为存港沪平准基金被敌劫夺致蒋介石代电》（1942年10月24日），《民国外债档案史料》第11卷，第163—164页。

④ 《中英平衡平准基金借款合约略表》（1945年4月26日）、《中央银行致财政部公函》（1945年8月18日），《民国外债档案史料》第11卷，第166—168页。

英镑外，由中央银行垫付 128068.4 英镑。[①]

小　结

全民族抗战初期，英国向中国提供了 4 笔借款，总计 1800 万英镑，其中信贷借款 2 笔，总额 800 万英镑，平准基金借款 2 笔，总数为 1000 万英镑，在所有对华援助的国家中排在苏联与美国之后，列第三位，按当时汇率兑换为美元计算，占全部援助（5.135 亿美元）的约 15%（约 7850 万美元）。

对于中国而言，虽然英国在中国提出借款请求一年多后才同意借款，且借款数量上没有达到中方的要求（第一次信贷中方要求英国额外提供 500 万英镑，第二次信贷与平准基金借款英国提供的数额只有中方所要求的一半），这也一度引发了中方的不满。但整体上讲，英国已经提供的借款一定程度上有助于中国坚持抵抗日本。借款基本上得到了充分利用，两笔信贷的额度基本分配完毕。虽因日军"南进"后关闭西南运输通道，中国未能全部将所购货物运回，但在当时物资困难的情况下，中国还是获得一批所急需而负担不起的物资。平准基金虽未达到完全稳定法币汇率的初衷，但对法币毕竟还是起到了一定的支持作用。杨格就认为，如果没有英国 1939—1941 年"杯水车薪"的平准基金借款，国民政府能否在珍珠港事件前避免金融崩溃都要打上问号。[②] 同时，借款条件对中国相对有

---

① 《中央银行请拨还归垫中英新平准基金借款利息致财政部函》（1945 年 8 月 18 日），《民国外债档案史料》第 11 卷，第 356—357 页。

② 〔美〕阿瑟·N. 杨格：《抗战外援：1937—1945 年的外国援助与中日货币战》，第 221 页。

利，英国在七七事变前要求借款的担保等其他条件，此时也都不要求了。

当然，在中国看来，英国愿意提供借款本身就说明中英关系已有所调整，中国在全民族抗战爆发前本就有让渡利益给英国以密切中英关系，让英国在中日冲突中支持中国的想法。在英国 1938 年底答应对华提供信贷后，蒋介石在 1939 年初曾派宋子文赴英，后虽未成行，但说明至少在此时，蒋介石对英国较为重视。这时期的借款由英国政府提供担保，说明英国对华援助的态度更加积极，也有助于争取更多的国际支持，以"苦撑待变"，同时也密切了中英关系，加强了中英其他领域的合作。

此外，英国的援助对抗战信心的提升有一定作用，因而国民政府在获得英国援助后大肆宣传，而这曾引发英方的抱怨。1939 年 8 月 1 日哈利法克斯就曾向郭泰祺抱怨国民政府对借款的过度宣传，英国正在与日本就天津租界问题进行谈判，本就不愿因对华借款而激怒日本，国民政府过多的宣传反而可能增加英国对华借款的困难。①

对英国而言，借款已不仅是获得经济利益的途径，更是外交的手段。抗战全面爆发之初，英国对华借款的态度比较谨慎，虽然英国意识到日本发动侵华战争会对英国在华利益造成影响，但英国也不想惹恼日本，甚至引发日本对英国的战争，因而拒绝对华经济援助。此时中日虽处于战争状态，但却并未宣战，英国作为第三国，本身对中日战争保持中立，英国所考

---

① Viscount Halifax to Sir A. Clark Kerr, August 2, 1939, FO 371/23413, pp. 126-127.

虑的是如何平衡英日关系以稳定东亚局势，进而不影响英国在欧洲的战略，国民政府则以日本挤占英国在华利益为由，向英国提出更多的借款要求。日本宣布"东亚新秩序"，以及美国同意对华借款后，英国政府也愿意跟进美国对华借款，且日本的扩张并未因提供借款与否而改变，也让英国逐渐不再有所顾忌。最终英国做出借款的决定，也是基于日本对其东亚战略与利益产生重大威胁，以对华借款作为对日本吞食英国在华利益的回应。英国提供的四笔借款均由英政府出面担保，实际上具有政治借款性质，体现了借款背后的外交意图。

英国在对华借款一事上并未完全采取如其他领域的对日绥靖态度，甚至在借款条件等方面逐渐放宽。其原因一方面在于英国不愿意放弃在华巨大的经济利益，通过提供出口信贷，以使英商继续抢占中国市场，英国也希望在战后中国重建中占有更多的市场份额。另一方面，面对日本对英国东亚利益的步步紧逼，英国实则通过对华借款回击。1939 年 8 月 21 日，英国在与日本就天津租界问题的后续谈判破裂后，意识到日本会进一步占据其在华利益，就以对华信贷作为回应的对策。[1] 而1940 年下半年面对日本的进一步"南下"，英国同意关闭滇缅路，随后也提供了对华新借款。英国外交部认为，战争对中日双方消耗巨大，不论哪方获胜，战后中国的重建势必要寻求英国资本更多的支持。[2] 因而，借款成为英国在中日战争中寻求

---

[1]　Foreign Office Memorandum, August 21, 1939, *DBFP*, Ser. 3, Vol. 9, pp. 483-487.

[2]　Extract from Conclusions of the Thirtieth Meeting of the Cabinet Committee on Foreign Policy Held in the Prime Minister's Room, House of Commons on Wednesday, June 1, 1938, *DBFP*, Ser. 2, Vol. 21, pp. 785-790.

平衡对华与对日关系，以达到其利益最大化的手段。

1939 年时，英国对华信贷的数额尚能与美国持平，但欧战爆发后，英国本身也面临财政困难与物资需求，故对华借款提供的数额小于美国，虽国民政府提出了中英美合作计划，但其借款的重点仍是美国。①

---

① 在 1940 年底商谈第二次信贷与平准基金借款时，宋子文表示须先在美国商议，有眉目后再与英方交涉。《蒋介石致郭泰电》（1940 年 11 月 10 日），《蒋中正"总统"档案文物》，档案号：002－020300－00041－037，第 1 页。

第五章　未及预期：全民族抗战后期中英五千万英镑借款交涉

　　1941 年 12 月 7 日，日本偷袭珍珠港，随即太平洋战争爆发，英美对日宣战，美、苏、英、中等国组建反法西斯同盟，中国不再孤军抗日，蒋介石认为"我国外交胜利亦达空前之境"，"对英对美借款之提议时机已到"。[①] 为争取财政援助，提振抗战士气，1941 年 12 月，国民政府向英、美分别提出借款，其中对美借款 5 亿美金，对英借款 1 亿英镑。此借款为抗战爆发以来向英国提出借款数额最大的一笔，其优厚的担保条件也是此前未有的。不过，与美国对华借款在不到 3 个月的时间内顺利签字相比，中国与英国的借款交涉却一波三折，不仅数额减为 5000 万英镑，围绕借款条件的中英谈判也达两年半之久，数次陷入僵局，直到 1944 年 5 月双方才签订借款合同。

　　本章拟考察如下问题：中英对借款各提出了哪几种方案，原意为何，借款谈判为何持续时间较长，最终达成了何种折中方案。

---

　　① 《蒋介石日记》（手稿），1942 年 1 月 30 日，卅年反省录；1941 年 12 月 27 日，上星期反省录。

第一节　借款草案的出台

前文已述，抗战全面爆发后到太平洋战争爆发前英国政府有多笔对华借款，总额为 1800 万英镑。[1] 用途主要是通过出口信贷购买物资与维持法币和英镑的汇率稳定。但国民政府仍希望英国有更大力度的援助。1941 年 9 月，英国派出英格兰银行行长倪米亚（Otto Niemeyer）为团长的经济代表团访华，商讨英国对华经济援助与缓解国民政府财政困难的方案，并提出了由英国提供 1000 万英镑借款为中国发行国内公债做担保的计划。[2]

正当英国经济代表团与国民政府商议援华计划之际，1941年 12 月 7 日，日本偷袭珍珠港，太平洋战争爆发，12 月 8 日，英美对日宣战。曾担任中英庚款董事会总干事的杭立武在当天即致电国民政府财政部部长孔祥熙，建议在"中英美开始切实合作之际"与倪米亚商谈英美援华方案，"期以英美之货币为担保，吸收我国游涨之通货"。[3] 同时，倪米亚拟订了借款计划，由国民政府发行内债以回笼法币，期限为 15 年，还本基金由英美借款担保，其中英国借款不超过 1000 万英镑，以

---

[1]　根据《民国外债档案史料》第 11 卷中与中英借款有关内容整理。1937年中英广梅铁路借款、浦襄铁路借款、中英金融借款虽达成，但债票并未发行，借款亦未向中方拨付。

[2]　Sir O. Niemeyer and His Economic Mission to China, April 6, 1942, FO 371/ 31618, p. 175.

[3]　《杭立武为建议与英国经济代表团倪米亚爵士商谈英美经济援华方案与孔祥熙往来密函稿》（1941 年 12 月 8—11 日），《中华民国史档案资料汇编》第 5 辑第 2 编《外交》，第 477 页。

关税作英美借款的抵押。[①] 不过，此时蒋介石的关注重点在中美英等国军事合作上，对借款问题没有立刻表态，孔祥熙也在养病，倪米亚便将其拟订的借款方案交给杭立武。12 月 16日，杭立武再电蒋介石，向其转达并解释倪米亚所拟计划："大纲为向英美政府商请允诺某一数额之借款作为准备金，即照法币对外币之某一价格予以担保，分期发行债票，俟至某定期后，照偿付持票人与外币价格相等之法币。"[②]

倪米亚的方案是基于其对国统区财经状况调查后提出的，从经济角度讲，此时国民政府面临财政困难与严重的通货膨胀，确有以借款缓解法币通胀的需要。战时，国民政府的财政赤字居高不下，1937 年财政收入 5.59 亿元，支出为 20.91 亿元，财政赤字为 15.32 亿元，财政平衡率仅为 26.73%。到 1941 年，国民政府财政收入 11.84 亿元，支出达到了 100.03 亿元，财政赤字达到 88.19 亿元（为 1937 年的 5.76 倍），财政平衡率跌至 11.84%。[③] 为缓解财政困难，国民政府大大增加法币发行量，1940 年增发 35.8 亿元，市场流通量为 78.7 亿元，而 1941 年法币流通量增加了 91.87%，达到 151 亿元，增发量为 72.3 亿元。[④] 这引发通货膨胀，导致物价飞涨。1941年国统区价格指数涨至全民族抗战前（1937 年 1—6 月平均价

---

① Sir Frederick Phillips of the British Purchasing Mission to the Secretary of the Treasury (Morgenthau), January 3, 1942, *FRUS*, *1942*, *China*, Vol. 1, p. 422.

② 《杭立武致蒋介石函稿》（1941 年 12 月 16 日），《中华民国史档案资料汇编》第 5 辑第 2 编《外交》，第 480 页。

③ 杨荫溥：《民国财政史》，中国财政经济出版社，1985，第 102 页。

④ 张嘉璈：《通胀螺旋——中国货币经济全面崩溃的十年（1939—1949）》，第 44 页。

格指数）的 12.9 倍，1942 年更是达到 39 倍。[①] 国民政府实行法币改革后，外汇对法币币值的稳定有至关重要的影响。[②] 1941 年 8 月在香港成立中英美平准基金委员会，承担维持法币币值与汇率稳定的职责，而随着太平洋战争的爆发，香港与上海外汇市场关闭，平准基金委员会迁往重庆，因中国外贸停顿，外汇审核与供应量锐减，加之马来亚与荷属东印度等地被日军占领后，侨汇锐减，平准基金委员会作用大不如前。[③] 英国对华借款对国民政府发行公债回笼法币，或用作准备金，对维持法币币值稳定有一定作用。

不过，蒋介石想要英国提供更大规模的援助。1941 年 12 月 24 日，蒋介石会见英国驻华大使卡尔，提出借款 1 亿英镑。[④] 这个数字远超自全民族抗战爆发以来国民政府向英借款的总和。12 月 27 日，蒋介石会见倪米亚与卡尔，提出具体借款计划，"借款一万万英镑，拟发行公债及定期储蓄券等方法，为提高法币信用及收回法币之用"，并要求不能有担保条件。[⑤] 12 月 29 日，蒋介石致电驻英大使顾维钧，表示此次借

---

① 张嘉璈：《通胀螺旋——中国货币经济全面崩溃的十年（1939—1949）》，第 424 页。

② 1935 年国民政府财政部公布《施行法币布告》，其中规定为使法币对外汇价按照目前价格维持稳定，由中央银行、中国银行、交通银行无限制买卖外汇。法币实际上成为外汇汇兑本位的货币，并先后与英镑和美元挂钩（1 元法币等于 0.0604 英镑、0.2975 美元）。《中华民国史档案资料汇编》第 5 辑第 1 编《财政经济》（4），第 314—315 页。

③ Mr. Mr. Eden to Sir A. Clark Kerr, January 5, 1942, FO/371/31618, pp. 3-4.

④ Sir A. Clark Kerr to Foreign Office, December 28, 1941, FO 371/27605, pp. 87-88.

⑤ 《蒋介石致顾维钧电》（1941 年 12 月 30 日），《蒋中正"总统"档案文物》，002-020300-00041-065，第 1—2 页。

款手续绝非普通借款可比，令顾维钧与英方先协商借款用度方案，再商议具体数额。[①]

除了经济上的作用，蒋介石也关注借款对提振抗战信心的效果。蒋介石向卡尔强调，即便因日本封锁中国外贸通道，中国无法有效利用外汇，但英国提供借款的举动表明了其对中国取得抗战胜利的信心并愿意为此提供援助，这有助于消解因日本"南进"及在太平洋战场上的攻势而在国统区产生的悲观情绪。此外，从外交角度而言，蒋介石有以中英经济合作跟进军事合作的想法。[②]

但蒋介石对英国借款的期待很快遭到打击。12 月 28 日，倪米亚向蒋介石表示，借款数额太大，且在外汇无法利用的情况下起不到效果。随后，倪米亚提出通过管制银行私人贷款、控制粮食价格等手段控制通货膨胀的建议，并希望国民政府进行彻底的经济改革，以缓解财政困难。[③] 倪米亚还表示，即便英国提供借款，中方也必须提供关税余款做还本付息的担保。[④] 这引发蒋介石的不满。[⑤] 他认为英国仍持对待殖民地借款之态

---

① 《蒋介石致顾维钧电》（1941 年 12 月 30 日），《蒋中正"总统"档案文物》，档案号：002-020300-00041-065，第 1—2 页；Sir A. Clark Kerr to Mr. Eden, January 15, 1942, FO/371/31618, p. 86。

② Sir A. Clark Kerr to Foreign Office, December 28, 1941, FO 371/27605, p. 86.

③ Sir A. Clark Kerr to Mr. Eden, January 15, 1942, FO 371/31618, pp. 86-87；《蒋介石致宋子文电》（1942 年 1 月 8 日），《蒋中正"总统"档案文物》，档案号：002-010300-00047-006，第 1—2 页。

④ T. V. Soong to W. V. Koo, January 11, 1942, 顾维钧档案，档案号：Koo-0057-007-0002。顾维钧档案原件藏美国哥伦比亚大学手稿与珍本图书馆，本书所用为复旦大学图书馆特藏中心所藏电子副本。下略藏所。

⑤ 蒋介石在日记中写道："英人倪文亚沓蕳鄙陋，既不愿借大款与中国，而又欲使美国亦不借大款，其手段与言语之恶劣，可痛极矣，并背咒中国与中正为小东西想捞水中月也。"《蒋介石日记》（手稿），1942 年 1 月 15 日。

度，于是在 1942 年 1 月 8 日致电宋子文说，英方"毫无诚意"，要求宋子文速与美国交涉借款事宜，希望对美借款先单独成立，以做"英国之榜样"。①

英国政府亦不同意按蒋介石要求提供借款。1941 年 12 月 30 日，卡尔将中国提出借款的情况向英国外交部汇报，表示虽然借款数额很大，但出于抵抗日本法西斯行径的考虑，英国应给予中国有力的援助。② 与卡尔不同，远在伦敦的英国财政部与外交部对借款持有疑虑。财政部认为英国无法提供数额如此大的借款，且借款的用途仍需讨论；外交部则希望首先询问美国的建议。③ 1942 年 1 月 3 日，在美国的英国财政副大臣菲利普斯致电美国财政部部长摩根索（Henry Morgenthau），询问美国对英国对华借款的态度，并将倪米亚 1941 年 12 月时所拟的借款方案告知美国。④ 1 月 5 日与 8 日，顾维钧两次与英国外交大臣艾登会晤，询问英国对借款的态度，希望英方重视借款的政治因素而不在借款手续上设置障碍，由于此时英国尚未收到美方的回复，艾登表示英国只能在财力所及范围内提供援

---

① 《蒋介石致宋子文电》（1942 年 1 月 8 日），《蒋中正"总统"档案文物》，002-010300-00047-006，第 1—2 页；《拉铁摩尔致居里电》（1942 年 1 月 6 日），《蒋中正"总统"档案文物》，档案号：002-090103-00004-080，第 3—5 页。

② Sir A. Clark Kerr to Foreign Office, December 30, 1941, FO 371/27605, p. 89.

③ Economic Assistant to China, January 2, 1942, FO 371/27605, p. 88.

④ Sir Frederick Phillips of the British Purchasing Mission to the Secretary of the Treasury（Morgenthau）, January 3, 1942, *FRUS*, *1942*, *China*, Vol. 1, pp. 421-422. 菲利普斯向摩根索表示，在英方看来，倪米亚的计划可行性更大。

助，具体方案过几日再给答复。①

　　与此同时，英国政府也在商讨借款安排，1月6日，英国财政部提出，无法按照中国所提计划借款，但可以租借方式援助中国，将物资用于正在滇缅作战的中国军队。② 在倪米亚与美籍财政顾问杨格的建议下，将借款数额由1亿改为5000万英镑，其中1000万英镑用于担保国民政府发行内债，但前提是美国也采取类似的行动。③ 1月12日，摩根索与菲利普斯会面，摩根索并未明确回复美国对英国所提的借款计划的态度，而是表示，美国正寻求办法，向中国提供比倪米亚所拟方案数额更大的借款。④ 1月13日，摩根索向罗斯福总统汇报美国借款计划时英国首相丘吉尔恰也在场，丘吉尔表示若美国对华借款，则英国也将对华贷款5000万英镑。⑤ 但因美国决定不必先与英国达成一致，故未将其借款交涉进展告知英国，⑥ 英国

---

① 《顾维钧致蒋介石电》（1942年1月5日），《蒋中正"总统"档案文物》，档案号：002-090103-00011-076，第2—3页；《顾维钧为与英方商谈借款事致蒋介石电存》（1942年1月8日），《中华民国史档案资料汇编》第5辑第2编《外交》，第484页。

② Treasury to Foreign Office, January 6, 1942, FO 371/31618, p. 9.

③ Sir Frederick Phillips of the British Purchasing Mission to the Secretary of the Treasury（Morgenthau），January 27, 1942, *FRUS*, *1942*, *China*, Vol. 1, p. 447.

④ Following for Treasury from Phillips, January 12, 1942, FO 371/31618, pp. 34-35.

⑤ 《摩根索日记（中国）》第1卷，第576—578、592、593页，转引自任东来《美援与中美抗日同盟》，社会科学文献出版社，2018，第61页。

⑥ 1942年1月10日，美国国务院远东司司长亨贝克向国务卿赫尔表示，不必等待与英国的谈判，美国可按自己规划与中国进行借款谈判，"如果美国朝着既定方向行动并确定步伐，那么英国人将紧随其后"。Memorandum by the Adviser on Political Relations（Hornbeck）to the Secretary of State, January 10, 1942, *FRUS*, *1942*, *China*, Vol 1, pp. 433-434.

便先安排租借计划。1月25日，英国外交部令卡尔通知中国，英国同意以租借的方式向中国提供军事物资，用于正在滇缅作战的中国军队。并表示，英国政府不可能向中国提供1亿英镑的大额贷款，因为这会使中国在战后支配大量英镑，而造成英国国际收支的困难。[①]

英方所拟借款计划与中国所提方案有相当差距，这引发了卡尔的担忧，他并没有将此计划告知中国，而是于1月28日致电英外交部，表示因在缅甸储备的物资很少，单靠租借援华无法达到蒋介石的目的，并建议英方可以制定条件来确保借款用于与战争直接相关的英镑开支，比如易货计划或长期信贷，但不可用于为发行法币而提供外汇储备。在此条件下，英美可共同向中国提供1亿英镑大额借款。[②]

卡尔的建议引起英国外交部的重视，加之此前中方强调借款对中国坚持抗战的作用，英国认为可以对华提供数额较大的借款。[③] 1月30日，英国与美国商议，联合对中国借款1亿英镑，条件是借款用于战争目的且在英镑区使用，战后未用完的英镑借款将还给英国。[④] 美国并未就此计划给出答复，而是在2月1日通知英国，美国政府已制定5亿美元对华借款方案并在当日提交国会，同时，美国政府不反对英国政府对华提供英国认为合适数额与条件的借款。[⑤] 次日，美国就5亿美金对华

---

① Foreign Office to Chungking, January 25, 1942, FO 371/31618, p. 19.

② Chungking to Foreign Office, January 28, 1942, FO 371/31618, p. 51.

③ 中国社会科学院近代史研究所译《顾维钧回忆录》第5分册，中华书局，1987，第65页。

④ From Foreign Office to Washington, January 30, 1942, FO 371/31618, p. 50.

⑤ From Washington to Foreign Office, February 1, 1942, FO 371/31618, p. 55. 按当时汇率，5亿美元约合1.25亿英镑。

借款一事发表公告，英国诸多报刊亦发文呼吁对华借款。[①] 英国也担心中国单独对日媾和，对其东亚战略不利，希望通过借款促使中国坚持抗战。有鉴于此，2月2日，英国内阁会议正式批准对中国借款5000万英镑，同时批准以租借方式向中国提供军事物资。并与美国同时发布公告。[②] 2月3日，卡尔将此事告知蒋介石，表示英方已同意借款5000万英镑，但不同意无担保条件，其借款时间、条件及与战争相关之用途由中英商酌决定。[③]

英方公布同意对华借款后，中英双方即开始准备拟订借款草案。2月3日，时任财政部次长兼驻英大使馆参赞郭秉文与英财政部官员杨会面，后者表示英国借款主要用作英镑区购料与担保中国国内公债或发行准备。[④] 同日，顾维钧询问艾登关于此借款的具体条件，艾登表示担保条件与此前借款无异。[⑤] 2月7日，孔祥熙将郭秉文的沟通结果告知蒋介石与宋子文。宋子文立即于2月8日致电蒋介石，主张不应与英方交涉具体借款条件，而应先与美方交涉，美借款合约签订后英方即效仿。[⑥]

---

① 《顾维钧致外交部电》（1942年2月8日），顾维钧档案，档案号：Koo-0054-021-0004。

② China: Loans from United States and Great Britain, February 2, 1942, CAB/65/25/14, p. 73.

③ 《卡尔呈蒋介石文》（1942年2月3日），《蒋中正"总统"档案文物》，档案号：001-088201-00003-001，第5—7页。

④ 《孔祥熙致蒋介石电》（1942年2月7日），《蒋中正"总统"文物档案》，档案号：002-090103-00011-078，第1—2页。

⑤ T. V. Soong to W. V. Koo, February 3, 1942，顾维钧档案，档案号：Koo-0054-021-0002。

⑥ 《宋子文致蒋介石电》（1942年2月8日），《蒋中正"总统"档案文物》，档案号：002-090103-00013-064，第1页。

蒋介石同意此点，于 2 月 12 日致电指示顾维钧，坚持对英借款不能有任何附加条件或担保，用途亦不能受限，并令顾维钧与宋子文协调进行借款交涉。[①]

不过，英国政府是在一系列条件基础之上才同意对华借款的，因而不可能同意中方不附加任何担保和不限制用途的要求。倪米亚在 2 月 6 日致电英财政部，表示为防止中方制定出英方无法接受的计划，英财政部最好尽快明确提出中国获得 5000 万英镑借款的条件和对"战争目的"（War Purpose）一词的解释，并可首先提出 1000 万借款用以担保中国内债的方案。[②] 但英国财政部与外交部认为，虽 1000 万英镑担保中国国内公债的方案与战争目的并不冲突，但不应主动提出该方案，而应当在中国主动提出类似建议时再进行讨论，以获得中方对英方的"感激"，并希望主要谈判在伦敦进行，以掌握谈判"决定权"。[③] 2 月 14 日顾维钧询问借款条件时，英方并未告知具体条款，表示要先等美国借款条件公布后再做决定。[④]

3 月初，英国财政部与外交部一同拟订了借款草案，规定借款用途为：（1）在英镑地区购买战争物资；（2）在英镑地区提供与第一项有关的服务；（3）支付两国政府商定的在英镑地区内的其他购料或服务费用。[⑤] 而这很大程度上只是此前

[①] 《蒋介石致顾维钧电》（1942 年 2 月 12 日），《蒋中正"总统"档案文物》，档案号：002-090103-00011-079，第 1 页。

[②] Following for Treasury from Niemeyer, February 6, 1942, FO 371/31618, p. 68.

[③] Sir Kingsley Wood to Mr. Eden, February 13, 1942, FO 371/31618, pp. 74-75.

[④] 《顾维钧致孔祥熙电》（1942 年 2 月 14 日），顾维钧档案，档案号：Koo-054-021-0012。

[⑤] From Mr. Young (Treasury) to Mr. Ashley Clarke, March 6, 1942, FO 371/31618, pp. 94-95.

中英用于购料的两次出口信贷的延展，并未提及提供英镑为中国担保国内公债发行等计划。①

　　虽然英国拟定了借款草案，但坚持不主动向中方提出，导致中英交涉进展缓慢。不过，郭秉文还是打探到草案的主要条款，并于 3 月 14 日向孔祥熙做了汇报，孔祥熙转告蒋介石与宋子文。② 3 月 18 日，宋子文向蒋介石建议，因借款条件苛刻，令郭秉文等到国民政府与美国的借款协定签订后再与英方讨论，并希望对英借款也在华盛顿交涉，蒋介石对此表示赞同。③ 3 月 21 日，美国对华 5 亿美金借款协定签订，对借款用途不加限制。乘中美达成协议之机，3 月 24 日，孔祥熙在记者会上称赞美方做法，并希望英国也能像美国一样提供不附加条件的借款。④ 3 月 26 日，国民政府财政部交给英国驻华大使馆一份备忘录，提出希望借款用途如下："（一）充实中国货币、金融及经济之机构；（二）增加必需品之生产、收购及其分配。（三）平抑物价上涨，稳定经济关系，或用他法防止通货膨胀。（四）防止食粮及他种货品之囤积。（五）改善交通运输。（六）兴办促进民生福利之各种社会经济事业。（七）供给军火租借法案以外之军事需要。"而上述七条正是中美借款

---

① 英国在拟订 5000 万英镑借款草案时，参考了 1941 年中英信贷借款的合同。Agreement for a Credit to the Chinese Government of 5000000 for Use in the Sterling Area, June 5, 1941, FO 371/31618, pp. 97–98.

② 《孔祥熙致蒋介石电》（1942 年 3 月 17 日），《蒋中正"总统"档案文物》，档案号：002-020300-00041-068，第 1 页。

③ 《宋子文致蒋介石电》（1942 年 3 月 18 日），《蒋中正"总统"档案文物》，档案号：001-088201-00003-002，第 2 页。

④ Following for Treasury from Hall Patch, March 27, 1942, FO 371/31618, p. 115.

协定中对借款用途之规定。[①]

在中方明确提出借款用途建议后，3月30日，顾维钧往晤艾登，后者表示英方正在制定借款方案，会参考美国对华借款的条件。[②] 4月3日，英国财政部将其拟订的借款草案交给顾维钧。主要内容有：借款总数为5000万英镑，分期拨给中国，用途为英镑区购料及相关业务、供应缅甸境内中国军队军饷及驻扎费用、英镑区内其他费用（需经中英两国协商一致），战时无利息、还本付息事宜及战事结束时剩余借款安排在战后再由中英双方接洽，1939年及1941年的中英信贷借款合同仍然有效。[③]

第二节　围绕借款用途的反复交涉与僵局

虽然英方放宽了借款条件，但借款用途与中方的要求仍然差距很大。蒋介石最初提出借款时就明确表示经济上是为了提高法币信用，遏制通货膨胀，3月26日备忘录中所提借款用途第一条即为充实货币、金融及经济之机构。英方则希望借款只用于英镑区购料及负担缅甸境内中国军队的军费，并没有与担保中国国内公债相关的条款，这与美国的方案相差甚远，引

---

① 《财政部为英政府宣布以军火器材及财力协助中国致英国驻华大使馆备忘录》（1942年3月26日），《中华民国史档案资料汇编》第5辑第2编《外交》，第488—489页；《中美借款协定全文》，《民国外债档案史料》第11卷，第397—398页。

② 《顾维钧致孔祥熙电》（1942年3月30日），《蒋中正"总统"档案文物》，档案号：001-088201-00003-003，第3页。

③ W. V. Koo to H. H. Kung, April 3, 1942, 顾维钧档案，档案号：Koo-0054-021-0022。

发了中方的不满。

中英在交涉之初对借款的看法并不一致。此时中方见英方已宣布借款，自然希望能尽快拨付并按中方所希望的条件使用。[①] 而在英方看来，英国之所以能答应借款 5000 万英镑这一超出其财政能力的数字，是因为中英双方的同盟关系，英国认为中国的要求仅是一种姿态，借以鼓舞抗战士气，因而借款不可能完全无条件，应以英方财力所能承受的方式提供。[②] 双方分歧明显，并坚持各自立场，谈判陷入僵局。

收到艾登的借款草案后，顾维钧立即向其表达了对限制用途及战后重新规划借款安排的反对，并强调中方希望有一笔借款能担保国内公债。艾登则表示以借款担保中国公债事宜还需英国政府内部商议。[③] 4 月 17 日与 18 日，孔祥熙与蒋介石先后致电顾维钧，令其与英方交涉，借款条件应与美国 5 亿美金借款相同。[④] 4 月 20 日，顾维钧与艾登会面提出，出于同盟国共同抗敌的政治姿态，英国应效仿美国放弃对华借款的条件与使用限制，艾登表示会与财政部商议此事。[⑤]

4 月 23 日，英财政部会议决定，英国的借款条件不可能

---

① 蒋介石在 1942 年 2 月 3 日的日记中写道：英、美借款速筹吸收法币计划，或以英美公债兑换法币；英美借款应急定处置。《蒋介石日记》（手稿），1942 年 2 月 3 日。

② 《顾维钧回忆录》第 5 分册，第 61 页。

③ W. V. Koo to H. H. Kung, April 3, 1942，顾维钧档案，档案号：Koo-0054-021-0022。

④ 《孔祥熙致顾维钧电》（1942 年 4 月 17 日），顾维钧档案，档案号：Koo-0054-021-0023；《蒋介石致顾维钧电》（1942 年 4 月 18 日），《蒋中正"总统"档案文物》，档案号：002-090103-00011-080，第 1—2 页。

⑤ 《顾维钧致孔祥熙电》（1942 年 4 月 28 日），《蒋中正"总统"档案文物》，档案号：001-088201-00003-005，第 8 页。

与美国完全相同，拒绝战后中国继续使用英镑借款，并坚持借款用于"战争目的"。但除购料外，在英镑区的服务费用及中国在缅军队的缅币开支可由英方承担，并同意将1000万英镑借款作为中国国内公债的担保。此外，英方可以使草案在措辞上更接近美国的借款协定。① 在英方看来，中国利用美国对华借款条件来施压的举动等同于"敲诈"，允许1000万英镑借款用来维持法币已经是援助的最大限度。虽然英外交部预计，若不按中方要求提供借款会遭"反英宣传"的威胁，但也认为，若此时向中方妥协则得不到"信任与尊重"，故英外交部要求驻华大使薛穆②在对华交涉时采取更加强硬的态度。③

5月13日，艾登将修改后的借款合同草案交给顾维钧。该合同基本上按照4月23日英财政部会议的结果制定，借款可用作：（1）战时在英镑区购买军事需要之物资；（2）办理上项采购之经费开支；（3）中国在缅军队的缅币费用；（4）担保中国国内发行公债，以1000万英镑为限。与4月3日的借款草案相比，此合同草案以担保中国国内公债的形式明确英镑借款承担维持法币的责任，并对"战争目的"一词再加阐释。艾登表示，实际上战争期间在英镑区一切军事用途购料均可涵盖，并无限制；他还强调，英美情况不同，英国无法提供美国那样的条件，只能尽可能将合同文句修改，使其与美国借款合

---

① £ 50，000，000 Loan to China, April 27, 1942, FO 371/31619, p. 21.

② 1942年1月16日，英国驻华大使卡尔转任驻苏大使，薛穆继任英国驻华大使。

③ His Majesty's Government's loan to China, May 8, 1942, FO 371/31619, pp. 32-33.

约类似，以体现同盟国精神。[1]

英国不同意中方所提的借款用途，确有经济方面的原因。1942 年英国预算中每日开支为 1500 万英镑，随后增加为 1800 万英镑，总开支追加 1 亿英镑，入不敷出达六成，1942 年英国政府财政收入为 26.35 亿英镑，支出为 54.57 亿英镑，财政平衡率仅有 48.29%，当年政府债务亦达到 28.22 亿英镑，超过了当年的财政收入。[2] 英外交副大臣贾德干在 1942 年 6 月 12 日对顾维钧表示，以英国此时的财力，最多能提供给中国 1000 万英镑。[3]

英国修改后的合同仍不能令国民政府满意，因此时中国对外通道关闭，物资输入不便，实际上能在英镑区获得的物资极少，因而此项修订对中国意义不大。[4] 5 月 27 日，孔祥熙要求顾维钧与英方商洽，将借款中更多的数额用于法币准备金或内债发行基金，若英国因财力不足无法立刻提供足量英镑，可拨

---

[1] 《英外相自伦敦致驻英大使顾维钧致送 5000 万镑借款合约草案征询同意并说明为使英美两合约中不同之点尽量减少已将原合同加以修正函》（1942 年 5 月 13 日），秦孝仪主编《中华民国重要史料初编——对日抗战时期》第 3 编《战时外交》(2)，第 263—266 页。

[2] W. K. Hancock, M. M. Growing, *British War Economy* (London: Her Majesty's Stationery Office and Longmans, Green and Co. Ltd., 1949), p. 348, 转自李永斌《论二战时期英国的财政政策》，硕士学位论文，湖南师范大学，2009，第 32 页。

[3] 《顾维钧电呈洽商中英借款办法》（1942 年 6 月 12 日），陈谦平编《翁文灏与抗战档案史料汇编》(下)，社会科学文献出版社，2017，第 546 页。

[4] 前文已述，1939 年 8 月 18 日和 1941 年 6 月 5 日签订了两笔中英信贷合约，英国为中国提供了 800 万英镑的出口信贷，用于资助中国购买机器、机车等物资。但到 1942 年 5 月实际上只用了约四分之一。W. V. Koo to Mr. Eden, June 6, 1942, FO 371/31619, pp. 56-57.

部分借款购买英国公债暂存英国。① 前文已述，此时国民政府
面临严重的财政困难与通货膨胀，故孔祥熙希望依靠英镑借款
担保发行公债以募集更多的资金，亦希望以英镑借款作为法币
发行准备金的方式缓解增发货币带来的通胀。此前中英平准基
金借款也有类似作用，但国民政府坚持各事各办，不希望并案
处理。② 顾维钧也认为，英国修改后的草案仍达不到中国的期
望。5 月 30 日，顾维钧与艾登会面，表示中国希望展示给国
内军民的是借款没有任何附加条件，不希望中国政府采购物资
以必须征得英国政府同意为条件，并建议中英私下达成借款用
途的协议，既"保全了中方的面子，又免除英方对借款用途
的担忧"。③

　　但英国并不打算在形式上修改借款以满足中方的需求。6
月 1 日，英国内阁会议讨论对华借款问题。会上，外交大臣艾
登与财政大臣伍德一致认为，虽然中方强调只是要"保全面
子"，但中方要的是实质而不是形式，"一旦获得形式上使用
借款的自由，中国一定不会安于现状，而会利用各种政治压
力，尽快取得他们可以自由支配的全部 5000 万英镑"，同时也
拒绝孔祥熙提出的借款用作法币准备金的提议。不过，英国也
担忧让中方产生借款谈判不顺源自英国对日作战态度不如对德
积极的判断。因此，会上决议由财政大臣与外交大臣向顾维钧

---

① 《孔祥熙关于中英借款协约补充意见电稿》（1942 年 5 月 30 日），《中华
　民国史档案资料汇编》第 5 辑第 2 编《外交》，第 490—491 页。

② 《孔祥熙为英美借款事致宋子文代电》（1942 年 6 月 8 日），陈谦平编
　《翁文灏与抗战档案史料汇编》（下），第 545 页。

③ Financial Agreement with China, June 4, 1942, FO 371/31619, pp. 156 -
　157.

解释此事。①

6月8日和11日，顾维钧分别与丘吉尔、艾登和贾德干会面，再次提出英镑区购料对中国意义不大，希望将5000万英镑用于"战争引起的其他紧急国家用途，特别是为中国国内发行内债提供担保和加强中国的外汇储备"。鉴于英国的财政情况，"部分借款可以英国债券的形式存放在英国，不会被提取，专做法币发行准备"。② 对此要求英国仍不同意，在英方看来，香港和上海被日本占领，中国外汇市场规模较小，通过外汇维持法币作用不大，若以借款购买的债券做法币发行准备，则只能在战后发挥作用，而这会加剧英国战后的国际收支困难，且战时中国所需的外汇完全可由美国借款提供。此外，由于此前发行的1942年同盟胜利美金公债③销售不理想，即便国民政府发行以英国借款为担保的内债，销售数量也不可能大于1000万英镑。6月16日，艾登致电顾维钧，拒绝中方对借款用途的修改。④

得知英国态度后，孔祥熙又制定了新的方案，以1000万英镑充当国内公债发行担保，1000万英镑在英印购料，其余

① China: Loans from United States and Great Britain, June 1, 1942, CAB-65-26-31, pp. 55-56; Financial Agreement with China, June 4, 1942, FO 371/31619, pp. 156-157.

② W. V. Koo to Mr. Eden, June 6, 1942, FO 371/31619, pp. 78-79;《顾维钧电呈洽商中英借款办法》（1942年6月12日），陈谦平编《翁文灏与抗战档案史料汇编》（下），第546—547页。

③ 该公债条例于1942年4月25日公布。《民国三十一年同盟胜利美金公债条例》，《中央银行经济汇报》第9期，1942年，第99页。

④ 《顾维钧电呈艾登外相解决中英借款意见》（1942年6月16日），陈谦平编《翁文灏与抗战档案史料汇编》（下），第547—548页；W. V. Koo to Mr. Eden, June 17, 1942, FO 371/31619, pp. 66-67.

3000 万英镑请英政府指拨债券存入英格兰银行充作法币发行准备。6 月 24 日，孔祥熙将此方案告知顾维钧，令其与英方交涉。[①] 薛穆建议英国出于政治考虑接受此方案，但英财政部与外交部都不同意，原因仍是此举无助于缓解中国严重的通货膨胀。[②]

同时，国民政府在未与英方协商的情况下就于 6 月 27 日公布了《民国三十一年同盟胜利公债条例》，其中规定本公债应付本息由英借款 5000 万镑项内拨存中央银行。英国以谈判尚未完成，拒绝以借款承担此公债的还本付息，故国民政府不得以换为以国库收入担保还本付息。[③]

连遭拒绝后，中国方面采取软硬兼施的策略。7 月 6 日，孔祥熙在与薛穆会面时提出，如果英国政府不能接受中方的意愿，中国将会完全放弃借款的建议，而如果谈判就此结束，将会对中英关系造成严重影响。[④] 顾维钧则在 7 月 9 日与艾登会面时再次强调，3000 万英镑购买债券存在英国作为法币发行准备是为了提升中国银行和中国军民对法币及本国货币金融体系的信心，并不会被提取。关于战后使用问题，可以用附加协议保障战后中国不会使用借款。总之，虽然借款在经济上效果有限，但对中国而言有较为重要的精神层面的作用，与中方最

---

① 《孔祥熙为中英借款交涉致电》，陈谦平编《翁文灏与抗战档案史料汇编》（下），第 549—550 页。

② From Foreign Office to Chungking, June 29, 1942, FO 371/31619, p. 94.

③ 千家驹编《旧中国公债史资料 1894—1949 年》，中华书局，1984，第 310 页。

④ Sir H. Seymour to Foreign Office, July 7, 1942, pp. 108–109.

早所提借款主要在于心理上的作用并不矛盾。①

　　中方明确表示战后不会使用用作发行准备的借款，艾登即致电英财政部询问意见，而英财政部仍不同意。在其看来，战后中国必然要向国外大量订货，所需外汇则必然从此笔借款的英镑外汇储备中提取，因而即便签订相关协议，也不能保证中国战后一定不会使用。而一旦战后中国大量使用英镑，则会导致英镑贬值（实际上战后英国也确实出现了国际收支的困难）。② 此外，英财政部担心若同意中方此次提出的借款条件调整，则中方之后会步步增加要求，最后迫使英方提供全部资金。③ 而英外交部认为，英方的立场和财力不足的情况已经向中方充分说明，而且应中方所提振奋士气的要求，借款部分条款已经进行了修订，因中国对外贸易量有限，外汇储备对中国物价或通货膨胀影响很小，且依中方所提条件，不会对中国战时经济地位产生实际影响，却会对英国战后的经济地位产生非常严重的不利影响，且若此时对中国妥协，则会让英国在谈判中处于不利地位。④ 因而英国方面仍坚持不同意中方提出的对借款用途的修改。

---

① Mr. Eden to Sir H. Seymour (Chungking), July 9, 1942, FO 371/31619, p. 110.

② 按，二战结束时，英国的外债高达 42 亿英镑，1946 年 2 月进出口贸易逆差为 1 亿英镑（进口 10.6 亿英镑，出口 9.6 亿英镑），参见黄凤志《当代国际关系》，吉林大学出版社，2017，第 128 页；Alec Cairncross, *Years of Recovery: British Economic Policy 1945−1951*, London: Methuen & Co. Ltd, 1985, p. 112; Mr. Eden to Sir H. Seymour (Chungking), July 21, 1942, FO 371/31619, p. 139。

③ His Majesty's Government's Loan to China, July 13, 1942, FO 371/31619, p. 120.

④ Comments of Ashley Clarke, July 9, 1942, FO 371/31619, pp. 105.

多次借款交涉无果，令蒋介石颇为不满。7月19日，蒋介石致电顾维钧，要求"勿对英再提借款与助华事，此不仅徒增国耻且为人愚弄"。[①] 而英国方面也认为若由英方主动提出解决办法则会"削弱谈判中的地位"，因而决定等待中方主动提出下一步的方案。[②] 双方各不相让，谈判陷入停滞。

此时，英国驻华大使薛穆积极向英政府建议，由英方主动打破僵局。美国总统特使居里（Lauchlin Currie）与美籍财政顾问杨格也从中进行疏通。7月30日，居里与薛穆会面，强调借款谈判破裂（他认为中方现在将退出谈判）将对英中关系产生非常严重的影响，美国和英国的借款是中国不对日妥协的重要助力，借款不应增加条件限制。[③] 杨格则向薛穆与孔祥熙建议，为防止战后英镑流失，中方可保证借款中的英镑在战后只用于购买重型机械、船只等。[④] 综合各方情况后，薛穆于8月3日致电英外交部，建议主动打破僵局，表示向英借款停滞已经引起孔祥熙和蒋介石的不满，对中英关系带来负面影响，因而提出战争结束后，借款余额在一段时期内按年等额分期付款，用于购买英国的货物（如铁道车辆、电气设备及其他机械）。[⑤]

即便是将全部英镑借款用于战后在英国购料，英国财政部

---

① 《蒋介石致顾维钧电》（1942年7月19日），《蒋中正"总统"档案文物》，档案号：002-090103-00011-070，第1页。

② Authority for Use of 50 Million Credit in India, July 29, 1942, FO 371/31619, p. 145.

③ From Chungking to Foreign Office, August 1, 1942, FO 371/31627, p. 4.

④ British Credit, November 30, 1942, Arthur N. Young Collection, Box 89, Folder British Loan, 1942–45, p. 19, Hoover Institution, Stanford University (Hereafter similar).

⑤ From Chungking to Foreign Office, August 3, 1942, FO 371/31620, p. 5.

也不同意，因为在二战期间，英国获取海外物资的途径为将海外的资本资产变现与美国的租借援助，以及加拿大的帮助，战后，英国必须通过出口物资以获得资金，购买其所需的进口物资。若中国用战时所借5000万英镑购买英国物资，则这部分出口货物无法给英国提供支付进口货物的资金，对英国的国际收支是不小的负担。[①] 英外交部亦不希望英方主动提出修改方案，因为这是"投降"的表现。且英外交部认为，英方坚持不让步只是令孔祥熙本人丢面子，但国民政府其他高层并不一定持相同态度，"孔祥熙的政治对手可能还会高兴"，英国的坚持亦"可能赢得了一定程度的尊重"。[②] 而为安抚中国，英国表示此前已公布的借款用途可先行支用，并可与中国商讨其他援助方法，例如提供飞机，延展补给运送路线，提供飞行教官等，随后英外交部将此意见告知薛穆。[③]

薛穆虽也认为孔祥熙对英方的指责并不合理，但出于避免因借款停滞而影响中英关系的考虑，再次提出修改借款用途方案：将1000万英镑存入中英在英格兰银行或中国中央银行的联合账户，或投资于短期国库券，以用作偿还中国拟发行内债的本金，余款可与中方协商用于遏制通货膨胀的其他举措，以此作为中英恢复谈判的"诱饵"。[④] 但由于6月27日公布的《民国三十一年同盟胜利公债条例》变为派募与劝募相结合的

---

① Memorandum by the Secretary of State for Foreign Affairs and Chancellor of the Exchequer, August 21, 1942, FO 371/31627, p. 35.

② His Majesty's Government's Loan to China, August 5, 1942, FO 371/31620, pp. 2-3.

③ From Chungking to Foreign Office, August 3, 1942, FO 371/31620, p. 5.

④ From Chungking to Foreign Office, September 9, 1942, FO 371/31620, pp. 48-49.

公债推销办法，① 英财政部认为英镑借款担保内债发行的作用
骤减，故薛穆所提方案意义不大，但英国不想再受到孔祥熙的
"指责与勒索"，9 月 28 日，英外交部指示薛穆，令其直接与
蒋介石交涉，表明三点。第一，在协议签署之前，可以提前动
用部分借款以在英镑区购买军事物资；第二，签字之前，在双
方协商下可使用已经指定用于担保内债的 1000 万英镑；第三，
英国现在无法做出任何战后承诺，战后英国对华援助另当别
论。英外交部认为，此举可使蒋介石增加对英国对华借款态度
的了解，或可推动蒋介石指示孔祥熙，主动向英方提出借款用
途问题的讨论。② 不过由于 9 月与 10 月薛穆忙于英国废除在华
治外法权事宜，因而并未与蒋介石当面交涉借款问题。

此时，中方积极推进借款谈判的是顾维钧。9 月 30 日，
顾维钧启程回国，希望缓和中英之间的不满情绪，增进国民政
府高层对英国实际财政情况的了解，推进中英借款谈判，并接
待英国议会访华团。③ 10 月 15 日，到达重庆后的第二天，顾
维钧先与蒋介石、孔祥熙讨论了英国借款问题。由于此前谈
判不顺，蒋介石和孔祥熙对借款并无信心，孔祥熙亦表达了对
英方始终拒绝考虑他提出的折中方案的不解。10 月 29 日，英

---

① 1942 年 7 月 9 日，行政院通过《三十一年推销公债实施办法》，规定
1942 年推销公债按派募与劝募两种方式进行。派募的对象有：工商业
者、土地营业人、房产营业人、自由职业之收入丰厚者，并确定了派募
的具体标准。劝募对象为：各界人民收入丰厚者，特别注重财产赠与及
财产继承之人；公私团体的基金存款或公债金；已经派募尚有余力购债
者。劝募办法以普遍宣传劝导人民自购为原则。《三十一年推销公债实
施办法》，《云南省政府公报》第 15 卷第 7 期，1943 年，第 3—6 页。
② From Foreign Office to Chungking, September 28, 1942, FO 371/31620, pp. 86-
87.
③ 《顾维钧回忆录》第 5 分册，第 74 页。

外交部将放弃在华治外法权及解决有关问题之草案递交中国大使馆。英外交部指示薛穆，利用英国废除在华治外法权的姿态"所带来的良好气氛"与蒋介石交涉借款事宜。[①] 不过，英国政府对国民政府对英态度的估计过于乐观了。薛穆就认为，因孔祥熙反对，找蒋介石的意义不大，便先后与顾维钧、宋子文沟通借款问题，但亦收效甚微。[②]

　　顾维钧回国后积极倡导其所主张的中美英三国同盟，但并未成功，鉴于此，顾维钧便先专注于中英借款谈判。11月17日，顾维钧与英财政部代表霍伯器会面，就借款条件提出四项建议：（1）允许中国在战争结束时获得英国多余的机器和船只，可以在战争快结束时签订合同，以符合英国要求的"战争目的"条件；（2）此借款可用于向英国持票人偿还以关税或其他税收为担保的外债；（3）若借款超过此前英国答应的1000万英镑，则可作为中国发行其他内债的担保，并同意在必要时补充平准基金委员会的英镑资产；（4）此前中方所提的用作法币发行准备的3000万英镑，在战争结束时未动用的余额则归还给英国政府，无须在战后继续维持法币。[③] 不过，11月26日，宋子文与霍伯器会面时明确表示不同意顾维钧所提的用借款支付关税担保外债的建议。同时，宋子文希望更多地介入借款谈判，要求英方提供给他已有的谈判文件，以帮助消除双方的误会，并认为解决问题的方法是他去访英时

---

①　From Foreign Office to Chungking, October 31, 1942, FO 371/31620, p. 101.

②　From Chungking to Foreign Office, November 20, 1942, FO 371/31620, pp. 181-182.

③　From Chungking to Foreign Office, November 20, 1942, FO 371/31620, pp. 181-182.

与英首相和外交大臣会面商讨。①

顾维钧的建议并未被英方接受。在英外交部看来，顾维钧的建议与此前孔祥熙的方案无甚差别，② 但英方并不反对宋子文介入谈判。虽然杭立武向英方告知了宋子文和孔祥熙的微妙关系，并提示事先不与孔祥熙谈判而与宋子文达成任何协议的可能性不大，③ 但英外交部还是要求薛穆向宋子文表示，欢迎在他访问英国时讨论借款问题。孔祥熙与宋子文确有分歧，1943 年 1 月，顾维钧与孔祥熙和宋子文谈论对英借款时，孔祥熙认为当下必须取得全部借款，而宋子文则认为可以先取得英国同意的部分。④ 实际上，1942 年 9 月，英国就有通过邀请宋子文访英商讨借款问题以促使孔祥熙主动提出妥协方案的想法。⑤ 不过，英方不想在孔宋分歧中"站队"，因而要求薛穆在与宋子文交涉时保持通过中国外交部部长与中国政府交流的常规程序。⑥

而就在此时，英国政府内部也出现了不同的声音。12 月15 日，英海外贸易部官员哈考特·约翰斯通（Harcourt Johnstone）致电财政大臣伍德，表示应当按中国的建议提供借款

---

① Notes of Conversation with T. V. Soong, November 26, 1942, FO 371/31620, pp. 261–262.

② His Majesty's Government's Loan to China, November 25, 1942, FO 371/31620, pp. 183–184.

③ From Chungking to Foreign Office, December 18, 1942, FO 371/31620, p. 250.

④ 《顾维钧回忆录》第 5 分册，第 188—189 页。

⑤ From Foreign Office to Chungking, September 24, 1942, FO 371/31718, p. 10.

⑥ From Foreign Office to Chungking, December 23, 1942, FO 371/31620, p. 253.

来表达对中方的"善意"，以保证战后中英贸易与英国在中国的市场。① 但英财政部却不以为然，认为即便释放了"善意"，也不会得到中国的积极回应，如英国政府放弃了在华治外法权，但中国仍要求收回九龙租界。英外交部认为，若在借款谈判中对中方妥协，则有可能给九龙租界谈判带来更大的压力，② 而只要战事朝向同盟国有利的方向发展，英国在华权益自然有保障。且战时与战后各事各论，战后若英国可以提供中国满意的经济援助方式，中国自然会答应英国的要求，而战时中国不应向英国提出超出其经济能力的过分要求，也不能把解决中国国内经济问题的责任推给英国。③ 同时，英外交部也认为，目前的形势对轴心国不利，中国向日本投降的可能性不大，因而对华援助并不如中方所提的那么紧迫。④

中英借款谈判未能取得进展，杨格再提解决方案。他在1943 年 2 月向孔祥熙建议，将"战争目的"一词做广义解释，用借款为战时购买进口物资的中国进口商提供外汇（在对外通道恢复后），而进口商将等值的法币交给国民政府，通过这种方式为国民政府回笼资金，从而遏制财政状况的恶化。⑤ 孔祥熙接

① Mr. Harcourt Johnstone（Department of Oversea Trade）to Chancellor of the Exchequer, December 15, 1942, FO 371/31620, pp. 235-240.

② His Majesty's Government Loan to China, December 23, 1942, FO 371/31620, pp. 247-248.

③ The Chancellor of the Exchequer to Secretary of State, January 7, 1943, FO 371/35745, pp. 26-27.

④ His Majesty's Government's Loan to China, November 25, 1942, FO 371/31620, pp. 183-184.

⑤ British 50000000 Credit, February 27, 1943, Arthur N. Young Collection, Box 89, Folder British Loan, 1942-45, p. 20.

受了杨格的建议，并致电宋子文，建议其在华盛顿与艾登协商杨格所提的广义解释"战争目的"的方案。[1] 但英方对此方案仍不同意，认为此前已有的出口信贷就可实现中方此意图，且不希望杨格插手中英借款，希望等宋子文访英时再解决此问题。[2] 中英借款谈判的僵局仍未打破。

第三节　中英之间的后续交涉与借款合约的签订

1943 年 3 月 6 日，顾维钧返回英国前，蒋介石指示顾维钧继续进行借款谈判，可考虑英国方面的困难，寻求折中方案。[3]

1943 年 6 月 29 日，顾维钧与霍伯器会面。霍伯器表示，此前顾维钧所提的收回中国在伦敦市场发行之英镑债券，恐引起在美国等其他地方发行之中国债券持票人之不满，损害中国的信用，不利于之后筹款。对于孔祥熙在杨格建议下所提的在印采购物资运华出售以吸收法币的方案，他说，因目下印度的物资已不足以供给中国，故并不现实。顾维钧提出三项建议：（1）英美租借援华运费由借款支出；（2）若欧洲战事先于亚洲战事结束，英国仍有剩余产品尚可购用运华者，则在亚洲战事结束前仍可提供给中国；（3）中国拟发行之新国债券，应注明由英政府拨款担保，存放伦敦，以鼓励销路。此项担保款

---

① H. H. Kung to T. V. Soong, March 17, 1943, Arthur N. Young Collection, Box 89, Folder British Loan, 1942−45, pp. 26−27.

② From Foreign Office to Chungking, April 21, 1943, FO 371/35747, p. 11.

③ 《顾维钧回忆录》第 5 分册，第 226 页。

数，可增至1500万或2000万英镑，可视债票推销情形而定。① 7月10日，顾维钧将其与霍伯器的会谈情况向孔祥熙汇报。7月16日，孔祥熙复电云，收回债票并不影响信用，印度有少量物资可供使用，基本认可顾维钧所提方案。② 在与蒋介石商议后，孔祥熙制定5000万英镑借款一半用于购料，一半用于法币发行准备与中国国内公债担保的方案。8月5日，孔祥熙致电宋子文，请其照此方案与英方交涉。③

不过，由于蒋介石明确指示宋子文，赴英访问时不要提出借款解决方法，以免让英方认为他访英是"有求于英方"，④ 故英国政府对通过宋子文访英以解决中英借款的期待并未实现。8月4日，宋子文在与英外交部远东司司长克拉克（Ashley Clarke）会谈时表示，他访英并不是为了解决借款问题。⑤ 对孔祥熙的建议，宋子文也表示此事应由顾维钧、郭秉文与英方商讨。⑥ 英国方面也很快意识到宋子文无意进行借款谈判，

① 《顾维钧复孔祥熙电》（1943年7月10日），《中华民国史档案资料汇编》第5辑第2编《外交》，第504页。

② 《孔祥熙致顾维钧电》（1943年7月16日），《中华民国史档案资料汇编》第5辑第2编《外交》，第505页。

③ 《孔祥熙致宋子文电》（1943年8月5日），《国民政府档案》，档案号：001-088201-00003-010，第3页。

④ 《宋子文致孔祥熙电》（1943年8月7日），《国民政府档案》，档案号：001-088201-00003-010，第4页。

⑤ 《宋子文与克拉克、丹宁谈话记录》（1943年8月4日），吴景平、郭岱君主编《风云际会——宋子文与外国人士会谈记录（1940—1949）》，复旦大学出版社，2010，第108页。

⑥ 《孔祥熙致宋子文电》（1943年8月5日）、《宋子文致孔祥熙电》（1943年8月7日），《国民政府档案》，档案号：001-088201-00003-010，第3—4页。

英财政部决定仍旧按兵不动，等待中方提出其他解决方案。①

宋子文访英并未取得预期成效，而中英谈判持续时间已达一年半。孔祥熙在国民参政会上因对英借款迟滞受到质询，倍感压力，因而加快了谈判步伐。② 在中方主动提出谈判的情况下，为中英关系考虑，英方也做出一定让步，借款谈判终得进展。

1943 年 9 月 5 日，郭秉文与艾登、霍伯器和诺曼·杨分别会谈，提出增加担保公债借款数额，由 1000 万增至 2000 万英镑。会谈后郭秉文发现，英方对借款用途的原则始终未变，但也希望中方早日接受借款，用途以后可随时提议。③ 10 月 9 日，顾维钧也向孔祥熙汇报，英方已松口，表示若公债担保之 1000 万英镑不敷，将来可酌情增加。④

10 月 13 日，孔祥熙复电顾维钧，对借款条件提出四点建议：（1）原定用于担保公债发行之 1000 万英镑照拨。此前已发行公债暂由国库券担保，借款签订后，仍由英借款中 1000 万英镑作为担保，存入中国中央银行在英格兰银行的账户；（2）因美借款中所拨发美金储蓄券售罄，拟发英金储蓄券 1000 万英镑；（3）借款中的 2000 万英镑用于在英镑区购工业机器、铁路器材等物资及在英、印购棉花、布匹；（4）其余 1000 万

---

① Discussion with Dr. T. V. Soong on Anglo-Chinese Relations, August 6, 1943, FO 371/35795, p. 20.

② 《国民参政会第三届第一次大会纪录》，国民参政会秘书处，1943；From W. H. Evans Thomas to Young, October 27, 1943, FO 371/35753, pp. 4—7.

③ 《郭秉文致孔祥熙电》（1943 年 9 月 6 日），《国民政府档案》，档案号：002-080106-00058-009，第 11—13 页。

④ 《顾维钧致孔祥熙电》（1943 年 10 月 9 日），《国民政府档案》，档案号：002-080106-00058-009，第 14—15 页。

英镑用于前项不敷或其他杂费。①

　　中方对借款用途的新建议中，最重要的即为发行 1000 万英镑英金储蓄券，但这未被英方接受。11 月 10 日，顾维钧致电贾德干，告知国民政府改变借款用途的情况。顾维钧将中方的建议归纳为两点：第一，中国不再坚持拨款 3000 万英镑作为法币的外汇储备，而担保中国发行内债的金额从 1000 万英镑增至 2000 万英镑，且这一数额可用作发行英镑储蓄券及法币债券的抵押品。第二，剩下的 3000 万英镑将用于英镑区的采购和服务，以满足军事、运输和通信需要。② 不过，由于艾登、贾德干此时不在伦敦，英方并未立刻回复。

　　1943 年 11 月 23—26 日，中美英三国在开罗召开会议，商讨对日作战与战后安排事宜。会前，孔祥熙在 11 月 16 日将中英借款谈判经过及 10 月 13 日所拟解决方法提案呈报蒋介石，并建议在会上与英国代表商谈此事。③ 11 月 26 日，国防最高委员会秘书长王宠惠当面将关于借款问题的中方提案（内容与孔祥熙所拟解决方法一致）交予艾登。④ 11 月 26 日下午，王宠惠与艾登、贾德干会谈，商讨借款问题。王宠惠表示中方已做出让步，并强调一旦合同签订，即使在战争结束后，中方战时以借款购买的机器、船只及原材料等物资亦须交付。但这一点艾

---

①　《孔祥熙致顾维钧电》（1943 年 10 月 13 日），《国民政府档案》，档案号：002-080106-00058-009，第 16—18 页。

②　From Wellington V. Koo to Sir Alexander Cadogan, November 10, 1943, FO 371/35752, p. 116.

③　《英国借款节略》（1943 年 11 月 16 日），《蒋中正"总统"档案文物》，档案号：002-020300-00041-076，第 1—4 页。

④　《蒋介石致顾维钧电》（1943 年 12 月 6 日），《蒋中正"总统"档案文物》，档案号：002-020300-00040-050，第 1—2 页。

登不同意，表示即便在英国自治领，战后也无继续有效之购货合同，其余各条会在回英后与英财政大臣协商。①

12 月 6 日，蒋介石将开罗会议上中英商讨借款情况电告顾维钧，令其相机与英政府交涉。② 实际上 11 月 16 日，英财政部就召开会议商讨顾维钧 11 月 10 日转交英方的方案，认为中方的方案特别是发行英金储蓄券，对战后国际收支不利，且考虑到目前的汇率与开始借款谈判时汇率的差距，这一对英方的不利更为明显。③ 而英财政部与外交部亦不同意增加担保中国内债的金额。④ 12 月 9 日，在与财政部商议后，英外交部告知顾维钧，英方无法接受其 11 月 10 日所提方案，并表示："如果中方仍不能按英方原来的基础接受建议，就应坦率地说出来，英方会让该建议作废，并将重新考虑如何为中国从英镑地区获得供应（贷款租赁除外）。"⑤ 顾维钧感到如果将此情况转达国民政府，则会影响自开罗会议以来中英之间良好的氛围。12 月 17 日，顾维钧与艾登会面。艾登表示英国政府目前无法负担用于英金储蓄券的 1000 万英镑，顾维钧称可以向国

① 《王宠惠与英外相艾登外次贾杜根会谈纪录》（1943 年 11 月 26 日），《蒋中正 "总统" 档案文物》，档案号：002-020300-00040-049，第 6—8 页。

② 《蒋介石致顾维钧电》（1943 年 12 月 6 日），《蒋中正 "总统" 档案文物》，档案号：002-090105-00011-005，第 1 页。

③ £ 50000000 Loan to China, November 18, 1943, FO 371/35752, p. 114; Draft to Chinese Ambassador, November 26, 1943, FO 371/35753, pp. 31-32.

④ Wellington V. Koo, Kuo Ping-wen to H. H. Kung, December 11, 1943, Arthur N. Young Collection, Box 89, Folder British Loan, 1942-45, p. 41.

⑤ From Peterson to Ambassador, December 9, 1943, FO 371/35753, p. 25; Mr. Eden to Sir H. Prideaux-Brune（Chungking）, December 17, 1943, FO 371/35753, p. 160.

民政府解释，并提议可组建一个中英委员会运作英镑区购料事宜。① 随后，顾维钧就增加 1000 万英镑用作英金储蓄券问题与贾德干、倪米亚、霍伯器等人会面协商，但均遭拒绝。②

不过，中国在开罗会议上将借款问题提出，说明了其对此问题的重视，这也令英国做出一定让步。12 月 29 日，顾维钧再会艾登，艾登再度表示因英财政困难，无法提供 1000 万英镑担保发行英金储蓄券，但除此之外关于借款用途的提议，英方都可接受，为早日订立合同计，英方同意购料种类、有效期、交换办法等细节不必采取固定方法明确规定，并同意在重庆或伦敦成立一个专门的中英委员会，运作购料等事宜。③

但艾登只是表达了英国原则上的看法，并未立刻以书面等正式形式将英方的回应告知顾维钧或英驻华大使馆。国民政府对此感到焦急，1944 年 1 月 21 日，蒋介石与薛穆会面，询问英方关于借款提案的态度，薛穆表示暂未收到指示。这是蒋介石第一次与薛穆谈论借款问题，同时孔祥熙和宋子文也与薛穆会面，催促英方尽快给出答复。④ 由于英方始终未给中方回复，令孔祥熙不满。1 月 29 日，孔祥熙致电郭秉文，抱怨英方对中方多次提出的修改意见总是拖延与拒绝，要求郭秉文直

---

① Mr. Eden to Sir H. Prideaux-Brune（Chungking），December 17，1943，FO 371/35753，p. 160.

② Wellington V. Koo，Kuo Ping-wen to H. H. Kung，December 22，1943，Arthur N. Young Collection，Box 89，Folder British Loan，1942—45，p. 42.

③ 《顾维钧致孔祥熙电》（1943 年 12 月 29 日），《蒋中正"总统"档案文物》，档案号：002-090103-00013-135，第 1—2 页。

④ From Foreign Office to Chungking，January 21，1944，FO 371/41545，p. 45.

接向英国政府询问，借款行还是不行。①

在中方的不断催促下，2 月 3 日，艾登致电顾维钧，向其转达了英国对借款的态度。艾登表示，英方同意提供 1000 万英镑作为中国发行内债的担保，并将此笔借款称为"首次"（in the first instance）发放。但英国不同意用借款作为中国发行储蓄券的担保，因为这会增加战后英国国际收支的负担，借款的汇率应以合同签订时的汇率为准。艾登解释，英方仍准备首先从信贷中提供最多 1000 万英镑的资金用于担保中国发行内债，若中英双方达成协议，而此用途需要更多资金，则并不排除增加数额，但英方不可能认为中国政府已发行的法币公债是以 1000 万英镑作为抵押。同时，英国也同意对战争结束后到期的购料合同进行付款，前提是符合英方规定的"战争目的"。艾登表示，这已经是英方最大的让步，希望能尽快签字。②

关于运用借款担保中国发行内债的金额，英国终于松口，这大大促进了借款问题的解决，顾维钧建议中方可尽快签字。2 月 13 日，孔祥熙将英国最新的借款提案呈报蒋介石，并提议，加入偿付中国政府在英国应付之其他款项，即便借款未能全部利用，亦可用来偿还以关税为抵押的旧债，由英镑借款担保发行储蓄券可以取消，但日后可由中英继续商讨增加中国公债担保额。③ 2 月 16 日，蒋介石复电表示同意，可依此与英方

---

① Chinese Telegram to London, January 29, 1944, Arthur N. Young Collection, Box 89, Folder British Loan, 1942–45, p. 50.

② Mr. Eden to W. V. Koo, February 3, 1944, FO 371/41545, p. 97.

③ 《孔祥熙致蒋介石电》（1944 年 2 月 13 日），《蒋中正"总统"档案文物》，档案号：002-020300-00041-077，第 1—4 页。

交涉。[①]

　　而顾维钧将孔祥熙的修改意见告知英方后，英方拒绝以5000 万英镑借款用于偿还 1939 年中英信贷借款和 1941 年平准基金借款，并表示借款协定已经无可修改。[②] 在这种情况下，1944 年 3 月 23 日，顾维钧致电艾登称，中国政府接受英方所提借款草案，并已授权他与英国政府签订借款协议。[③] 4月 19 日，艾登向英议会下议院介绍了英国对华 5000 万英镑借款情况。[④]

　　5 月 2 日，顾维钧与艾登在伦敦签订《中英财政协助协定》，其中规定了英国对中国借款 5000 万英镑的用途。（1） 支付中国在战时采购适应国家需要之物资，但此物资需在英镑区域内生产或制造，并且中国政府须在对日本敌对行为终止前购买。（2） 支付用于英镑区域内关于前项购买所需事务之费用，此项购买合同系中国政府在对日本敌对行为终止前所订立者。（3） 拨付中国政府发行内债之基金，以便中国政府收回过剩购买力（此项购买力非此不足以收回者），遏制通货膨胀，但此种内债之有效发行，其条件须经两国政府同意，同时，此项用途之数额第一次不得超过 1000 万英镑。（4） 供给卢比，以作为中国政府付给在印度、缅甸中国军队的饷给及当地费用。（5） 支付英镑区域内与战事有关之其他劳务经费，此项须经

① 《蒋介石致孔祥熙电》（1944 年 2 月 16 日），《蒋中正"总统"档案文物》，档案号：002-020300-00041-078，第 1 页。

② Mr. Eden to W. V. Koo, March 8, 1944, FO 371/41546, p. 75.

③ W. V. Koo to Mr. Eden, March 23, 1944, FO 371/41546, pp. 121–122.

④ 《孔祥熙致蒋介石函》（1944 年 4 月 22 日），《蒋中正"总统"档案文物》，档案号：002-020300-00041-079，第 1—4 页。

两国政府随时商定。并规定 1939 年与 1941 年中英信贷中的购料合同仍按原案办理。战时签订之购料合同若延续到战后仍然有效，则战后由中英双方协商处理办法，强调"在决定最后条件及利益时，对于应维持中国在战后及战争期内之健全与稳固的经济及财政关系，及中英两国间相互经济利益之改进与世界经济及财政关系之改进诸端，应有充分认定"。①

与 1942 年 5 月 13 日艾登交给中方的草案（以下简称"1942 年草案"）相比，最终的合同主要有三点改变。其一，1942 年草案规定 5000 万英镑借款分期付给中国，而 1944 年合同中未有此规定；其二，1942 年草案规定担保中国国内公债的数额不得超过 1000 万英镑，而 1944 年合同规定第一笔不超过 1000 万英镑；其三，1944 年合同明确规定，战时签订的购料合同战后仍有效，而 1942 年草案无此规定。

在蒋介石看来，英国此时宣布借款，是出于外交策略。英国一方面公开表示中国不能与美国、苏联同享同盟国通信特权，而另一方面则通知 5000 万镑借款准备签字，希望中国发表对其友好言论，而忽略对华不利的表态。蒋介石感叹："英国外交老练极矣。"②

合同规定的借款用途分四项：（1）1000 万英镑供中国政府发行内债基金；（2）1000 万英镑用于战时英镑区域内以支付现欠，或用于将来应付之运输费用及订印钞票价款；（3）2000 万英镑作为专款拨充在英镑区域内采购与战事有关之物资，及

---

① 《孔祥熙呈蒋中正中英财政协助协定与租借暨换文抄本》（1944 年 6 月 18 日），《蒋中正"总统"档案文物》，档案号：002－020300－00041－080，第 2—5 页。

② 《蒋介石日记》（手稿），1944 年 4 月 22 日，"上星期反省录"。

缴付有关劳务费；（4）所余 1000 万英镑用于为实现本协定所具列各项目的所必需者。1944 年 7 月 10 日，国民政府财政部召集国库署、公债司、贸易委员会等有关单位商讨分配方法，关于发行内债基金一项，此为国民政府最为看重的用途，但却未能动用，原因在于英方不同意此前国民政府发行的 1942 年同盟胜利美金公债，以此款兑付，而国民政府财政部另拟订了 1945 年英金公债，内容为 1000 万英镑，年息 4%，期限为 10 年，以借款中 1000 万英镑担保还本，国库收入担保付息，半年还付一次，但之后抗战胜利，该公债未发行；关于第二项，拨出第一次信贷不足之 50 万英镑，另拨出中央银行印钞价款、福公司在印代办中英信贷购料储运费等；关于第三项，各机关制定了分配表，具体可见表 5-1；关于第四项，供入缅军队在印受训兵工航空人员等需用。①

不过，虽然前后耗时两年半才谈成，但国民政府对 5000 万英镑借款的利用率并不高，总计动支仅 8128015.18 英镑。②1945 年 11 月 21 日，英国向中国提出《结束 1944 年中英财政协助协定办法节略》，规定自 1946 年 3 月 31 日起，中英财政协助协定即行告终。③

---

① 《财政部对中英财政协助协定办理情形节略》（1945 年 5 月 20 日），《民国外债档案史料》第 11 卷，第 449—450 页。
② 《陈庆瑜为中英财政援助借款动支数额签呈》（1949 年 8 月 2 日），《民国外债档案史料》第 11 卷，第 462—463 页。《中英财政协助协定》是借款合同的名称，关于此笔借款的称呼有多种，陈庆瑜所用为"中英财政援助借款"，也有"五千万英镑借款""中英财政协助借款"等说法。
③ 《英财政部杨格致曾镕甫函》（1945 年 11 月 21 日），《民国外债档案史料》第 11 卷，第 460 页。

表 5-1　5000 英镑借款中 2000 万英镑购料款各机关分配情况

单位：英镑

部门	经济部	兵工署	农林部	交通部	中央广播事业管理处	教育部
分配额度	450 万	300 万	50 万	200 万	10 万	20 万
部门	军需署	军医署	卫生署	粮食部	财政部贸易委员会	航空委员会
分配额度	100 万	40 万	40 万	50 万	100 万	200 万
部门	军政部交通司		水利委员会		盐政局	花纱布管制局	其他费用
分配额度	200 万		50 万		10 万	20 万	160 万

小　结

中英财政协助借款（即 5000 万英镑借款）是抗战全面爆发后英国对华提供的数额最大的一笔借款，也是太平洋战争期间中英两国达成的唯一一笔借款。虽然中英共同加入反法西斯同盟对日作战，但中英借款谈判仍持续时间较长，一度给两国关系带来负面影响。

在谈判过程中，中英双方对彼此的态度与做法都"不理解"。中方认为，中国所提的要求并不算高。1942 年 3 月，孔祥熙就曾向财政顾问杨格表示，5000 万英镑只相当于英国 2—3 天的战争费用，英国完全可省出这笔钱，且以当时 1∶80 的汇率计算，5000 万英镑相当于 40 亿法币，这也比国民政府一个月的财政支出要少。① 但英方认为，既然中国在借款之初就

---

① Discussed British Credit with H. H. Kung, March 10, 1942, Arthur N. Young Collection, Box 89, Folder British Loan, 1942–45, p. 22. 1943 年国民政府财政支出为 511.27 亿法币，平均每月支出约 42.6 亿法币。见俞鸿钧《财政年鉴》第 3 编，财政部财政年鉴编纂处，1948 年 1 月，第 46 页。

已经明确表示此借款主要出于"精神上"的作用，那为何还要对借款用途斤斤计较？且英方不同意中方的条件主要出于对战后国际收支的考虑，而中国对英国的施压是不顾英国实际经济条件，只希望单向获得"恩惠"的表现。

自始至终，双方都坚持自己的立场，且从经济角度而论，双方的立场都站得住，导致谈判多次陷入僵局。而这种矛盾也源于两国对彼此国情的不了解，太平洋战争突然爆发，中国对借款计划缺乏周密考虑，只是顺势向英美两国提出"大借款"，对于财力较为雄厚的美国而言，其对华借款无甚障碍，但对财力本就捉襟见肘的英国，的确无力提供中国希望的借款数额。1942年顾维钧回国和英国议会代表团来华与宋子文访英都加深了双方的了解，但对于借款问题，英财政部始终以英国实际财政状况与战后预期国际收支为主，拒绝中国通过5000万英镑借款偿还此前的外债，最后也只是以保留未来增加内债担保的"可能性"而达成折中方案。

而此前双方彼此就有不好印象，此次更加深了隔阂。全民族抗战爆发后，英国成为国民政府最早的求援对象，但英国对华援助远达不到中国的期待。1938年英国与日本达成海关协定、1940年英国关闭滇缅路等举动也让国民政府大失所望，反英情绪一直存在。蒋介石就认为英国对华经济援助时仍持殖民者之帝国主义心态，"而对外（英国）实不能不动以怒，否则彼真以中国为可欺矣"，"对英国借款不签约之举动应严斥之，英人不可予以体面也"。[1] 陈光甫在对英方解释借款交涉

①　《蒋介石日记》（手稿），1941年12月27日，"上星期反省录"；1942年
4月17日。

中的中英误解时提到，蒋介石反英情绪很深，可以追溯到1924—1925 年广州的"扣械"事件和沙基惨案。[①] 而英国则延续了对中国财政经济的批评，并认为国民政府高层不懂经济规律，经济政策与体制需要根本改变，借款并不足以解决中国的问题。同时，在英国看来，国民政府腐败严重，借款有被孔祥熙私吞的可能。[②] 1942 年，英国内政大臣赫伯特·莫里森（Herbert Stanley Morrison）曾向顾维钧询问，"战后中国会不会象日本、罗马尼亚、波兰在上次大战胜利后那样，对别的国家变得顽固而苛求？"[③]

谈判过程中，中英各施策略展开博弈。中国利用美国 5 亿美元借款的"优厚"条件施压，并在尚未谈成时公布以英借款为担保的公债。虽然驻华大使多次向英外交部提出英方应主动改变立场的建议，英财政部与外交部也已讨论了初步方案，但英国政府却始终等待中国先提出新的借款方案，以掌握谈判主动权。此外，因孔祥熙多次提出英方无法接受的方案，引发英外交部的不满，故英方始终拒绝同意孔祥熙所提方案，[④] 并希望与宋子文交涉借款问题。

相比于向中方妥协以换取缓和中英关系，英方更看重借款与战时英国财政实际情况不符和影响其战后国际收支。英方认

---

① Telegram of Evans Thomas, January 10, 1944, FO 371/41545, p. 67.

② Financial Agreement with China, June 4, 1942, FO 371/31619, pp. 156 - 157.

③ 《顾维钧回忆录》第 5 分册，第 73 页。

④ 英外交部官员璧约翰曾在 1942 年 6 月向顾维钧抱怨，孔祥熙"永远不知足"。1942 年 12 月 23 日，克拉克在英外交部讨论借款问题时明确表示，不希望因同意孔祥熙的提案而加强其在国民政府高层中的地位，因孔祥熙对英方抱有敌意。《顾维钧回忆录》第 5 分册，第 65 页；His Majesty's Government Loan to China, December 23, 1942, FO 371/31620, p. 247。

为，随着战事对轴心国不利，中国不会向日本投降，因而通过借款防止中国单独对日媾和的需求降低。若英方让步，会引来中国的进一步要求，且屈服于中国的压力，会让英国在其他领域进行外交谈判（如九龙租借问题）时处于不利局面。相比于借款，军事形势对中英关系的影响更大。因而虽有来自美国的压力、议会的质询、驻华大使的多次建议，但英国政府的态度始终未变。

不过，借款最终得以签订。虽然国民政府实际使用的借款数额有限，且均用于购料，未能用于其最为看重的担保内债和维持法币，但也在一定程度支持了中国的抗战。且担保条件确实较此前借款相对宽松，体现了"财政援助"的定位。因此，蒋介石也认为英国的借款"差强人意"。[①] 但 5000 万英镑借款并未能缓解中英之间的矛盾与中国对英国的不满情绪，也没能换来英方所期待的中国的"感激"，加之英国自身的财政困难，直到 1949 年国民党败退台湾，英国未与国民政府再达成任何借款协议。

---

① 《蒋介石日记》（手稿），1944 年 5 月，"本月反省录"。

第六章　趋利而变：抗战时期的英国与新四国银行团

前文中多次提到英国对华借款中的新四国银行团问题，因该问题较为重要，对抗战时期英国对华借款的谈判进程影响较大，也体现了英国东亚政策的特点，故本章专门论述抗战时期英国对新四国银行团的政策与作用。

前文已述，新四国银行团（以下简称"新银行团"）是美国主导下于1920年成立的美英法日四国银行联合团体，[①] 是四国在华"协调外交"的产物，旨在分割对华借款权益，遏制日本利用第一次世界大战独占在华权益的势头。新银行团不仅是商业组织，实际上还履行一些政治职能。[②] 新银行团成立后，前文已述，由于各国矛盾和利益冲突及中国的抵制，通过它达成的对华借款很少，反而成为各国对华借款的阻碍。

九一八事变爆发后，日本逐步扩大对华侵略，各国在华"协调外交"被打破，建立在此之上的新银行团亦最终走向解

---

① 近代西方列强为协调对华借款，成立各国银行共同参加的国际银行团。1910年美英法德曾以湖广铁路借款为契机，成立四国银行团，1912年日俄加入后改为六国银行团，1913年美国退出。一战结束后，在美国的倡导下，1920年新四国银行团成立。

② 英美法日四国政府答应对新银行团内各国银行提供支持。

体。当前对新银行团的研究大多集中在其成立初期的 20 世纪
20 年代，对其在抗战时期的演变及终结关注较少。① 虽然 20
世纪三四十年代中国没能通过新银行团获取借款，但围绕新银
行团合同的修改及相关各国对华借款交涉成为东亚国际关系的
重要组成部分。此时期，英国在新银行团中的角色与作用值得
关注。英国起初希望各国遵守新银行团合同，但 1936 年底至
1937 年上半年，英国最早提出修改新银行团合同和解散新银
行团，以摆脱新银行团对其对华借款的限制。七七事变爆发
后，英国对新银行团原则采取功利应对的态度。有关新银行团
的交涉成为英国推行东亚政策的重要工具。

当前成果多集中于美国与新银行团关系的研究，② 对英国
扮演的角色关注不足。③ 本章拟利用英国外交部档案、美国外
交文件及其他相关文献资料，对抗战时期英国对新银行团的态
度变化、采取的举措及背后英国东亚政策的考量进行考察。为

① 代表性研究有：汪敬虞《外国在华金融活动中的银行与银行团（1895—
1927）》，《历史研究》1995 年第 3 期；杨智友《币制借款与银行团的重
组——从旧银行团到新银行团》，《民国档案》2002 年第 4 期；徐静玉《新国
际银行团与广州军政府争拨关余斗争的失败》，《广西社会科学》2007 年
第 4 期；张北根《英日对待新国际银行团及其对华贷款与中国裁军问题的
态度》，《北京科技大学学报》2008 年第 1 期；曾凡云《协调主义在中
国——从新银行团成立看日美英三国之间关系的变化》，《民国档案》2011
年第 2 期；张侃《中国近代外债制度的本土化与国际化》，第五章第二节。

② 代表性研究有：仇华飞《美国与国际银行团》，《南京大学学报》（哲
学·人文科学·社会科学）2000 年第 2 期；马陵合《论美国对华"门户
开放"政策的延伸和困境——以新银行团成立过程中"满蒙保留案"交
涉为中心》，《求索》2001 年第 4 期；徐振伟《美国东亚政策视角下的新
银行团问题》，《社会科学战线》2017 年第 11 期。

③ 涉及英国与新银行团的成果有：赵增强《新银行团的成立与英国对华政
策的调整》，《历史教学》2003 年第 1 期。对于 20 世纪三四十年代英国
对新银行团的政策和态度及相关的英国东亚政策，尚无专文讨论。

完整论述抗战时期英国对新四国银行团的态度和政策之演变，本章在论述时也会提到部分前文已有的内容。

第一节　抗战爆发之初英国希望维持新银行团

1920 年 10 月 15 日，美国、英国、法国、日本四国代表正式签订新银行团合同。[①] 合同规定，新银行团的业务是向中国中央及地方各级政府或其控股的企业以发行公债的形式提供借款，公债在四国债券市场发行，所有借款应由全部参与新银行团的银行均分承借，各方应根据平等的权利和义务来签订一切契约，并且所有各方均应同样地享受各种权利和优惠，特权和利益，同样地承担各种义务和责任。[②] 关于借款的使用，新银行团在 1922 年 5 月 15 日的理事会上通过了"公开招标"原则，即中国用新银行团提供借款所购买的货物，应向所有国家（不论其是否为新银行团成员国）的公司"公开招标"，提供借款的新银行团成员只有在同等条件下才会优先获得中国的借款购料订单，不会将中国借款购料的对象限制在新银行团成员内。[③] 不过，新银行团并非包含了所有形式的对华借款，在四国发行债券的非中国政府的借款、在中国发行债券的所有借款、

---

① The Secretary of State to the Ambassador in Japan（Morris），October 8，1918，*FRUS, 1918*（Washington, D. C.：U. S. Government Printing Office，1954），pp. 196-197.

② 《新四国财团（汇丰银行、东方汇理银行、横滨正金银行、摩根公司）合同》（1920 年 10 月 15 日），《中国外债档案史料汇编》第 2 卷，第 203—208 页。

③ 《西方财团理事会在伦敦汇丰银行办事处举行的一次会议上通过的报告》（1923 年 5 月 28 日），《中国外债档案史料汇编》第 2 卷，第 242 页。

银行的垫款与透支，均不属于新银行团借款的范围。① 上述几点在日后成为各国对华借款时绕开新银行团合同和原则的突破口。

英国有 7 家银行加入新银行团，包括汇丰银行（占股33%）、巴林兄弟银行（占股 23%）、伦敦威斯敏斯特银行（占股 12%）、麦加利银行（占股 11%）、J. 亨利·施罗德公司（占股 8%）、N. M. 罗斯柴尔德父子公司（占股 7%）、英国贸易公司（占股 6%）。其中汇丰银行是英国涉华事务最多的银行之一，所占份额也最多，汇丰银行的爱迭斯担任新银行团的英国代表，负责管理英国银行团的日常事务与对外交涉。②

由于新银行团成立后对华借款有限，南京国民政府建立后，英国外交部考虑到中国可能会举借更多的工业或铁路外债，遂于 1929 年和 1930 年两次提出取消新银行团，或至少取消"公开招标"原则，以免阻碍借款。英国财政部与爱迭斯均反对，因为新银行团有助于"协调"各国对华投资，缓解各国为争夺在华势力范围和权益产生的冲突。英国也担忧取消新银行团的提议会对英美关系产生不利影响，并且不利于其他中英交涉问题（如取消治外法权）。③ 英国外交部的建议未被采纳，英国政府此时还是持维护新银行团的态度。

---

① 《西方财团——它的目的和活动范围》（1933 年 4 月 10 日），《中国外债档案史料汇编》第 2 卷，第 276 页。

② 《七方财团的合同备忘录》（1920 年 9 月 8 日），《中国外债档案史料汇编》第 2 卷，第 187—191 页。

③ Enclosure in No. 95 Memorandum Respecting the China Consortium, August 21, 1929, *DBFP*, Ser. 2, Vol. 8, pp. 154-165; Foreign Office Memorandum of January 8, 1930, on British Policy in China, January 8, 1930, *DBFP*, Ser. 2, Vol. 8, pp. 1-26；《西方财团——它的目的和活动范围》（1933 年 4 月 10 日），《中国外债档案史料汇编》第 2 卷，第 274—278 页；Memorandum, January 25, 1937, FO 371/20994, pp. 14-18。

　　1932 年 4 月，日本扶植下的伪满洲国刚成立不久，日本
三菱银行与三井银行即拟订 2000 万日元对伪满借款计划。两
银行均为新银行团中的日本银行团成员，此前订立新银行团合
同时，其他成员虽然承认日本在中国东北铁路借款的部分特
权，[1] 但英美等国并不承认伪满洲国，仍将其视为中国的一部
分，故此举是对新银行团的巨大冲击。4 月 6 日，爱迭斯致电
日本银行团代表野原，表示即便此借款不公开发行债券，实际
上其是对中国内部政治事务的直接干涉，违反此前新银行团的
约定，[2] 且借款以东北盐税作为担保，对当下英美日等国与中
国整理旧债交涉不利。[3] 日本坚持伪满洲国已"独立"，强辩
此借款不属于新银行团业务的范畴。[4] 此时英国政府认为，若
坚持对日抗议，可能会造成新银行团解体，而这是英国不愿看
到的。英国政府同时认为，对待 2000 万日元借款的态度应与
对待伪满洲国的政策保持一致。[5] 经综合考虑，英国政府决定

---

[1]　新银行团成立时各列强同意日本此前已占据的吉林至长春铁路延线扩建
　　　和南满至洮南的铁路支线不属于新银行团协议范围，可由日本单独投资。
　　　参见《关于联营合同对在中国的势力范围所产生的影响的备忘录》
　　　(1920 年 11 月 6 日)，《中国外债档案史料汇编》第 2 卷，第 227 页。

[2]　1923 年 5 月 28 日，新银行团理事会在巴黎召开，会上通过共 17 条原则
　　　的报告，其中第 10 条声称，新银行团的"既定政策是不参与干涉中国的
　　　内政"。参见《西方财团在巴黎东方汇理银行办事处举行的西方财团理
　　　事会的一次会议记录》(1923 年 5 月 28 日)，《中国外债档案史料汇编》
　　　第 2 卷，第 245 页。

[3]　Sir C. Addis to Mr. Nohara, April 6, 1932, FO 371/16231, pp. 74-76.

[4]　Sir C. Addis to Sir V. Wellesley, November 17, 1932, FO 371/16231, pp. 116-
　　　120.

[5]　Comments of Mr. Orde, November 21, 1932, FO 371/16231, pp. 114-115.
　　　九一八事变后，虽然英国与日本多次交涉伪满洲国问题，但整体上英国
　　　还是对日本与伪满洲国采取了绥靖政策。参见徐蓝《英国与中日战争
　　　(1931—1941)》，第 36 页。

消极处理此事。11 月 28 日，英国外交部官员韦尔斯利指示爱迭斯，鉴于此事涉及微妙的政治问题，英国政府态度是既不承认又不过分坚持借款不属于新银行团合同的范围，总之，要"避免对此事的实际参与"。[①] 实际上，英国对日本的借款采取了默许的态度。

1933 年美国对华提供的美棉麦借款，同样引起英国对其是否违反新银行团合同的疑虑。1933 年 5 月，时任国民政府行政院副院长兼财政部部长的宋子文赴美与美国金融复兴公司达成 5000 万美元借款，用于购买美国所产的棉花与小麦，在中国国内出售以获取资金，中国提供统税和关税附加税为担保。[②] 由于此借款并未涉及债券发行，故在手续上并不违反新银行团合同，但爱迭斯认为该借款以统税和关税附加税为担保，会对新银行团涉及的湖广铁路等旧债整理产生影响。[③] 不过，英国政府仍对美棉麦借款采取默许态度。原因如下：其一，法国银行团也认为此借款不涉及发行债券，不违反新银行团合同，[④] 若英国坚持反对借款，会得罪中、美、法等国；其

---

① Sir V. Wellesley to Sir C. Addis, November 28, 1932, FO 371/16231, pp. 121-122.

② 《美麦与美棉麦借款举借及偿还情况》，洪葭管主编《中央银行史料（1928.11—1949.5）》上卷，第 184 页。

③ Sir C. Addis to Mr. Orde, June 9, 1933, FO 371/17108, pp. 34-35. 湖广铁路借款合同规定，担保物中包含厘金。1931 年国民政府裁撤厘金后，英、美等国要求中国以关税代替厘金作担保，后未能达成一致，直到 1937 年才达成折中方案。参见《英国公使蓝浦生致外交部照会》（1933 年 7 月 19 日），《外交部档案》，档案号：020-991200-0047，第 38—39 页。

④ French Group（China Consortium）to Sir C. Addis, June 13, 1933, FO 371/17108, p. 49.

二，英国此时计划与中国商讨对华提供出口信贷以购买英国的机器、船只及铁路材料等商品，若英国默许此借款，在日后可争取美国对英国对华出口信贷的支持。8月18日，英国外交大臣西蒙致电英国驻华公使蓝浦生，表示英国政府不会抗议美棉麦借款。[①]

对于日本与美国间接规避新银行团原则的借款，英国均不干涉，而中国此时提出取消新银行团的计划，也被英国拒绝。九一八事变后，日本逐步扩大对华侵略。中国方面意识到，因日本从中作梗，新银行团会成为中国争取外国借款的阻碍，希望设法规避，并就此与英国展开交涉。1933年4—8月，宋子文先后赴美、英、法、德、意等国访问，途中于6月12日代表中国在伦敦参加世界经济会议。6月23日，宋子文与爱迭斯会谈时提议建立一个新的国际金融机构，负责对华投资与贸易，中国与外国各占一半股份，排除日本参加。爱迭斯因担忧日本的反对而拒绝。[②] 7月6日，宋子文与爱迭斯及新银行团美国代表拉蒙特（Thmoas W. Lamont）会谈时，提出建立英、美、法、意、德等国代表组成的国际咨询委员会，以调查与规划各国对华投资事宜，仍排除日本的参与。[③] 不论是国际金融机构还是咨询委员会，本质上都为打破日本利用新银行团阻碍各国对华借款，并将日本排除在未来外国对华投资之外，这引

[①] Sir John Simon to Mr. Lampson（Peking），August 18, 1933, FO 371/17108, pp. 105-106.

[②] Sir C. Addis to Wellesley, July 17, 1933, FO 371/17136, pp. 26-28.

[③] Sir C. Addis Conversations with Mr. Soong with Regard to Suggested International Corporation and Alternative Proposal, July 6, 1933, FO 371/17136, pp. 21-22.

起日本的强烈反对。7 月 31 日，日本银行团代表野原致电爱迪斯，警告宋子文的计划会引发日本不满，最终"影响中日和平"，也会导致新银行团的终结。[1] 英国此时不希望东亚局势不稳，也担忧若日本发动更大规模侵华，英国无力维护其在华利益，[2] 保留新银行团也是英国意图维持各国在华权益"均势"的方式之一，故在收到日本的警告后，英国最终决定不参加宋子文提出的国际咨询委员会。[3] 中国在新银行团之外另组对华投资的国际金融机构的想法未能实现。

　　日本表示反对英美等国与中国建立新的国际金融机构之后，1934 年 4 月 17 日，日本外务省情报部部长天羽英二发表声明，表示日本反对其他国家对中国的财政或技术援助。[4] 该声明与新银行团各国均分对华借款权益的原则相冲突，但并未引发英国的强烈反对。[5] 4 月 23 日，西蒙指示英国驻日大使林德利（Francis O. Lindley），要求后者以"友好的精神"向日方提出，日本应遵守《九国公约》，并专门提到新银行团对各国在华权益的"协调"作用。[6] 4 月 25 日，日本外相广田弘毅

[1]　Mr. Nohara to Sir C. Addis, July 31, 1933, FO 371/17136, pp. 52–54.

[2]　1932 年"一·二八"事变爆发后，英国军方评估，若与日本在中国发生军事冲突，以英国在东亚地区的军事实力，难以维护英国在华利益。Memorandum by Sir J. Simon, March 1, 1932, *DBFP*, Ser. 2, Vol. 9, pp. 673–678.

[3]　Comments of Pratt, August 8, 1933, FO 371/17136, p. 57.

[4]　「對支國際援助問題ニ關スル情報部長ノ非公式談話」（1934 年 4 月 17 日）、外務省編纂『日本外交文書』昭和期 II 第 1 部　第 3 卷（昭和 9 年（1934 年）对中国関係）」、外務省、2000 年、560 頁。

[5]　有关英国对"天羽声明"的反应，可参见徐蓝《试析 1934 年英国"政治绥靖"日本政策的提出》，《世界历史》1990 年第 2 期。

[6]　Sir J. Simon to Sir F. Lindley, April 23, 1934, *DBFP*, Ser. 2, Vol. 20, pp. 210–211.

与林德利会谈时表示，日本会尊重《九国公约》，但也提到日本反对其他国家银行违反新银行团合同而"别有用心"地向中国提供借款。[①] 虽然日本亦有破坏新银行团合同的举动，但日本外相谴责违反新银行团合同的态度与英国维护新银行团的想法一致。日本发布"天羽声明"后，英国并未与日本就此声明和新银行团原则不符问题展开过多交涉。

英国坚持新银行团原则的态度，在 1934 年底至 1935 年中国向英请求借款的交涉中依然延续。1934 年，中国因白银风潮产生严重的经济危机，为缓解财政困难，1934 年 10 月 4 日，受时任行政院副院长兼财政部部长孔祥熙[②]所托，海关总税务司梅乐和向英国密特兰银行代表麦克纳提出借款 1.5 亿英镑，用于清偿内债、整理铁路外债与建设新铁路等，以关税作为担保，并提出希望由新银行团以外的英国银行提供借款，以防止日本从中作梗。麦克纳不同意此方案，虽然密特兰银行并不是新银行团成员，但数额如此大的借款带有对华财政援助的性质，必须得到英国政府的支持，且无法绕开新银行团。[③] 1934 年底，国民政府向英国政府提出新的方案，借款数额减至 2000 万英镑，半数用作购买白银，另外半数用作整理旧债及海外采购。同时，为保障借款谈判顺利进行，中国不反对英国与新银行团其他国家的政府和银行进行商议，借款可以通过

---

① Sir F. Lindley（Tokyo）to Sir J. Simon, April 25, 1934, *DBFP*, Ser. 2, Vol. 20, p. 216.

② 1933 年 10 月，宋子文卸任行政院副院长及财政部部长，由孔祥熙接任，同时孔仍兼中央银行总裁。

③ Mr. L. H. Lawford to H. H. Kung, October 6, 1934, 中国第二历史档案馆藏，中央银行专题档案，2/870，第 27—28 页。

新银行团发行。[①] 但此方案仍被英国政府拒绝，理由是借款无法解决中国的白银流失问题与财政危机。[②]

虽然英国从经济因素角度拒绝借款，但中国不反对通过新银行团借款的提议，让英国看到以推动国际合作对华借款来推行东亚外交政策的可能性。英国财政部此前担忧，若英国拒绝在对华借款问题上与日本合作，日本可能会对中国进行军事报复，那么英国在华经济利益和相应的英国国内就业均会受损。[③] 1935 年 1 月 21 日，西蒙表示国际对华大额借款问题可以成为英国东亚政策的重要筹码，可以此迫使国民政府实际上（法律上不可能）承认伪满洲国，借此维护英国在伪满洲国的经济利益，并拉入美国，以促使英美日在海军谈判[④]问题上达成协议。[⑤] 显然，英国认为，通过新银行团各国联合对华借款，既有助于缓和中日关系，亦有助于加强英美日合作，以换取其他方面的利益。但日美两国对此态度消极，[⑥] 中国虽表示

[①]　Mr. Grayburn to Foreign Office, December 31, 1934, FO 371/19238, pp. 37–39.

[②]　Sir J. Simon to Sir A. Cadogan, January 19, 1935, FO 371/19238, pp. 121–124.

[③]　Note by Mr. Fergusson for Mr. Chamberlain, January 15, 1935, *DBFP*, Ser. 2, Vol. 20, pp. 395–396.

[④]　1934 年 12 月日本单方面宣布废除《华盛顿海军条约》，后英美日进行多次协商，但日本仍于 1936 年 1 月退出伦敦裁军会议。

[⑤]　Memorandum by Sir J. Simon on Anglo-Japanese Relations, January 21, 1935, *DBFP*, Ser. 2, Vol. 20, pp. 401–404; Chinese Financial Situation and British Policy in the Far East, February 14, 1935, FO 371/19239, pp. 73–75.

[⑥]　日本 1935 年 3 月向英国表示，因军方的反对，中国的财政困难只能靠自己解决。美国也表示，目前尚未考虑对华财政援助。参见 Sir R. Clive to Sir J. Simon, March 10, 1935, *DBFP*, Ser. 2, Vol. 20, p. 448; Sir R. Lindsay to Foreign Office, March 1, 1935, FO 371/19239, p. 161。

同意，但实际上也有担忧，[①] 各方均未有实质交涉。

1935 年 6 月，英国政府决定派财政部高级顾问李滋罗斯为首的代表团出访东亚。9 月，代表团抵达中国，李滋罗斯与国民政府高层商讨中国币制改革计划，[②] 并初步拟订对华 1000 万英镑金融借款的方案。10 月 29 日，李滋罗斯将借款一事告知日本驻华大使有吉明。[③] 不过，中英尚未就借款达成一致，国民政府即在 11 月 4 日宣布法币改革，此后李滋罗斯希望继续与中国谈判金融借款，但英国政府仍以日本对此借款支持或者至少不反对为前提条件，并希望争取美国的支持。[④] 因日本的反对，[⑤] 借款最终未能达成，李滋罗斯也于 1936 年 6 月离开中国。上述借款谈判时，虽然英国单独与中国进行借款条件的交涉，但均向新银行团成员国政府进行了通报，仍遵守新银行团合同。

1936 年 6 月之前，英国坚持维护新银行团，对日美违反新银行团规定的一些借款并未过多抗议，也拒绝了中国取消新银行团及规避新银行团原则借款的请求。这均是为了维持新银行团的存在。在这一时期，英国仍认为新银行团是"协调"

---

① 1935 年 2 月 17 日，孔祥熙向国民政府驻美公使施肇基表达了他的顾虑：若日本参加国际对华大额借款，可能会借此对华北增加经济控制。参见《孔祥熙致施肇基电》（1935 年 2 月 17 日），《中华民国货币史资料》第 2 辑（1924—1949），第 160—161 页。

② 具体可参见吴景平《英国与 1935 年的中国币制改革》，《历史研究》1988 年第 6 期。

③ Sir F. Leith-Ross to Sir S. Hoare, October 28, 1935, FO 371/19245, p. 152.

④ Sir F. Leith-Ross to Sir S. Hoare, November 11, 1935, FO 371/19246, pp. 127-129.

⑤ Sir F. Leith-Ross to Foreign Office, March 9, 1936, FO 371/20216, pp. 43-45.

各国对华投资和维护各列强在华利益的重要手段。

第二节　英国尝试取消新银行团

1936 年下半年起，英国对新银行团的态度发生转变，其中有多方面原因。

英国是近代最早以武力打开中国大门的国家，其多年来在华攫取和占据了巨大的经济利益，1931 年时英国对华投资总额为 11.89 亿美元，位居各列强之首位。① 前文已述，到 20 世纪 30 年代中期，英国对华贸易与在华利益受到美国、日本、德国等国的威胁。英国对华投资与贸易呈明显的下降趋势。

面对此局面，英国各界呼吁英国政府采取措施扩大对华投资和贸易，扩张其在华利益。1935 年 5 月，在华英商代表向英国政府递交备忘录，希望英国采取更加"积极"的对华经济政策。② 1936 年 9 月 14 日，英国驻华商务参赞弼乐向英国外交部建议对华提供出口信贷以扩大中英贸易。③ 1936 年 9 月，李滋罗斯向英国政府递交报告，提议修改新银行团合同，废除"公开招标"原则。具体操作为，由新银行团中的英国银行制定一项国际对华铁路借款提案，以关税为担保，相应的购料订单按照提供借款比例分配给各国。④ 爱迭斯的态度发生

---

① 〔美〕雷麦：《外人在华投资》，第 55 页。

② Memorandum on British Interests in the Far East, in Relation to the Crisis in China, May 9, 1935, *DBFP*, Ser. 2, Vol. 20, pp. 501–506.

③ Mr. Beale to Mr. Eden, September 14, 1936, FO 371/20241, pp. 158–162.

④ Financial Mission to China, Recommendations, September 4, 1936, FO 371/20218, pp. 254–271.

转变，也认为新银行团需要改变。[1] 英国需要摆脱新银行团对其对华投资的限制，以恢复并扩大对华贸易，维持其在华权益。

恰在此时，中国恢复债信，对外资提出更大的需求。此前英国维护新银行团的原因之一是北京政府与南京国民政府建立初期，中国债信不佳，政治经济体系也较为混乱，故维持现状、保持观望是较安全的选择。[2] 而前文已述，1936—1937年，在孔祥熙与铁道部部长张嘉璈的主导下，国民政府与英、美等国债权人达成津浦、湖广铁路及其他诸多拖欠借款的整理方案。[3] 早在1934年1月，国民政府铁道部与实业部会同出台了利用外资修建铁路等实业的方案，提出"政府得与外国银团厂商合资或向外国银团厂商借款"。[4] 而国民政府对新银行团持抵制态度，其引入修路的诸多外资来自新银行团以外的银行。[5] 英国虽对中国金融借款疑虑重重，但对投资中国实业垂涎已久，[6] 此时中国债信恢复，又有吸引外资的需要，正是英

---

[1]　姚崧龄编著《张公权先生年谱初稿》，第264页。

[2]　《西方财团——它的目的和活动范围》（1933年4月10日），《中国外债档案史料汇编》第2卷，第276页。

[3]　《整理津浦路债结果》，《救国日报》1936年2月26日，第2版；《整理湖广铁路借款通告》（1937年4月5日），《外交部档案》，020-991200-0051，第76页。

[4]　杨勇刚：《中国近代铁路史》，上海书店出版社，1997，第108页。

[5]　1934年浙赣铁路、1935年湘黔铁路向德国借款，1936年宝成铁路向比利时借款，1936年成渝铁路向法国借款，但提供借款的中法工商银行与巴黎和兰银行不属于新银行团。参见宓汝成编《中华民国铁路史资料（1912—1949）》，第783~802页。

[6]　1929年英国外交部关于新银行团的一份备忘录就曾指出，中国政治局势相对稳定后，必然需要大量工业建设。为扩大英国对华工业领域的投资，有必要将工业借款移出新银行团借款范围。参见 Enclosure in No. 95 Memorandum Respecting the China Consortium, August 21, 1929, *DBFP*, Ser. 2, Vol. 8, pp. 154-165。

国扩大对华借款的时机，但新银行团对此形成严重阻碍，英国设法摆脱。

英国首先考虑间接规避新银行团的借款。1934 年 11 月，国民政府铁道部与中国建设银公司及英商中英银公司[①]组成的银行团签订《中华民国二十三年中国政府完成沪杭甬铁路五厘半借款合同》，[②] 以修筑沪杭甬铁路此前未完成部分。该借款本为银元借款，但此后因白银风潮，上海银根紧缩，银元借款并未达成。经过协商，1936 年 5 月，铁道部与新银行团签订《完成沪杭甬铁路六厘金镑借款合同》，将借款改为英镑借款，总额 110 万英镑，在上海发行英镑债券。[③] 完成沪杭甬铁路借款是国民政府与英国达成的第一项发行债券的英镑借款，并采取在上海发行的方式，以保证借款手续符合新银行团规定，英国由此迈出摆脱新银行团束缚的第一步。

仅仅在华发行英镑债券，并不能满足英国的野心和计划。英国希望进一步扩大对华投资规模，其中，取消"公开招标"原则是关键步骤。前文已述，"公开招标"原则确立于 1922 年。在此原则下，中国在英国发行的借款债券所获取的资金，并不会全部用于在英国或其他英镑区国家购料，而此前为防止英镑汇率波动，英国规定对外借款只能用于英镑区购料，此政策与"公开招标"原则相矛盾，因而即便英国银行愿意对华借款并在英国发行债券，也无法得到英国财政部的批准。英国

---

① 该公司是 1898 年由汇丰银行与怡和洋行等共同出资开办的有限公司，旨在经营对华铁路贷款及修建，以及实业借款。1936 年的完成沪杭甬铁路借款，实际上是由汇丰银行提供的。

② Mr. Howe to Foreign Office, December 1, 1934, FO 371/18079, p. 170.

③ 《完成沪杭甬铁路六厘金镑借款合同》（1935 年 5 月 8 日），《民国外债档案史料》第 10 卷，第 339—345 页。

想要扩大对华借款，就必须取消"公开招标"原则。1935 年
7 月，李滋罗斯曾向英国外交部和英格兰银行建议取消"公开
招标"原则。① 但爱迭斯不同意，他认为若取消"公开招标"
原则，各国银行团为争取中国订单而不择手段，英商的利益反
而受损，因而建议维持"公开招标"原则，但为维护英商利
益，可建议新银行团各国对中国的铁路借款按投资比例在各发
行国购料。② 不过，此事被搁置近一年，在看到中国实业投资
所带来的巨大利益之后，爱迭斯才于 1936 年 10 月 1 日向新银
行团各国建议取消"公开招标"原则。③ 11 月 11 日，美国银
行团代表惠格姆致信爱迭斯称，如取消"公开招标"原则，
则中国政府承认新银行团的可能性将丧失殆尽，故不同意英方
的提议。④ 日法两国则迟至 1937 年 3 月下旬才回复表示拒
绝。⑤ 英国取消"公开招标"原则的计划未能立即实现。

　　与此同时，爱迭斯关于让中国、德国和比利时等国的银行
加入新银行团的想法，也遭到日本明确拒绝。1936 年 12 月 6
日，新银行团日本代表加纳久朗与爱迭斯会谈时表示，鉴于中
日谈判⑥正处在微妙时期，扩大新银行团这一实际上有助于中

---

① Sir Leith-Ross to Sir John Pratt, July 22, 1935, FO 371/19243, pp. 13-14.

② Sir C. Addis to Sir Leith-Ross, July 31, 1935, FO 371/19243, pp. 200-202;
Sir C. Addis to Mr. Waley, November 5, 1935, FO 371/19246, pp. 89-91.

③ 《1936 年 10 月 1 日查理·爱迭斯致肖梅、惠格姆和加野的信》（1936 年
10 月 1 日），《中国外债档案史料汇编》第 2 卷，第 289—290 页。

④ 《1936 年 11 月 11 日惠格姆先生致 C.S. 爱迭斯的信》（1936 年 11 月 11
日），《中国外债档案史料汇编》第 2 卷，第 291—292 页。

⑤ 《1937 年 3 月 16 日东方汇理银行给查理·爱迭斯爵士的信》（1937 年 3 月
16 日）、《1937 年 3 月 27 日矢野子爵给查理·爱迭斯爵士的信》（1937 年
3 月 27 日），《中国外债档案史料汇编》第 2 卷，第 298—299 页。

⑥ 1936 年 9—12 月，国民政府外交部部长张群与日本驻华大使川越茂就中
日政治、军事、经济等领域的关系进行所谓"调整国交"的谈判。

国引进外资的举动，将受到日本强烈反对，亦会被视为英国以偏袒中国的姿态干预中日关系谈判，对英日关系产生不利影响。[1] 最终英国决定暂停扩大新银行团的谈判。

在交涉陷入僵局之时，中国主动向英国提出新筑路借款，给了英国摆脱新银行团束缚的契机。前文已述，1937年1月2日，张嘉璈向盖士利、台维森及霍伯器提出借款270万英镑，以修建广州至梅县的铁路。[2] 1月18日，张嘉璈明确向盖士利表示，中国不允许日本参与广梅铁路借款，若新银行团问题不解决，则无法继续谈判。[3] 实际上，盖士利早已敏锐地意识到这是摆脱新银行团的机会，他此前就曾向爱迭斯表示，若新银行团对借款产生阻碍，希望能采取措施规避。1月20日，爱迭斯致信新银行团其他国家代表，告知广梅铁路借款谈判情况，坦言因广九铁路由英国投资，英国不希望广梅铁路投资落入他国之手；如遵守新银行团当下的合同规定，则借款谈判不会成功，为维持新银行团的存在，必须调整其规则，希望美法日不要对英国单独承担广梅铁路借款提出异议。[4] 英方给出的理由除了中国抵制新银行团之外，也提到广东地区铁路建设属于英国势力范围，实际上与此前美国提倡的"门户开放"原则有冲突。美法在2月初回复英方表示拒绝，认为此举严重影

---

[1] Memorandum of a Conversation between Viscount Kano and Sir Charles Addie at 9 Gracechurch Street, E. C, December 9, 1936, FO 371/20232, pp. 74 - 76. 1936年7月至1937年7月，英日就双方在华关系及其他政治问题进行谈判。

[2] Mr. Cassels to Sir C. Addis, January 4, 1937, FO 371/20972, pp. 7-8.

[3] Mr. Hall-Patch to Foreign Office, January 19, 1937, FO 371/20972, p. 49.

[4] Sir C. Addis to Kano, January 20, 1937, FO 371/20972, pp. 67-69.

响新银行团存在的基础。① 中英只得在 2 月 12 日达成先垫款后发行债券的暂行处理方案。②

不过，此时英国退出新银行团的决心已定，因而在广梅铁路借款协商未成之时，直接提出取消新银行团。由于新银行团是美国主导下成立的，英国最关心美国的态度。1937 年 2 月 10 日，英国外交副大臣贾德干向美国驻英大使馆递交一份备忘录，表示近年来中国政治逐步恢复稳定，对外借债需求增加，面对中国工业融资的庞大市场，新银行团却成为各国对华借款的阻碍，且因中国对银行团的抵制，修改银行团合同也是徒劳，因而希望直接解散新银行团，寻求其他对华投资的协调方案。③ 3 月 12 日，美国国务卿赫尔致电英国驻美大使宾汉姆，表示美国赞同英方 2 月 10 日备忘录的主要观点，不反对美国银行与英方就解散新银行团进行谈判。④ 而此前日本也于 2 月 19 日回复英国，同意将广梅铁路借款作为新银行团协议的特例。⑤ 得到美国与日本方面的积极反馈后，4 月 15 日，英国外交部向日本和法国递交备忘录，再次提出解散新银行团。⑥ 不过，日本反对此事。4 月 29 日，加纳与爱迭斯会谈时表示，日本政府认为此时新银行团是唯一"日本愿意在国际

---

① Sir C. Addis to Mr. Orde, February 3, 1937, FO 371/20972, p. 89.

② Minutes of the Interview on February 12, 1937, FO 371/20972, pp. 259-261.

③ Memorandum: The China Consortium, February 10, 1937, FO 371/20994, pp. 38-43.

④ The Secretary of State to the Ambassador in the United Kingdom (Bingham), March 12, 1937, *FRUS*, *1937*, *The Far East*, Vol. 4, pp. 577-578.

⑤ Mr. Kano to Sir C. Addis, February 19, 1937, FO 371/20972, pp. 149.

⑥ Memorandum: The China Consortium, April 15, 1937, FO 371/20994, pp. 89-92.

路线上参与中国发展的组织"，因而不同意立即解散。① 日本虑及解散新银行团后中国可以得到更多的借款，抵抗日本侵略的力量增强。

日本的态度给各国解散新银行团的交涉增添不少阻力。5月6日，新银行团在伦敦召开理事会，各国代表承认，由于各国政治与立法的变动，新银行团不能按照原定方式运作，最近几年它的实际成效有限。不过，会议并未决定立即解散新银行团，只是同意各国不反对英国单独对华提供广梅铁路借款，且此后其他国家的银行也可以将类似的对华借款案提交新银行团理事会。② 爱迭斯在会后向英国政府解释，他担心直接提出解散新银行团，难以达成一致意见，甚至可能连现有的结果也无法谈成。③

虽然5月6日新银行团理事会的讨论结果未达到英国的预期，但也让英国有基础进一步摆脱新银行团。为此，英国采取了三项措施。

第一，英国提出更大规模的对华铁路借款计划。1937年5月26日，爱迭斯向新银行团各国提出英国新的对华铁路借款方案，总额为1500万英镑，将广梅铁路延伸至江西省贵溪市、广东省三水市、广西省梧州市，并覆盖浦襄铁路的借款。这个方案实际上将英国投资的铁路延伸至福建、江西、广西、湖南四省境内。④ 然而，此项计划遭到日本和法国的反对，两国均认为此举挤占了它们的势力范围；法国不希望英国修建进入广

---

① Conversation between Addis and Kano, April 29, 1937, FO 371/20994, p. 109.

② Sir C. Addis to Mr. Orde, May 10, 1937, FO 371/20994, p. 111.

③ Sir C. Addis to Mr. Orde, May 10, 1937, FO 371/20994, p. 111.

④ 姚崧龄编著《张公权先生年谱初稿》，第171页。

西的铁路，日本则不愿英国介入福建的铁路投资。[①] 最终此方案搁置。

第二，英国利用对华金融借款的契机，再提解散新银行团。1937 年 5—6 月，孔祥熙率团访英时与英国高层商谈一笔总额 2000 万英镑的金融借款。孔祥熙在谈判时明确提出，不能通过新银行团借款，[②] 而应由英国单独承借。英国决定利用此借款对中国的财政金融进一步渗透，提出了包括中国成立中央准备银行并派英籍顾问、保持现行海关制度、借款担保优先于内债、中国政府平衡预算、借款仅用于外汇交易等条件。英国明白，要想攫取上述权益就必须妥善处理新银行团问题，以保证借款可行。[③] 英国决定告知美日法对华金融借款详情，要求它们按照广梅铁路的先例，不对金融借款提出异议，也不必遵守"公开招标"原则，并提出 10 月份之前解散新银行团。[④] 6 月 19 日，英国外交部正式向美日法三国递交备忘录，转达处理金融借款与新银行团的上述意见。[⑤] 6 月 24 日，美国政府即回复英国表示同意，[⑥] 日本却迟迟未表态。七七事变爆发后，虽然法国也于 7 月 26 日表示同意新银行团已

---

① New Railway Projects in China, June 11, 1937, FO 371/20973, pp. 148-150.

② Note of Conversation between Mr. T. K. Tseng, Dr. P. W. Kuo, O. J. Barnes and R. E. N. Padfield, May 14, 1937, FO 371/20945, pp. 217-220.

③ Main Heads of Program for a Currency Loan, Subject to Settlement of the Consortium Position, May 21, 1937, FO 371/20945, p. 231.

④ Sir Leith-Ross to Sir C. Addis, May 20, 1937, FO 371/20994, pp. 132-134; Mr. Waley to Sir Leith-Ross, May 21, 1937, FO 371/20945, pp. 216-218.

⑤ Memorandum, June 19, 1937, FO 371/20946, pp. 81-84.

⑥ The Secretary of State to the Ambassador in the United Kingdom (Bingham), June 24, 1937, *FRUS*, *1937*, *The Far East*, Vol. 4, p. 608.

失效，^①但在中日战争的局面下，取消新银行团一事未有结果，2000万英镑金融借款也未能发行。

第三，英国也有直接违反新银行团合同的举动。前述两项内容均未违反新银行团规定，但1937年7月30日中英签订的广梅铁路借款合约要求筑路的海外购料订单只能给英国公司，事实上无视了"公开招标"原则，而5月6日的新银行团理事会会议并未同意取消此项原则。^②同时，英国在未得到新银行团理事会允许的情况下与中国在1937年8月4日签订了400万英镑的浦信铁路借款，合同条款基本与广梅铁路的相同。^③虽然英方后来解释，在"英国不受新四国银行团原则约束之前"，^④合同不会生效，但此合同签订程序的确违反了新银行团的规定，引发了日本的不满。^⑤不过广梅与浦襄铁路借款均因抗战全面爆发而中止。此外，英国还预先制定了解散新银行团后可对华提供的借款项目表，包括已在1937年7月谈成的广梅铁路借款270万英镑与浦信铁路400万英镑，以及1937年11月拟发行的第一笔金融借款1000万英镑、1938年7月拟发行的上限为1000万英镑的新铁路借款、1938年11月拟发行的第二笔金融借款1000万英镑。^⑥上述借款总额达到3670万

---

① Foreign Office to Sir H. Knatchbull-Hugessen, July 26, 1937, FO 371/20994, p. 148.

② Canton-Meihsien Railway Construction Loan, July 30, 1937, FO 676/284.

③ 《浦襄铁路建筑借款合同》（1937年8月4日），《行政院档案》，档案号：014-080400-0038，第7～24页。

④ Mr. Young to Mr. Heppel, August 9, 1937, FO 371/20946, pp. 281-282.

⑤ British Embassy Offices to Foreign Office, August 6, 1937, FO 371/20946, p. 271.

⑥ Time-Table for Chinese Loans, May 24, 1937, FO 371/ 20994, p. 127.

英镑，超过此前英国对华借款的总和，表明此时英国已经对解散新银行团后大规模对华借款跃跃欲试。

虽然因东亚局势的紧张，英国在1937年秋季解散新银行团的计划未能实现，但英国的上述举动为其摆脱新银行团起到了推动作用，有助于此时期英国对华扩大投资，也为战时英国对华诸多借款打下基础。

第三节　七七事变爆发后英国对新银行团的政策

英国在七七事变爆发前夕关于解散新银行团的建议最终不了了之。七七事变爆发后，日本不可能同英美法"协商"新银行团原则或组成新的国际对华投资机构。而在东亚局势日益紧张的情况下，英国担忧其在华利益受损，故对待新银行团的态度又发生变化，没有再提出解散，而是希望保留新银行团。

中国全民族抗战时期，首先提出退出新银行团的是美国。1939年1月18日，美国摩根·格兰费尔公司的弗朗尼斯·罗德（Francis Rodd）和哈考特（Viscount Harcourt）向爱迭斯传达了美国银行团希望退出的想法，理由是1933年美国通过《银行法》后，美国的储蓄银行无法发行或交易证券，[1] 使得美国银行无法完全按照新银行团合同以为中国发行债券的形式借款，同时也不愿意承担每年750英镑会费。此想法来自美国

---

① 1933年美国《银行法》规定，投资银行与商业银行分离，商业银行不再从事股票和证券发行，从事证券业务的银行不能再从事存款业务。参见胡国成《塑造美国现代经济制度之路——美国国家垄断资本主义制度的形成》，中国经济出版社，1995，第200页。

银行团，并非美国政府。①

　　此时英国不希望美国退出新银行团。霍伯器认为，新银行团还有两方面的意义。其一，可以此保留对华借款时与日本沟通的渠道；其二，可为战后中国重建的国际合作保留基础，即便解散新银行团，也应当由英美法共同行动，而不应由美国单独退出。霍伯器建议首先询问美国政府对此事的态度。② 李滋罗斯赞同霍伯器的观点，他还建议，鉴于英国此时已改变七七事变爆发前希望解散新银行团的态度，在与美方沟通时应注意措辞，以免给其留下英国前后不一的印象，可解释为当前的东亚局势下无法协商此问题，应留待战后再行协商。③ 爱迭斯也认为，此前英美法刚刚向日本递交了抗议其在华违反"门户开放"原则的照会。④ 此时若将在"门户开放"原则基础之上建立的新银行团解散，会给日本留下西方各国在华联合行动实际力度有限的印象，不利于英美法维护各自在华所占利益。⑤ 此外，当下英国正与国民政府协商停付关税担保外债问题，⑥ 为保

①　Memorandum of Conversation, by the Adviser on Political Relations (Hornbeck), January 13, 1939, *FRUS*, *1939*, *The Far East*, Vol. 3, pp. 722-724; Sir C. Addis to Mr. Grayburn, January 19, 1939, FO 371/23502, pp. 214-216.

②　Memorandum of China Consortium by Hall-Patch, January 25, 1939, FO 371/23502, pp. 203-205.

③　Comments by F. Leith-Ross, January 28, 1937, FO 371/23502, pp. 213-225.

④　因七七事变爆发后日本对西方各国在华利益多有损害，英美在1938年底多次向日本递交照会进行抗议。

⑤　Sir C. Addis to Mr. Grayburn, January 19, 1937, FO 371/23502, pp. 214-216.

⑥　1939年1月15日，国民政府财政部发布《关于海关担保债赔各款改为摊存办法的通告》，实际上暂停支付关税担保的长期外债。后来，英美与中国交涉外债偿付办法。详情参见彭欣雨《1939年中英围绕停付关税担保外债的交涉》，《抗日战争研究》2020年第4期。

证谈判顺利进行，此时对于新银行团问题宜采取较为平稳的政策。[1] 1939 年 2 月 10 日，英国驻美大使馆致电美国国务院，表示虽然英国在 1937 年 4 月递交了取消新银行团的照会，但七七事变爆发后中国局势发生变化，无法商讨新的国际金融组织，询问美国政府对于美国银行退出新银行团的看法，到底是保留新银行团，还是与英国共同建议立即解散新银行团（不需要按程序等待 12 个月）。[2]

实际上此前美国政府就与新银行团代表有过沟通，美国政府也不支持此时解散新银行团，因为此事对日本在华扩张有利，对英美和中国均不利。[3] 2 月 16 日，美国政府回复英方，表示不支持此时解散新银行团。[4]

虽然英国坚持保留新银行团，但也提供了对华借款，并已不再顾忌新银行团合同。1939 年 3 月，中英签订平准基金借款合约。虽然此借款以中英两国银行共同出资成立平准基金委员会的方式运作，不涉及债券发行，但因英国财政部对借款提供担保，实际上具有政治借款的意味。[5] 1939 年 7 月，中英达

---

[1] The Chargé in the United Kingdom（Johnson）to the Secretary of State, January 19, 1939, *FRUS, 1939, The Far East*, Vol. 3, pp. 723-724.

[2] The British Embassy to the Department of State, February 10, 1939, *FRUS, 1939, The Far East*, Vol. 3, pp. 729-730.

[3] Memorandum of Conversation, by the Adviser on Political Relations（Hornbeck）, January 25, 1939, *FRUS, 1939, The Far East*, Vol. 3, pp. 728-729.

[4] Aide Memoire, February 16, 1939, FO 371/23502, p. 230.

[5] 中英平准基金总额为 1000 万英镑，四银行分别将承担份额拨付该基金在英格兰银行所立账户，中国银行、交通银行共 500 万英镑，汇丰银行 300 万英镑，麦加利银行 200 万英镑。英国财政部为英国银行的资金提供担保。参见《中国国币平准基金合同》（1939 年 3 月 10 日），《民国外债档案史料》第 11 卷，第 143—147 页。

成出口信贷合约，不仅英国财政部继续担保，英国也允许国民政府在伦敦发行借款债券。[1] 不论是政治上还是借款手续上，此举均违反了新银行团合同，但英国均未与美法日就此进行协商。因此，英国此时只是支持在形式上保留新银行团，而在对华借款中则完全不顾忌新银行团原则，事实上已摆脱了其对英国对华借款的限制。

美国银行团放弃了退出新银行团的想法，但仍对每年 750 英镑会费不满。汇丰银行作为新四国银行团日常行政管理与清算机构，由其收取这笔费用。1939 年 7 月 25 日，拉蒙特向爱迭斯递交一份备忘录，仍旧强调在现行美国银行法之下，美国银行无法完全按照新银行团合同对华借款，并表示美国银行团不仅每年需要白白支付 750 英镑的固定费用，且因其没有驻华的运作机构，自新银行团成立以来，美国银行团已为派遣代表及收发电报等事项支出各类费用约 50 万美元。美国银行团提出，若 1940 年 1 月 1 日前不解散新银行团，那么美国银行团此后每年所交会费不超过 200 英镑。[2] 此时美国政府仍不支持解散新银行团，故美国银行团此举实际上是希望以一定程度的威胁来换取减少会费。

爱迭斯最初不同意美方的要求，认为中日全面开战后，新银行团面临的局面更加复杂，汇丰银行处理的事务更多，会费不能下降。[3] 此时英国政府依旧希望维持新银行团。1939 年 8

---

① 《英国出口信贷合约》（1939 年 8 月 18 日），《民国外债档案史料》第 11 卷，第 184—189 页。

② Memorandum by the Chairman of the American Group, China Consortium (Lamont), 25 July, 1939, *FRUS, 1939, The Far East*, Vol. 3, pp. 731-733.

③ Sir C. Addis to Hill-Wood (Messrs. Morgan Grenfell & Co.), July 31, 1939, FO 371/23502, pp. 265-257.

月 18 日，英国向美国政府表达此意。① 8 月 29 日，美国政府回复英国表示赞同，但希望"在公平合理的基础上对服务费金额进行调整"，不使之成为"新四国银行团解散的诱因"。② 实际上，此前英国政府就希望汇丰银行在会费问题上做出妥协，③ 故 10 月，在霍伯器劝说后，爱迭斯同意可与汇丰银行就降低会费一事进行沟通。④ 后汇丰银行给出两个条件，其一是其他国家不会有类似举动；其二是降低的差额由英国政府承担，若政府不愿意，则由新银行团内的英国银行共同承担。⑤ 英国政府自然不愿承担会费，故决定将会费问题全部交给新银行团自行解决，不再提出建议。⑥ 最终，英、美银行团代表达成秘密协议，允许美国银行的会费由 750 英镑减至 200 英镑，差额部分以美国银行团的名义由其他资金进行支付。⑦ 1940 年和 1941 年均执行此方案。

太平洋战争爆发后，英国也于 1941 年 12 月 8 日对日宣战，新银行团的基础已不复存在。1942 年 4 月，汇丰银行的莫斯（Arthur Morse）鉴于美国可能会提出取消新银行团，故建议英国主动与美法协商此事。⑧ 但英国财政部仍拒绝商讨解

---

① Foreign Office to Sir R. Lindsay, August 18, 1939, FO 371/23502, p. 261.

② The Department of State to the British Embassy, August 29, 1939, *FRUS, 1939, The Far East*, Vol. 3, pp. 735.

③ Mr. Waley to Mr. Howe, August 4, 1939, FO 371/23502, p. 264.

④ Mr. Hall-Patch to Mr. Ronald, October 17, 1939, FO 371/23502, p. 314.

⑤ Sir C. Addis to Mr. Howe, November 29, 1939, FO 371/23502, pp. 331-332.

⑥ Reduction of Service Charges of the China Consortium, December 6, 1939, FO 371/23502, pp. 172-173.

⑦ Comments of Waley, July 16, 1941, FO 371/27726, pp. 9-10.

⑧ Chinese Consortium of October 15th, 1920, April 2, 1942, FO 371/53731, pp. 7-10.

散新银行团，希望等到战后再行协商。① 1944 年 5 月 2 日，《中英财政协助协定》签订。面对提供借款后进一步扩大对华投资与贸易的有利前景，英国外交部官员克拉克再度提出与美方协商解散新银行团。② 然而，英国财政部仍认为，在没有确定完整的战后对华投资计划之前，不应解散新银行团，此外，是否成立新的对华投资的国际金融组织，应当视战后国际秩序而定。③ 由此，直到抗战结束，新银行团仍旧保留。

1945 年抗战胜利后，英美均意图借机加大对华投资，因而不再对退出新银行团持有异议。同时，二战后东亚国际秩序重建，一战后建立的华盛顿体系已不复存在，建立于其上的新银行团也已丧失基础。1945 年 11 月 19 日，拉蒙特向美国国务院递交备忘录，希望彻底解散新银行团。④ 1946 年 1 月 28 日，美国国务卿伯恩斯回复拉蒙特，同意其想法。⑤ 随后，英国政府也于 1946 年 4 月通知英国银行团，同意其于 1942 年和 1944 年提出的解散新银行团的建议。⑥ 1946 年 6 月 11 日，英国驻美大使馆致电美国国务院，正式提出解散新银行团，并告知法方。7 月 17 日美国国务院同意英方提议，法方也于 10 月

---

① China Consortium, May 16, 1946, FO 371/53731, pp. 3-4.

② The China Consortium: Why It Should be Abrogated, May 30, 1944, FO 371/41664, pp. 11-15.

③ Mr. Pratt to Mr. Ashley, July 3, 1944, FO 371/41664, p. 18.

④ Memorandum by Mr. Thomas W. Lamont, November 19, 1945, *FRUS*, *1946*, *The Far East*: *China*, Vol. 10, pp. 1343-1345.

⑤ The Secretary of State to Mr. Thomas W. Lamont, of New York, January 28, 1946, *FRUS*, *1946*, *The Far East*: *China*, Vol. 10, p. 1345.

⑥ Mr. Kitson to Mr. Young, April 23, 1946, FO 371/53731, p. 12.

11 日表示同意。① 1946 年 12 月 27 日，美国国务院通知本国银行，新银行团正式解散。②

　　七七事变爆发后，日本更不可能同意新银行团对华借款。实际上，新银行团在经济上已不再发挥作用。在日本已宣布"东亚新秩序"、妄图独占中国的情况下，新银行团仅具有各国仍坚持在华"门户开放"的政治意义，故英美两国政府都坚持将其一直保留到抗战结束，也就会费等问题做出一定妥协。战后，英美均希望在华扩张投资和商业、贸易，不希望新银行团形成阻碍，故很快将其解散。

小　结

　　作为华盛顿会议后"门户开放"原则在经济上的执行工具，新银行团虽存在 27 年，但并未发挥最初预想的作用。各国不能就对华借款达成一致，均想办法规避和绕开新银行团合同，加上中国政府的抵制，新银行团反而成为四国对华借款的阻碍。尤其是九一八事变后，列强之间的"协调外交"难以维持，实际上各国仍单独与中国商议借款，势力范围的理念仍深植各国对华政策之中。

　　虽然实际借款有限，但因新银行团受各国政府支持，具有政治属性，故成为各国在东亚外交博弈的工具。美国倡设新银

---

①　The Department of State to the British Embassy, July 17, 1946, *FRUS*, *1946*, *The Far East*: *China*, Vol. 10, p. 1348; Mr. A. M. Anderson to Mr. H. E. Muriel, October 11, 1946, FO 371/53731, p. 66.

②　The American Group of the China Consortium to the Secretary of State, December 27, 1946, *FRUS*, *1946*, *The Far East*: *China*, Vol. 10, p. 1349.

行团的初衷是限制日本对华单独借款，但最后日本反而利用该协议，阻碍其他国家对华借款。这与国际局势变化密切相关，但协议本身的设计也存在一定问题。借款需要各国协商一致，但各国的目的和利益不相同，协商一致实际难度很大。

20 世纪 30 年代初，虽然英国外交部和财政部对于是否退出新银行团意见不一，但出发点都是维护英国在华所占利益。面对日本在华侵略的逐步扩大，此一时期，英国希望东亚局势保持稳定，自然不想解散新银行团这一"协调"各国在华利益的重要机构。1936 年 6 月以后，随着局势变化，英国需要采取更加积极的对华经济政策以维护其贸易和经济利益，故最早尝试通过修改新银行团协议或直接解散新银行团来摆脱其束缚。虽然解散新银行团的计划未能实现，但英国还是在一定程度上摆脱了新银行团协议的束缚，提供了诸多条件与以前不同的对华借款。全民族抗战时期，英国一方面希望在名义上维持新银行团，以此作为各国在华权益"均衡"的政治象征；另一方面，在对华提供借款时不再顾忌新银行团协议。英国对新银行团态度，根据自身利益和东亚国际关系演变而多次转变。

中国全民族抗战时期，在关于新银行团的交涉中，英国政府与美国政府的态度基本保持一致。英国在考虑是否修改新银行团协议时，主要顾及美国和日本的反应，而美国的支持有助于英国进一步摆脱新银行团的束缚，也有助于英国更好地处理和应对新银行团的政策。

不过，英国以新四国银行团作为工具推行的东亚政策并未完全达到其目的。1935 年前后，英国为维护新四国银行团而拒绝单独对华借款并未换来英美日达成海军协议，1937 年经多次交涉后方才达成的广梅浦襄铁路借款与初步达成协议的金融借款的债券均未能发行。而七七事变爆发后，新四国银行团的保留并未使日本在占据英国在华权益时有所顾忌。新四国银行团演变的历史表明，九一八事变爆发后，"协调外交"在中国难以执行，各国利益不相同，靠"门户开放"原则难以协调。各国均因时而变，争取新形势下对其在华利益更为有利的安排。

此外，新四国银行团虽然是处理各国对中国投资的问题，号称"尊重中国主权""向她提供开发其经济资源畅行无阻的机会",① 并由各银行平等参与对华借款，但实质上还是各国联合决定对华借款的基础条件，意图控制中国财政经济与内政，中国的自主权与主体性均被忽视,② 故中国对该组织始终抵制。

---

① 《西方财团理事会在伦敦汇丰银行办事处举行的一次会议上通过的报告》（1922 年 5 月 15 日），《中国外债档案史料汇编》第 2 卷，第 237 页。

② 1946 年英美协商解散新银行团时，均认为没有必要向中国政府透露此事，也无须征求其意见。The British Embassy to the Department of State, *FRUS, 1946, The Far East: China*, Vol. 10, p. 1346.

结　语

本书希望从整体上研究抗战时期国民政府的对英债务交涉，包括旧债的整理、重要的新债交涉，涵盖谈成已借的、谈成未借的、未谈成的借款。在前文对中英的交涉经过进行梳理后，结语部分拟对此时期中英外债的整体情况进行考察。

一　抗战时期中英外债的总体数目与偿还情况

抗战时期，由国民政府出面向英国（有的铁路借款虽签字方没有政府，但借时由政府出面谈判，借款含有很强的政府的意图，故也包括在内）新借款 12 笔（签订合同但未发行的借款债券也包括在内），外加抗战爆发前的 2 笔，国民政府向英国的借款总计 77586580.7 英镑、550 万银元。具体可见表J-1。

表 J-1　南京国民政府时期中英新借款情况

时间	借款名称	数额	借款方
1928 年 12 月	京沪铁路蒸汽机车借款	24450 英镑	中英银公司
1929 年 6 月 21 日	沪宁铁路购车垫款	152130.7 英镑	中英银公司
1932 年 1 月 25 日	财政部汇丰银行借款	250 万银元	汇丰银行
1932 年 2 月 9 日	财政部汇丰银行借款	300 万银元	汇丰银行

续表

时间	借款名称	数额	借款方
1936 年 6 月 15 日	完成沪杭甬铁路借款	110 万英镑	中英银公司
1936 年 12 月 4 日	京赣铁路购料借款	45 万英镑（另有 45 万英镑由中英庚款提供）	汇丰银行、怡和洋行
1937 年 6 月 1 日	京沪铁路改善设备借款	80 万英镑	中英银公司
1937 年 7 月 30 日	广梅铁路借款	300 万英镑	中英银公司
1937 年 8 月 4 日	浦襄铁路借款	400 万英镑	华中铁路公司
1939 年 3 月 10 日	中英平准汇兑基金借款	500 万英镑	汇丰、麦加利银行
1939 年 8 月 18 日	中英第一次信贷	300 万英镑（1939 年 3 月 15 日签订购车款 14.1 万英镑、8 月签订剩余 285.9 万英镑）	英国财政部
1941 年 3 月 28 日	印度航空公司飞机价款	29.8 万美元（约合 6 万英镑）	汇丰银行
1941 年 4 月 1 日	中英新平准基金借款	500 万英镑	英国财政部
1941 年 6 月 5 日	中英第二次信贷	500 万英镑	英国财政部
1944 年 5 月 2 日	中英财政协助借款	5000 万英镑	英国财政部

资料来源：根据《民国外债档案史料》第 10、11 卷相关内容整理。

此外，部分情况下，国民政府并未向英商或英国政府借款，而是在向英商订货时，没有一次性付清全部金额，剩余金额分期支付，故也可算为中英债务关系。包括 4 笔借款，分别是：1935 年 1 月 18 日交通部与马可尼公司签订无线电台机件价款合同 13970 英镑、1935 年 4 月 26 日交通部与马可尼公司签订无线电报话机价款合同 4500 英镑、1935 年 9 月 28 日浙赣铁路怡和洋行枕木价款关金 321177.6 元，1937 年 4 月 12 日交通部与马可尼公司签订调幅器等料款合同 12000 英镑。[①] 同时，1932 年 11 月 17 日与 1938 年 3 月 9 日，中英银公司分别向京沪铁路局和京沪、沪杭甬铁路局垫款支付薪费，共计 5583 英镑。[②] 另外，英国总计退还庚款 1110 余万英镑，1931 年至 1939 年间，中英庚款董事会以上述款项应用于中国的各类事业总计 763.9 万余英镑。[③]

除了广梅、浦襄铁路借款因抗战爆发而未能发行，第一次平准基金借款实际动用 2746640.4 英镑，第二次平准基金借款共动用 287 万英镑，财政协助借款仅使用 8128015 英镑外，其余英国所提供的借款中国基本按规定使用完毕，共计 31271242.1 英镑。[④]

就债务的偿还而言，南京国民政府时期的英债偿还主要分为两部分，分别是晚清和北京政府时期旧债中南京国民政府承认并整理后继续归还的部分，以及南京国民政府新借款的偿还。全民族抗战爆发前中英曾整理过旧债（具体可见第一章），到 1939 年停付关盐税担保外债前大多可以正常偿付本息，但此后停付。而此前无须整理照常还本付息的旧债此时也出现违约，1898 年英德续借款尚欠本金 2996425 英镑，欠息 344516 英镑。[⑤] 抗战胜利后，虽英国持券人代表曾致电国民政府要求尽快偿还中英旧债，但因此时国民政府面临财政困难、

---

① 　根据《民国外债档案史料》第 10 卷，第 279、289、293、472 页整理。
② 　根据《民国外债档案史料》第 10 卷（第 52 页）、《民国外债档案史料》第 11 卷（第 14 页）整理。
③ 　《英国部分庚子赔款节略》（1946 年 10 月 9 日），《民国外债档案史料》第 12 卷，第 565—566 页。
④ 　根据《民国外债档案史料》第 11 卷，第 166、348、432 页整理。
⑤ 　根据《民国历届政府整理外债资料汇编》第 2 卷，第 501—503 页整理。

外汇不足，故直到国民党败退台湾，这部分借款亦未能继续偿还。[①]

抗战时期国民政府新借款结欠情况是：完成沪杭甬铁路尚欠本金 110 万英镑，京赣铁路购料借款尚欠本金 441867.5 英镑，第一次信贷尚欠本金 1852027.6 英镑，第二次信贷尚欠本金 3977822.6 英镑。[②]

二 抗战时期中英外债对中国经济与外交上的作用

抗战时期英国对华借款对中国的作用可从经济与外交两方面分析。

经济方面，从政府财政收入角度而言，全民族抗战爆发前，英国借款对缓解国民政府财政困难的作用不大，相对有作用的是 1932 年。当年汇丰银行为国民政府财政部垫借 550 万银元（以当时汇率约合 38.5 万英镑），虽有助于应急情况下纾解国库窘迫，但仅占当年国民政府全部财政收入 6.21 亿元的 0.89%。[③] 1936 年以后的借款主要用处是修建铁路和购买铁路器材，并不属于政府财政可支配的部分，其余零星的小借款则对财政全局更无大的影响。相较而言整理旧债一定程度缓解了国民政府的还债压力，提高了债信，债票价格亦有上涨。

在交通方面，这一时期英国对华新借款主要用于粤汉铁路

---

① 《公债司关于暂停偿付外债签呈》（1949 年 11 月 1 日），中国第二历史档案馆编《中华民国史档案资料汇编》第 5 辑第 3 编《财政经济》（1），江苏古籍出版社，2000，第 961—962 页。

② 根据《民国历届政府整理外债资料汇编》第 2 卷，第 539—540、640、675 页整理。

③ 《国民政府关于二十一、二十二年度总概算训令》，《民国外债档案史料》第 2 卷，第 17 页。

（通过中英庚款提供借款）与沪杭甬铁路的修建完成，对中国铁路网的完善和推进铁路备战计划有一定的积极作用，上述铁路在全民族抗战爆发之初的人员与物资运输中也发挥了重要作用。不过，与国民政府计划要完成的铁路网相比，英国对华铁路借款后修筑的铁路里程数有限。

　　全民族抗战爆发后达成的新借款主要在 1939 年、1941 年、1944 年这三年。信贷与平准基金对经济的作用不同，其中信贷对财政的作用更为明显。按预算收入计算，1939 年国民政府财政收入为 17.05 亿法币，实际支出为 27.97 亿法币，财政赤字 10.92 亿法币，当年的中英信贷 300 万英镑，按合约签订时的汇率计算，约合 9000 万法币，约占财政收入的 5%。1941 年国民政府财政收入为 75.34 亿法币，实际支出为 100.03 亿法币，财政赤字 24.69 亿法币，当年的中英第二次信贷借款 500 万英镑，按当时汇率约合 4 亿法币，约占 5.3%。[①] 1944 年的中英财政协助借款，虽签订时规定借款数额为 5000 万英镑，但实际提供 8128015 英镑。由此可见，英国对华借款对国民政府财政上的支持比全民族抗战前有了提升，借款多为专款专用，并不是直接给到国民政府，由其自由支配，补充了一些战时所需物资，进而有助于中国坚持抵抗日本。平准基金借款主要作用是维持法币的汇率，对财政收入的作用是间接的。

　　此外，就中国的外债情况而言，全民族抗战前中英外债打破了新四国银行团的限制，并在全民族抗战期间发行内债，表

---

① 《1937—1944 年度国家岁入岁出总预算表》（1946 年），《中华民国史档案资料汇编》第 5 辑第 2 编《财政经济》（1），第 312—313 页；张嘉璈：《通胀螺旋——中国货币经济全面崩溃的十年（1939—1949）》，第 138、329—330、341—342 页。

明了新四国银行团实际上的破产，对中国争取对外借款是有利的。

外交方面。国民政府向英国寻求借款的同时，也希望争取英国在政治上的支持。英国在华有重要的经济利益，在中国海关等事务上占有重要地位和特权，同时其在国际金融界有重要影响力，国民政府本就重视英国在东亚地区的影响力，而借款则为国民政府提供了密切与英国关系的手段，故其对英国借款寄予很大希望。在 1934 年遭遇白银危机时国民政府也向英国提出了大额借款计划，希望通过大额借款密切中英关系，即便未能达成，在其后的法币改革中英国也起到了重要作用。而国民政府在整理旧债时也先整理了英国债权人委员会提出的津浦与湖广两路旧债，而在新铁路借款和金融借款的谈判时，英国提出的借款之外的其他条件（如海关、央行改组、央行英籍顾问等）也大多被国民政府接受，为的就是争取外交上的支持，尤其是在面临日本步步加紧入侵的背景下，这种国际上支持尤为中国所看重。

全民族抗战爆发伊始，国民政府就积极向英国求援，但英国并未响应中国的请求，让国民政府产生失望情绪，而这在太平洋战争爆发后尤为明显。英国虽然给中国提供了若干借款，条件也相较战前时对中国显得"优厚"，但此时中国对英国的借款实则有更高的期待，英国并未予以满足，最终国民政府不再将外交上的重点放在英国，而是转向了美国。

从外交层面而言，中英外债交涉所带来的外交利益并未达到国民政府的预期。英国对华借款是其外交考量后的结果，只有当英国认为日本对其在东亚利益产生威胁时候，才会提供对华借款，因此，国民政府在中英借款交涉中处于较为被动的地位。不过，英国提供借款的举动客观上还是一定程度提振了抗战信心，对中国赢得良好的抗战国际环境起到了一定的作用。

三 抗战时期英国对中英外债的态度及对英国的作用

与清政府和北京政府时期的相比，南京国民政府时期英国对华提供借款的数额与在各国之中的排名都有所下降，这与英国在全球撤退的战略有关，也与二战爆发后英国财政困难的实际情况有关。

第一次世界大战结束后，受到重创的英国开始逐步战略收缩，对东亚地区的定位即是维持现状，不愿意过多牵涉中国事务，为维持已有的经济利益愿意适度做出妥协，这一点在其1926年圣诞备忘录中体现得很明显。英国与国民政府的整理旧债交涉，收回部分长期拖欠的借款本息。

战前，英国提供的借款还在不激怒日本的范围内，提供的铁路借款均与日方商议，并获得其同意，1935年底，在日本警告后，英国就不再提供币制借款。面对中日日益紧张的局势，英国希望平衡双方关系，整体上不希望双方发生大规模冲突，因维持局势的稳定对英国维护其在华利益最为有利。不过英国的外交政策过于理想化了，因为英商在华利益稳定的基础是中国局势稳定，而这是日本难以容忍的。而在日本对华步步紧逼下，英国一方面希望促使中国稳定经济（派李滋罗斯代表团访华），另一方面希望日本与英美等国一同对华经济合作，而这不可能实现，最终中日爆发了全面战争。[①]

---

① 英国外交部在1938年1月24日的有关东亚政策的备忘录中，承认1935年英国在东亚的政策陷入混乱。Memorandum by Sir J. Pratt on British Policy in the Far East, January 24, 1938, *DBFP*, Ser. 3, Vol. 8, pp. 223-226.

全民族抗战爆发前，英国仍旧延续此前对华借款的思路，虽然国民政府整理了旧债，并开始偿付，但英国仍不相信中国的铁路债信，同时希望通过对华借款，攫取其他方面的利益，如维持海关管理制度、充当法币外汇基金、任免英籍中央银行顾问等，若不是抗战突然全面爆发，英国就可获得上述特权和利益。

英国对华旧债和新债的交涉总体上是为其战略和利益服务。七七事变爆发后，英国在对华借款问题上追随美国，在提供借款前会询问美方的意见，且基本上在美国同意提供借款并试探日本的态度后，才会提供借款。

此时英国对局势的判断是，如果日本获胜，则会全部抢占其在华所据利益，若中国获胜则还有参与战后重建的机会，因而借款以维持中国抵抗日本。这一点上来说，借款对英国的外交政策有积极作用。不过，二战结束后，英国自己也面临经济困难的相关问题，随后不久，国民党败退台湾，英国以抗战时期的对华借款来掠取战后在华经济利益的企图也未能实现。

总体观之，英国在对华借款的决策上，较为犹豫与谨慎，希望在中日间尽力寻求平衡，也希望先由美国为其"试水"。但此举反而"两边不讨好"，既未能制止日本对英国在华权益的抢夺，也没能达到中国对英国援华力度的预期，没有赢得中国的好感。

四　抗战时期英国对华借款的特点

抗战时期英国对华借款与此前相比，最大的区别在于借款模式与外交因素。

清政府和北京政府时期，英国对华借款很多是由多国提供（如英德借款、湖广铁路借款）或通过国际银行团提供（如善后大借款），借款条件并不完全由中英双方决定，但在抗战时期英国的借款由其单独提供，借款条件完全由中英双方商定。

借款模式上，抗战时期英国对华除了提供铁路借款外，还提供了出口信贷与平准基金两类借款，以及具有援助性质的财政协助借款。出口信贷中，中方不是先获得借款，再行购料，而是直接用英国借款购买英商的货物，可更加高效地获取英国的货物。而平准基金借款意味着英国直接参与对中国货币汇率的控制，对中国的货币金融体系有直接影响。抗战时期英国政府为对华借款提供担保，表明借款具有明显的政治意味，后期的 5000 万英镑借款已有明显的财政援助性质，既不设担保条件，也没有具体的偿还协定。此外，在中国全民族抗战时期，英国对华的几笔借款，大多利率较低，且没有折扣，对中方而言，这些条件较此前相对优惠。

不过，英国提供优惠条件的目的是希望借此获取更多的权益。抗战时期的英国对华借款，具有明显的功利性。全民族抗战前，英国在对华借款中首先摆脱新四国银行团的限制，也同意为中国提供英镑借款（当时的规定是仅可向英镑区国家提供，中国并非英镑区国家）。虽然此时期没有提供金融借款，但铁路借款的使用方式（存入中央银行的发行准备基金，在国内发行等值法币）亦有金融借款的作用。英国此举实际上是为了维护其在华特权，以加强对中国海关系统与中央银行的控制等为借款的条件。此外，英国也并不完全相信中国的债信。例如 1936 年只有在对旧债做出全面安排后才能提供较大数额的新债，1937 年的广梅与浦襄铁路借款都要求盐余担保，拒绝完全由铁路收入做担保，表明依旧不信任中国的铁路债信。

近代英国的在华特权是以武力取得的，但第一次世界大战后，英国实力下降，南京国民政府建立后，英国承认中国的民族主义趋势无可逆转，唯有在顺应此趋势的基础上，意图维持其在华利益。抗战爆发后，面对日本的步步紧逼，国民政府需要外援，这给了英国以经济等手段援华来换取维护在华利益的机会。此时英国无力再以武力掠取与维护特权，只能代之以借款等经济手段，维持海关制度等在华特权。

抗战时期，面对东亚地区日益紧张的局势，英国对华借款时有更多外交上的考量。英国对华借款的提供方，大部分为英商银行（如汇丰、麦加利银行）。英商银行与英国政府整体上态度保持一致，银行或提供资金或承销债券，为英国政府在外交上提供支持与保障。有时英商银行与政府的想法有所出入，银行希望提供借款，政府并不支持，而最终都以英国政府的态度为准。英国政府意图以对华借款推行对华乃至东亚外交政策时，英商银行在其中充当了重要角色，这种角色已经不单体现在中国的金融市场与机构的运作中，在关乎中国财政金融全局的政策与制度上，英商银行也能在英国政府的支持下发挥一定的作用。1941 年后，由于战争的特殊形势，英国援华的必要性大大加强，英国财政部直接担任对华借款的承借方，这在此前的英国对华借款中是很少见的。

七七事变爆发后，面对日本对英国在华利益的吞并，英国将借款作为其东亚战略的重要手段，以对华借款与英日谈判、关闭滇缅路、海关协定、旧债谈判等诸多问题相结合，以某一方面的动作、配合其他领域的政策，在外交上体现出强势的态度和立场。这也使得中国在对英借款谈判时，处于不断妥协调整和相对被动的地位。

这种被动也源自中英两国对彼此重视程度的不匹配。中国在全民族抗战爆发前就有让渡利益给英国以争取其在中日冲突中支持中国的策略。在英国 1938 年底答应对华信贷后，蒋介石在 1939 年初曾派宋子文赴英专办对英外交，虽未成行，但也说明此时蒋介石对英国的重视程度较高。但在英国的外交战略中，对华关系却并无同等重要性。1935 年李滋罗斯访华后就感到英国对华政策与英在华所占巨大权益不相符。英国对华借款时主要衡量欧洲局势与美国态度，是综合外交与贸易等因素考量后的结果，是应对日本抢占东亚利益的手段，而非出于密切中英外交关系。因此，国民政府在中英借款交涉中始终处于较为被动的地位。

英国提供对华借款时，担保问题是其最为关心的问题之一，因为这涉及投资的风险防控。而英国要求中国提供的确实担保中，最为重要的是海关收入（即关税），因而在中英外债交涉中，海关问题受到双方的重视。英国在中国的海关管理体系中占有重要地位，英籍人员担任海关总税务司（如赫德、安格联、易纨士、梅乐和等）。就南京国民政府时期的中英外债与海关问题而言，在全民族抗战爆发前，国民政府承认的旧债中，海关担保旧债偿付尚无问题，而整理中英旧债时英国要求关税代替厘金做担保，也要求关税担保次序中以外债为先，实质都是要求以关税承担更多外债的偿还。但上述要求未被国民政府接受，原因在于，国民政府此时更为重视关税担保内债的作用，因为内债以及对华资银行的借款所带来的收入要远超外债所得。[1]

---

[1]　1927—1931 年，国民政府发行内债收入占全部财政收入分别为 40.7%、16%、16.9%、26.7%、18.4%，同时期并无新外债收入。而 1927—1937 年，国民政府共发行内债 55 种，总额约 26 亿元，同时期借入外债 7960 万美元，约合 2.8 亿元，相差近 8 倍。参见杨荫溥《民国财政史》，第 61 页；潘国琪《国民政府 1927—1949 年的国内公债研究》，经济科学出版社，2003，第 119 页。

故英国虽然多次提出，但国民政府仍对海关相关问题坚持不让步，最后只能达成折中方案。虽以关税担保整理旧债后的还本付息，但并未影响原有担保内债的安排。在 1937 年金融借款谈判时，国民政府即便同意以保持海关管理制度和英籍总税务司为条件，但仍未在关税担保次序上做出让步。全民族抗战爆发后，面对日本企图控制海关，国民政府拒不承认英日海关协定，但对关税偿付外债做出了妥协性安排。总之，在海关与中英外债相关的问题上，国民政府在试图保证关税直接与间接带来财政收入的同时，又希望利用海关问题来尽可能争取更多的对英借款。

中英双方在商讨借款时都面临内部争议，中国方面，战前铁路借款中，铁道部部长张嘉璈与财政部部长孔祥熙就对于是否以盐余担保获得新铁路借款有争议。而战时的借款中，孔祥熙与宋子文时有不同意见，中国的内部分歧源于各部门不同的利益诉求，都希望通过英国的借款实现其自身目标。英国方面，财政部与外交部在对华借款中经常持相反的意见，而这种不同意见也体现了英国政府对于在东亚利益的权衡，既不愿得罪日本，又不能放弃在华特权和经济利益，当两者发生冲突时，英国内部的分歧就很大（如 1935 年法币改革时），而当日本加入轴心国，对英国在东亚利益造成更大威胁，英日开战已不可避免之时，英国内部关于对华借款的意见就趋于一致了。

参考文献

一　未刊档案

中国第二历史档案馆

财政部档案、经济部档案、交通部档案、中国银行专题档案、中央银行专题档案

台北"国史馆"

《蒋中正"总统"文物档案》《国民政府档案》《行政院档案》《外交部档案》《交通部档案》

英国国家档案馆　The National Archives, Kew

英国外交部文件　Foreign Office（FO）

英国内阁文件　Cabinet Papers（CAB）

美国斯坦福大学胡佛档案馆　Hoover Institution Archives, Stanford University

蒋介石日记

张嘉璈档案　Chiang kia-ngau Papers

杨格档案　Arthur N. Young Papers

孔祥熙档案　H. H. Kung Papers

美国哥伦比亚大学手稿与珍本馆藏 Rare Book and Manuscript Library, Columbia University

顾维钧档案 Wellington Koo Papers（本书所用为复旦大学图书馆特藏中心所藏电子副本）

二 已刊资料

财政部财政科学研究所、中国第二历史档案馆编《国民政府财政金融税收档案史料（1927—1937）》，中国财政经济出版社，1997。

财政科学研究所、中国第二历史档案馆编《民国历届政府整理外债资料汇编》，1990。

财政科学研究所、中国第二历史档案馆编《民国外债档案史料》，中国档案出版社，1990—1991。

陈光甫著，邢建榕、李培德编注，上海市档案馆编《陈光甫日记》，上海书店出版社，2002。

陈谦平编《翁文灏与抗战档案史料汇编》，社会科学文献出版社，2017。

复旦大学历史系日本史组编译《日本帝国主义对外侵略史料选编（1931—1945）》，上海人民出版社，1985。

郭荣年编著《民国孔庸之先生祥熙年谱》，台湾商务印书馆，1981。

洪葭管编著《中央银行史料（1928.11—1949.5）》，中国金融出版社，2005。

吕芳上主编《蒋中正"总统"年谱长编》，台北"国史馆"，2015。

宓汝成编《中国近代铁路史资料（1863—1911）》，中华书局，1963。

南开大学经济研究所经济史研究室编《中国近代盐务史资料

选辑》第 2 卷，南开大学出版社，1991。

秦孝仪主编《中华民国重要史料初编》，中国国民党中央委员
　　会党史委员会，1981。

荣孟源主编《中国国民党历次代表大会及中央全会资料》，光
　　明日报出版社，1985。

上海市档案馆、财政部财政科学研究所编《中国外债档案史
　　料汇编》，内部交流本，1988—1989。

王建朗主编，马振犊、张俊义副主编《中华民国时期外交文
　　献汇编（1911—1949）》，中华书局，2015。

翁文灏著，李学通、刘萍、翁心钧整理《翁文灏日记》，中华
　　书局，2014。

吴景平、郭岱君主编《风云际会——宋子文与外国人士会谈
　　记录（1940—1949）》，复旦大学出版社，2010。

徐义生编《中国近代外债史统计资料 1853—1927》，中华书
　　局，1962。

姚崧龄编著《张公权先生年谱初稿》，社会科学文献出版
　　社，2014。

中国第二历史档案馆编《中华民国史档案资料汇编》第 5 辑
　　第 1 编《财政经济》，江苏古籍出版社，1994。

中国第二历史档案馆编《中华民国史档案资料汇编》第 5 辑
　　第 1 编《外交》，江苏古籍出版社，1994。

中国第二历史档案馆编《中华民国史档案资料汇编》第 5 辑
　　第 2 编《外交》，江苏古籍出版社，1997。

中国人民银行总行参事室编《中华民国货币史资料》第 2 辑，
　　上海人民出版社，1991。

中国社会科学院近代史研究所译《顾维钧回忆录》，中华书

局，1987。

中国银行总行、中国第二历史档案馆编《中国银行行史资料
　　汇编》，档案出版社，1991。

Documents on British Foreign Policy 1919 – 1939, London: Her
　　Majesty's Stationery Office, 1984.

Foreign Relations of the United States, Washington, D. C. : Govern-
　　ment Printing Office, 1948.

三　研究论著

步平、王建朗主编《中国抗日战争史》，社会科学文献出版
　　社，2019。

陈争平：《外债史话》，社会科学文献出版社，2000。

郭强、张米良主编《国际金融学》，哈尔滨工业大学出版社，
　　2018。

何盛明：《财经大辞典》，中国财政经济出版社，1990。

胡波：《辛亥革命前后的中英经济关系（1895—1915 年）》，
　　广东人民出版社，2012。

贾士毅：《国债与金融》，商务印书馆，1930。

金士宣、徐文述编著《中国铁路发展史（1876—1949）》，中
　　国铁道出版社，1986。

柯伟林：《德国与中华民国》，陈谦平等译，江苏人民出版社，
　　2006。

李世安：《太平洋战争时期的中英关系》，中国社会科学出版
　　社，1994。

李世安：《战时英国对华政策》，武汉大学出版社，2010。

刘秉麟编著《近代中国外债史稿》，生活·读书·新知三联书店，1962。

隆武华：《外债两重性——引擎？桎梏？》，中国财政经济出版社，2001。

雷麦：《外人在华投资》，蒋学楷等译，商务印书馆，1959。

马金华：《外债与晚清政局》，社会科学文献出版社，2011。

马金华：《中国外债史》，中国财政经济出版社，2005。

马陵合：《清末民初铁路外债观研究》，复旦大学出版社，2004。

马陵合：《外债与民国时期经济变迁》，安徽师范大学出版社，2013。

马陵合：《晚清外债史研究》，复旦大学出版社，2005。

密汝成：《帝国主义与中国铁路 1847—1949》，上海人民出版社，1980。

潘国琪：《国民政府 1927—1949 年的国内公债研究》，经济科学出版社，2003。

萍叶登：《侵略中国的英美财阀》，李公绰、陈真译，生活·读书·新知三联书店，1956。

浅田乔二等：《1937—1945 日本在中国沦陷区的经济掠夺》，袁愈佺译，复旦大学出版社，1997。

萨本仁、潘兴明：《20 世纪的中英关系》，上海人民出版社，1996。

王国华：《外债与社会经济发展》，经济科学出版社，2003。

王孝通：《中国商业史》，河南人民出版社，2016。

王致中：《中国铁路外债研究 1887—1911》，经济科学出版社，2003。

吴承明：《帝国主义在旧中国的投资》，人民出版社，1955。

吴景平:《政商博弈视野下的近代中国金融》,上海远东出版社,2016。

吴景平等:《近代中国的金融风潮》,东方出版中心,2019。

肖波编《货币战争批判》,中国经济出版社,2009。

徐蓝:《英国与中日战争 1931—1941》,北京师范学院出版社,1991。

许毅、金普森、隆武华等:《清代外债史论》,中国财政经济出版社,1996。

许毅、王晓光主编《从百年屈辱到民族复兴——清代外债与洋务运动》,经济科学出版社,2002。

许毅主编《从百年屈辱到民族复兴——北洋外债与辛亥革命的成败》,经济科学出版社,2003。

许毅主编、潘国旗副主编《从百年屈辱到民族复兴——国民政府外债与官僚资本》,经济科学出版社,2004。

杨格:《抗战外援:1937—1945 年的外国援助与中日货币战》,于杰译,四川人民出版社,2019。

杨格:《1927 至 1937 年中国财政经济情况》,陈泽宪、陈霞飞译,中国社会科学出版社,1981。

严中平、徐义生、姚贤镐等编《中国近代经济史统计资料选辑》,中国社会科学出版社,2012。

杨勇刚编著《中国近代铁路史》,上海书店出版社,1997。

张北根:《1919 年至 1922 年间英国与北京政府的关系》,文津出版社,2005。

张嘉璈:《通胀螺旋——中国货币经济全面崩溃的十年(1939—1949)》,于杰译,中信出版社,2018。

张嘉璈:《中国铁道建设》,杨湘年译,商务印书馆,1946。

张侃：《中国近代外债制度的本土化与国际化》，厦门大学出版社，2017。

张秀莉：《国际视野下的南京国民政府纸币政策研究》，上海社会科学院出版社，2018。

郑友揆：《中国的对外贸易和工业发展（1840—1948 年）——史实的综合分析》，程麟荪译，上海社会科学院出版社，1984。

周煦统编《中华民国史外交志（初稿）》，台北"国史馆"，2002。

Chi-ming Hou, *Foreign Investment and Economic Development in China, 1840-1937*, Boston: Harvard University Press, 1965.

Endicott, Stephen Lyon, *Diplomacy and Enterprise: British China Policy 1933-1937*, Manchester: Manchester University Press, 1975.

E. W. Edwards, *British Diplomacy and Finance in China, 1895-1914*, Clarendon: Clarendon Press, 1987.

Nicholas R. Clifford, *Retreat from China: British Policy in the Far East, 1937-1941*, Seattle: University of Washington Press, 1967.

Roger Louis, *British Strategy in the Far East 1919-1939*, Oxford: Clarendon Press, 1971.

四　研究论文

（一）期刊论文

陈淑荣：《英国退还庚款与中英两国文化交流》，《兰台世界》

2013 年第 19 期。

陈淑荣:《英中两国对退还庚款余额的争论》,《社会科学战线》2012 年第 12 期。

陈雁:《外交、外债和派系——从"梁颜政争"看 20 世纪 20 年代初期北京政府的外交运作》,《近代史研究》2005 年第 1 期。

陈争平:《1895—1936 年中国国际收支与近代化中的资金供给》,《中国经济史研究》1995 年第 4 期。

陈仲秀:《英国银行界从中英借款中所获的利润》,《台北清华学报》1965 年第 5 卷第 1 期。

仇华飞:《南京政府与整理中美债务》,《中国经济史研究》2000 年第 2 期。

洪葭管:《从汇丰银行看帝国主义对旧中国的金融统治》,《学术月刊》1964 年第 4 期。

李恩涵:《中英广九铁路路权交涉》,《台湾师范大学历史学报》1972 年第 1 期。

李培德、蔡增基:《中英借款谈判的推手——李滋罗斯与招商局贷款往来书信解读(1936—1937)》,《近代史学刊》2021 年第 2 期。

林华、周励恒:《中英庚款董事会对民国时期西北教育之影响:以甘肃、青海为考察中心》,《北京联合大学学报(人文社会科学版)》2012 年第 4 期。

刘立振:《中英庚款董事会与抗战前国民政府的铁路建设》,《求索》2007 年第 8 期。

吕芳上:《北伐时期英国增兵上海与对华外交的演变》,《中研院近代史研究所集刊》1997 年第 27 期。

马忠文:《张荫桓与英德续借款》,《近代史研究》2015 年第 3 期。

宓汝成:《抗战时期的中国外债》,《中国经济史研究》1998 年第 2 期。

潘涛、陈钢:《1937 年孔祥熙出访欧美期间与国内各方往来电文选》,《民国档案》1992 年第 1 期。

彭欣雨:《1939 年中英围绕停付关税担保外债的交涉》,《抗日战争研究》2020 年第 4 期。

平田康治:《英国对华政策与中国政治的互动善后大借款、英国驻华现场人员、袁世凯政府(1911—1914)》,《2009 年两岸三地历史学研究生研讨会集》,2009 年。

全汉昇:《清季英国在华势力范围与铁路建设的关系》,《社会科学论丛》1954 年第 5 期。

苏晓潇:《郭泰祺与战时中英第一笔信用贷款(1938—1940):以孔祥熙档案为基础的研究》,《民国档案》2024 年第 4 期。

田兴荣:《国民政府六厘英金庚款公债述论》,《史学月刊》2007 年第 6 期。

田兴荣:《略论中国朝野关于英庚款退赔的争议》,《安徽师范大学学报(人文社会科学版)》2004 年第 5 期。

王丽:《抗战时期中英平准基金述略:以美籍财政顾问阿瑟·恩·杨格为中心的考察》,《抗日战争研究》2013 年第 3 期。

吴景平:《关于近代中国外债史研究对象的若干思考》,《历史研究》1997 年第 4 期。

吴景平:《抗战时期的中英关系》,《民国春秋》1996 年第 3 期。

吴景平：《抗战时期中国的外债问题》，《抗日战争研究》1997
　　年第 1 期。

吴景平：《李滋罗斯中国之行述评》，《近代史研究》1988 年
　　第 6 期。

吴景平：《评南京国民政府的整理外债政策》，《近代史研究》
　　1993 年第 6 期。

吴景平：《英国与 1935 年的中国币制改革》，《历史研究》
　　1988 年第 6 期。

吴景平：《英国与中国的法币平准基金》，《历史研究》2000
　　年第 1 期。

徐文军：《抗战后期中英贷款交涉述论》，《天中学刊》2014
　　年第 6 期。

徐义生：《甲午中日战争前清政府的外债》，《经济研究》1956
　　年第 5 期。

杨雨青、程宝元：《对抗战时期美国对华借款的比较研究》，
　　《史学月刊》2007 年第 6 期。

杨雨青：《中美英平准基金的运作与中国战时外汇管理》，《南
　　京大学学报·哲学：人文社会科学版》2010 年第 3 期。

袁熙筠：《胡佛研究所藏张嘉璈日记手稿本的学术价值》，《史
　　林》2014 年第 1 期。

张志勇：《赫德与英德续借款》，《江苏社会科学》2014 年第
　　4 期。

郑会欣：《争取西方的援助：孔祥熙 1937 年欧美之行》，《史
　　学月刊》2011 年第 1 期。

郑会欣：《中国建设银公司股份的演变》，《历史研究》1999
　　年第 3 期。

周旭东、车致远:《债务问题与大国关系（1917—1940）》，《浙江师范大学学报（社会科学版）》2019 年第 4 期。

E-tu Zen Sun, "The Shanghai-Hangchow-Ningpo Railway Loan of 1908", *Journal of Asian Studies*, 1951, 10 (2), pp. 136 – 150.

K. C. Chan, "British Policy in the Reorganization Loan to China 1912 – 13", *Modern Asian Studies*, 1971, 5 (4), pp. 355 – 372.

K. C. Chan, "The Anglo-Chinese Loan Negotiation, 1941 – 1944: A Study of Britain's Relations with China during the Pacific War", *Paper on Far Eastern History*, No. 9, 1974, pp. 116 – 128.

Peter Lowe, "Great Britain and the Origins of the Pacific War: A Study of British Policy in East Asia, 1937 – 1941", *The American Historical Review*, 1978 (4), pp. 1018 – 1019.

V. H. Rothwell, "The Mission of Sir Frederick Leith-Ross to the Far East, 1935 – 1936", *Historical Journal*, 1975, 18 (1), pp. 147 – 169.

（二）学位论文

陈兆峰:《贾德干与一九三五年中国的币制改革》，硕士学位论文，北京师范大学，2008。

康欣:《国家债权与霸权转移——美国对英国的债权政治研究（1917—1945）》，博士学位论文，复旦大学，2014。

康兆庆:《抗战时期管理中英庚款董事会科研资助研究》，博士学位论文，山东大学，2016。

李永斌:《论二战时期英国的财政政策》,硕士学位论文,湖南师范大学,2009。

孟凡明:《中英庚款用途争议研究(1923—1931)》,硕士学位论文,华中师范大学,2009。

宋佩玉:《抗战前期上海外汇市场研究(1937.7—1941.12)》,博士学位论文,复旦大学,2004。

田兴荣:《英庚款退赔与粤汉铁路建设》,硕士学位论文,安徽师范大学,2005。

致　谢

本书是在我的博士论文基础上修改完成的，因此首先要感谢的是我的导师、复旦大学历史学系吴景平教授。初入研究生阶段时，我常感迷茫，吴老师以其渊博的学识和悉心的关怀引领我走上研究的正途，老师对我既有春风化雨般的耐心指导与鼓励，又有严格的要求，为本书的完成奠定了不可或缺的基石。吴老师对档案史料精准深厚的把握能力以及宏阔的研究视野，让我深刻领略到历史研究的魅力与深度，受益终身。同时，师门的温暖是求学路上的宝贵财富，无论师兄师姐、师弟师妹，都曾给予我无私的关心与切实的支持，在此一并致以诚挚的谢意。

求学路上有幸受教于两所母校。感谢湖南师范大学和复旦大学，不仅帮助我打下了重要的专业基础，更使我在学术视野和研究方法上实现了质的蜕变。感谢两校的老师们不倦的教诲和同学们真诚的陪伴与鼓励。

感谢中国社会科学院近代史研究所各位领导与老师的关心与帮助。所里诸位老师都对我的研究进行了专业而悉心的指导，对本书的修改有很大的助益。

本书能顺利出版，离不开社会科学文献出版社编辑李丽丽等多位老师的辛苦工作。由于我对出版工作不熟悉，编辑老师始终秉持专业精神，以极大的耐心和极高的专业水准，对书稿进行了细致入微的审读、校对与修订，提出了许多建设性的意见，并给予我充分的理解与帮助，谨申谢忱。

本书的构思与锤炼，也得益于学界的交流与反馈。研究过程中形成的部分阶段性成果，曾提交于诸多学术会议，并以专题论文的形式发表于《抗日战争研究》《史林》《民国档案》《安徽师范大学学报》等学术报刊。感谢各位老师和学友在学术讨论会上对我的指正，以及编辑部诸位老师提出的宝贵意见和严谨的编校工作，对于本书写作的逻辑严密性与文字表达帮助很大，在此深表感谢。

追溯研究兴趣的缘起，既有人生际遇的偶然，亦有情怀的必然。我童年时便沉醉于即时战略类游戏对历史情境的虚拟重构。然而，当我真正步入历史学殿堂，钻研大国外交与国际关系时，才深感现实历史的复杂幽微远非游戏所能模拟。正是这种深邃的复杂性，以及亲手发掘、解读档案文献的独特魅力，让我深深着迷于抗战时期的外交史研究。

具体到本书的选题，源自我在读博士期间阅读张嘉璈的年谱时，注意到中英广梅铁路借款交涉的线索，进而从英国外交部档案中发掘出相关文件。详读史料后，我意识到中英借款交涉不仅仅是提供资金的问题，更与新四国银行团、中央银行改组、盐余担保等内政外交核心议题紧密交织，遂以此为基础撰成专文。通过广梅铁路借款这一案例，我深感抗战时期中英外债史领域尚有诸多精研的空间，于是将目光转向更具代表性的抗战后期中英五千万英镑借款交涉研究。在 2021 年 4 月底写完专题文章后，5 月有幸参加了抗日战争史青年学者研讨会，文章也得以入选和发表，这给了我很大的信心。此后我将抗战时期中英有关借款交涉的档案史料进行梳理，完成了以此为主题的博士学位论文。2022 年，我荣幸地入职中国社会科学院近代史研究所。近代史所扎实严谨的学风，让我深感著作的文字与逻辑必须细致缜密，也让我的学术视野更为广阔。对若干内容进行修订补充后，终于完成本书。

抗日战争时期的中英关系史是一片充满魅力的沃土，蕴藏着诸多值得深究的课题。本书的完成，只能算是我推开大门、初窥堂奥的一步探索，深感学海无涯，未来更当砥砺前行，以期在学术的瀚海中拾取更多有价值的贝叶。

最后，也是最深厚的感恩，献给我的家人。父母、岳父母无私的支持是我永不枯竭的精神源泉；妻子张宇琮的理解、陪伴与支持，是我能在书桌前静心伏案、安心治学最温暖坚实的后盾。家人的陪伴是我一路前行的深沉动力和温暖慰藉。

本书虽已尽力为之，然学力所限，疏漏舛误之处难免，文责自负，并祈请方家不吝赐教。

图书在版编目（CIP）数据

抗日战争时期中英借款交涉研究／王钊著. -- 北京：
社会科学文献出版社，2025.5. --（大有）. -- ISBN
978-7-5228-5393-2

Ⅰ.F812.96

中国国家版本馆 CIP 数据核字第 2025FT1290 号

大　有
抗日战争时期中英借款交涉研究

著　　者／王　钊

出 版 人／冀祥德
责任编辑／李丽丽
责任印制／岳　阳

出　　版／社会科学文献出版社·历史学分社（010）59367256
　　　　　地址：北京市北三环中路甲 29 号院华龙大厦　邮编：100029
　　　　　网址：www.ssap.com.cn
发　　行／社会科学文献出版社（010）59367028
印　　装／北京联兴盛业印刷股份有限公司

规　　格／开本：889mm×1194mm　1/32
　　　　　印张：11.875　字数：277 千字
版　　次／2025 年 5 月第 1 版　2025 年 5 月第 1 次印刷
书　　号／ISBN 978-7-5228-5393-2
定　　价／79.00 元

读者服务电话：4008918866